„/.../ eine sehr gute Einführung in relevante Techniken zur Entwicklung verteilter Anwendungen unter Nutzung verfügbarer Middleware-Technologien /.../ Durch die Fragenkataloge, Beispielprogramme und die detaillierte Diskussion der relevanten Konzepte vermittelt das Buch ein tiefes Verständnis der Materie. Verschiedene Leserkreise werden von dem Buch profitieren: Lehrende und Studierende mit Vorkenntnissen in Java sowie industrielle Softwareentwickler und Enscheider mit programmiertechnischem Hintergrund, die sich für die Programmierung verteilter Systeme interessieren."

Prof. Dr. Bernd Freisleben, Philipps-Universität Marburg

„Middleware in Java ist ein Muss für jeden Informatiker. Das Lehrbuch ist eine sehr gelungene Mischung aus Theorie und praktischen Anwendungen. Mit Hilfe der Vielzahl von typischen Beispielen, die vollständig dargestellt sind, findet man den Einstieg in das komplexe Thema überraschend schnell. Für die Programmiersprache Java gibt es bisher nichts Vergleichbares."

Prof. Dr. Helmut Dohmann, FH Fulda

IT-Professional

hrsg. von Helmut Dohmann, Gerhard Fuchs und Karim Khakzar

Die Reihe bietet aktuelle IT-Themen in Tuchfühlung mit den Erfordernissen der Praxis. Kompetent und lösungsorientiert richtet sie sich an IT-Spezialisten und Entscheider, die Ihr Unternehmen durch effizienten IT-Einsatz strategisch voranbringen wollen. Die Herausgeber sind selbst als engagierte FH-Professoren an der Schnittstelle von IT-Wissen und IT-Praxis tätig. Die Autoren stellen durchweg konkrete Projekterfahrung unter Beweis.

In der Reihe sind bereits erschienen:

Nachhaltig erfolgreiches E-Marketing
von Volker Warschburger und Christian Jost

Die Praxis des Knowledge Managements
von Andreas Heck

Die Praxis des E-Business
von Helmut Dohmann, Gerhard Fuchs und Karim Khakzar

Produktionscontrolling mit SAP®-Systemen
von Jürgen Bauer

Controlling von Softwareprojekten
von Katrin Gruner, Christian Jost und Frank Spiegel

Middleware in Java
von Steffen Heinzl und Markus Mathes

www.vieweg-it.de

Steffen Heinzl
Markus Mathes

Middleware in Java

Leitfaden zum Entwurf verteilter Anwendungen – Implementierung von verteilten Systemen über JMS – Verteilte Objekte über RMI und CORBA

Mit 50 Abbildungen

Bibliografische Information Der Deutschen Bibliothek
Die Deutsche Bibliothek verzeichnet diese Publikation in der Deutschen Nationalbibliografie;
detaillierte bibliografische Daten sind im Internet über <http://dnb.ddb.de> abrufbar.

Die Wiedergabe von Gebrauchsnamen, Handelsnamen, Warenbezeichnungen usw. in diesem Werk
berechtigt auch ohne besondere Kennzeichnung nicht zu der Annahme, dass solchen Namen im Sinne
von Warenzeichen- und Markenschutz-Gesetzgebung als frei zu betrachten wären und daher von
jedermann benutzt werden dürfen.

Höchste inhaltliche und technische Qualität unserer Produkte ist unser Ziel. Bei der Produktion und
Auslieferung unserer Bücher wollen wir die Umwelt schonen: Dieses Buch ist auf säurefreiem und
chlorfrei gebleichten Papier gedruckt. Die Einschweißfolie besteht aus Polyäthylen und damit aus
organischen Grundstoffen, die weder bei der Herstellung noch bei der Verbrennung Schadstoffe
freisetzen.

1. Auflage Juli 2005

Alle Rechte vorbehalten
© Friedr. Vieweg & Sohn Verlag/GWV Fachverlage GmbH, Wiesbaden 2005

Lektorat: Dr. Reinald Klockenbusch / Andrea Broßler

Der Vieweg Verlag ist ein Unternehmen von Springer Science+Business Media.
www.vieweg.de

Das Werk einschließlich aller seiner Teile ist urheberrechtlich geschützt. Jede
Verwertung außerhalb der engen Grenzen des Urheberrechtsgesetzes ist
ohne Zustimmung des Verlags unzulässig und strafbar. Das gilt insbesondere
für Vervielfältigungen, Übersetzungen, Mikroverfilmungen und die Ein-
speicherung und Verarbeitung in elektronischen Systemen.

Umschlaggestaltung: Ulrike Weigel, www.CorporateDesignGroup.de
Druck und buchbinderische Verarbeitung: MercedesDruck, Berlin
Gedruckt auf säurefreiem und chlorfrei gebleichtem Papier.

ISBN-13: 978-3-528-05912-5   e-ISBN-13: 978-3-322-80262-0
DOI: 10.1007/978-3-322-80262-0

Ich widme dieses Buch meinen Eltern Hubert und Ingrid Mathes.

Markus Mathes

Für meine Eltern Doris und Georg Heinzl

Steffen Heinzl

Über die Autoren

Steffen Heinzl

Steffen Heinzl studierte an der Fachhochschule Fulda Informatik mit dem Schwerpunkt Telekommunikation. Seine Diplomarbeit „Entwicklung einer Administrationsbibliothek für Java Threads" verfasste er bei der Engineering + Design AG (EDAG). Derzeit promoviert er im Fachbereich Mathematik und Informatik an der Philipps-Universität Marburg in der Arbeitsgruppe von Herrn Prof. Dr. Freisleben. Themenschwerpunkt in der Forschung sind innovative Konzepte verteilter Systeme.

Markus Mathes

Markus Mathes studierte ebenfalls an der Fachhochschule Fulda im Fachbereich Angewandte Informatik mit der Spezialisierung auf Telekommunikation. In seiner Diplomarbeit beschäftigte er sich mit dem Einsatz von nachrichtenorientierter Middleware in der Industrieautmation. Derzeit promoviert er im Fachbereich Mathematik und Informatik an der Philipps-Universität Marburg in der Arbeitsgruppe von Herrn Prof. Dr. Freisleben. Seine Forschungsinteressen sind innovative Konzepte verteilter Systeme.

Geleitwort Herr Prof. Dr. Freisleben

Die Entwicklung verteilter Softwareanwendungen, die auf vernetzten Rechnern innerhalb des Internets ablaufen, zählt heutzutage zu den Kernkompetenzen von Informatikern in Forschung, Lehre und Industrie. Der Programmiersprache Java kommt in diesem Zusammenhang wegen ihrer Portabilität und damit wegen der Möglichkeit ihres Einsatzes in heterogenen Umgebungen eine hohe Bedeutung zu.

Das Buch von Markus Mathes und Steffen Heinzl gibt eine sehr gute Einführung in relevante Techniken zur Entwicklung verteilter Anwendungen unter Nutzung verfügbarer Middleware-Technologien. Inhaltlich geht es in dem Buch zu einem großen Teil um fortgeschrittene Konzepte der Java-Programmierung. Ausflüge in die aktuelle Version von Java sind enthalten, und wesentliche Themen verteilter Java-Programmierung wie etwa Sychronisation, Serialisierung, Java Stream Handling oder JMS werden behandelt.

Durch die Fragenkataloge, Beispielprogramme und die detaillierte Diskussion der relevanten Konzepte vermittelt das Buch ein tiefes Verständnis der Materie. Verschiedene Leserkreise werden von dem Buch profitieren: Lehrende und Studierende mit Vorkenntnissen in Java sowie industrielle Softwareentwickler und Enscheider mit programmiertechnischem Hintergrund, die sich für die Programmierung verteilter Systeme interessieren.

Marburg, im Mai 2005

Prof. Dr. Bernd Freisleben,
Philipps-Universität Marburg

Vorwort

Die Entwicklung verteilter Anwendungen auf Basis der Programmiersprache Java ist eine der wichtigsten **Schlüsselqualifikationen** heutiger Informatiker. Zunehmend dringen Verteilungstechnologien auch in diejenigen industriellen Bereiche vor, die bisher anderen Verfahren vorbehalten waren. Beispielsweise werden im Bereich der Automatisierungstechnik zunehmend Technologien eingesetzt, die auch bei der Entwicklung „klassischer" verteilter Systeme zum Einsatz kommen. Von besonderer Bedeutung für die Praxis ist in diesem Zusammenhang die Entwicklung verteilter Anwendungen auf Basis von Sockets, RMI, CORBA und JMS. Sockets, die in den letzten 15-20 Jahren nie wirklich an Aktualität verloren haben, bieten eine Schnittstelle zum Protokoll-Stack und erlauben dadurch die Entwicklung beliebiger verteilter Anwendungen. RMI ist das objektorientierte Pendant zum RPC und verbirgt die Details der Socket-Kommunikation. CORBA ist eine Middleware-Spezifikation, die von vielen Unternehmen eingesetzt wird, auch aufgrund der Möglichkeit bestehende Altsysteme (legacy systems) einzubinden. Zu guter letzt bietet JMS die Möglichkeit eine nachrichtenbasierte Middleware anzusprechen und asynchrone Kommunikation zu realisieren. Obige Technologien sind zur Entwicklung verteilter Anwendungen zwar notwendig aber nicht hinreichend. Zusätzlich benötigt man Wissen über die Parallelisierung und Synchronisation von Abläufen. Deshalb finden Sie in diesem Buch das notwendige Know-how zur Entwicklung paralleler Programme und zu deren Synchronisation.

Verteilte Systeme sind überall

Die Programmiersprache Java bietet für die Entwicklung verteilter Anwendungen einen zusätzlichen Vorteil: **Plattformunabhängigkeit**. Da verteilte Systeme oftmals heterogen sind, ergibt sich hieraus ein echter Vorteil. Anders als beispielsweise in der Programmiersprache C muss (so gut wie gar) nicht auf die Plattform geachtet werden, auf der entwickelt wird. In anderen Programmiersprachen muss jedes Programm für jede Plattform einzeln durch plattformspezifischen Code angepasst werden. Daher ist Java **die Sprache der Wahl** für die Entwicklung verteilter Anwendungen.

Java ist die Programmiersprache für verteilte Anwendungen

Dieses Buch bietet Ihnen also einen umfassenden, detaillierten und praxisorientierten Einblick in die Entwicklung verteilter Systeme mit obigen Technologien. Dabei wurde darauf geachtet, dass die vorgestellten Verfahren für ein Selbststudium sowohl für IT-Professionals im Berufsleben als auch für Studenten geeignet sind. Wichtig war für uns, ein Buch zu schaffen, welches nicht nur Konzepte vorstellt, sondern auch die praktische Umsetzung der dargestellten theoretischen Zusammenhänge erklärt und

Für Studenten und Praktiker

somit einen echten Know-how Vorsprung schafft. Deshalb werden nach der Erläuterung der theoretischen Zusammenhänge immer ***vollständige, lauffähige Beispielprogramme*** vorgestellt und diskutiert.

Struktur dieses Buches

Das vor Ihnen liegende Buch gliedert sich in acht Kapitel. Jedes dieser Kapitel behandelt einen anderen Schwerpunkt aus dem Bereich der verteilten Systeme. Die Kapitel bauen nicht zwingend aufeinander auf. Aus didaktischen Gründen ist jedoch ein „sequentielles" Durcharbeiten empfehlenswert. So erschließen sich das Gesamtbild und die Zusammenhänge leichter. Innerhalb der Kapitel werden die vorgestellten Themen anhand konkreter Beispielsprogramme verdeutlicht. Es handelt sich um vollständige, lauffähige Programme, die sie testen, modifizieren und natürlich auch optimieren können. Am Ende jedes Kapitels finden Sie eine Aufgabensammlung, die aus Wiederholungs-, Vertiefungs- und Implementierungsaufgaben besteht. Es wird empfohlen, diese Aufgabensammlung zur Festigung des vermittelten Stoffs durchzuarbeiten.

Kapitel 1	In diesem Kapitel erhalten Sie einen ersten Überblick über den Aufbau und die Arbeitsweise eines verteilten Systems. Insbesondere werden verschiedene Programmier- und Verteilungsparadigmen vorgestellt und Transparenzarten erläutert.
Kapitel 2	Die Programmiersprache Java bietet durch die Integration von Threads die Möglichkeit zur (quasi-)parallelen Verarbeitung. In diesem Kapitel erfahren Sie, wie man mit Java parallel programmieren kann.
Kapitel 3	Arbeiten mehrere Threads (quasi-)parallel auf gemeinsamen Daten, können Änderungen der Daten verloren gehen und somit Inkonsistenzen entstehen. Diese Probleme löst man durch Synchronisation. Die dazu notwendigen Sprachmittel werden in diesem Kapitel vorgestellt.
Kapitel 4	Das Client/Server-Modell spielt eine wichtige Rolle beim Entwurf verteilter Systeme. Zum Entwurf effektiver Clients und Server diskutiert dieses Kapitel verschiedene Entwurfsaspekte und verdeutlicht sie an Beispielen.
Kapitel 5	Zur Übertragung von Objekten in einem verteilten System müssen Mechanismen zur Umwandlung der Objekte in übertragbare Daten existieren. Dieser Mechanismus wird in Java als Serialisierung bezeichnet und in diesem Kapitel detailliert vorgestellt.
Kapitel 6	Ein weiterer Ansatz zur Entwicklung verteilter Anwendungen ist der Aufruf entfernter Methoden. Dieses Verfahren wir in Java als RMI bezeichnet und im Kapitel 6 vorgestellt.

CORBA ermöglicht – ähnlich wie RMI – eine Verteilung von Objekten, ist jedoch wesentlich allgemeiner und nicht zwingend an die Programmiersprache Java gebunden. In diesem Kapitel erhalten Sie eine Einführung in die Verwendung von CORBA.

Kapitel 7

Im letzten Kapitel stellen wir einen alternativen Ansatz zur Entwicklung verteilter Anwendungen, der auf dem Austausch von Nachrichten basiert, vor. Es handelt sich um den Java Message Service (JMS), mit dessen Hilfe eine nachrichtenbasierten Middleware realisiert werden kann. Ferner ermöglicht JMS eine asynchrone Kommunikation.

Kapitel 8

Hinweis für Dozenten

Das Buch ist als Begleitmaterial zu Vorlesungen aus dem Bereich der ***verteilten Systeme***, ***Rechnernetze*** und ***Programmierung in Java*** geeignet. Zur Gestaltung von Vorlesungen finden Sie unter *http://www.informatik.uni-marburg.de/~heinzl* die vorgestellten Programme, Präsentationsfolien und Übungsaufgaben. Mit Hilfe der Präsentationsfolien kann die Vorlesung gestaltet werden. Die Aufgaben können in einem Praktikum bzw. einer Übung gelöst werden. Dafür sind insbesondere die Implementierungsaufgaben interessant, da sie den Studierenden einen praktischen Einstieg in die Entwicklung verteilter Anwendungen ermöglichen. Die Wiederholungsaufgaben fragen die wichtigsten Aussagen der einzelnen Kapitel nochmals ab und prüfen damit Wissen. Die Vertiefungsfragen sollen unter Verwendung zusätzlicher Quellen gelöst bzw. in der Gruppe diskutiert werden. Sie dienen dem Transfer der erlernten Techniken auf neue Problemstellungen.

Vielen Dank!

Wir möchten uns bei allen Personen, die in fachlicher und persönlicher Hinsicht, bei der Entstehung dieses Buches mitgewirkt und mitgeholfen haben, bedanken. Unser Dank gilt dem Vieweg-Verlag insbesondere Herrn Dr. Reinald Klockenbusch für die hervorragende Zusammenarbeit, Herrn Prof. Dr. Helmut Dohmann (Fachhochschule Fulda) für jedwede Unterstützung während unseres gesamten Studiums und danach und Herrn Prof. Dr. Bernd Freisleben (Philipps-Universität Marburg) für wertvolle Anregungen und konstruktive Hinweise.

Ferner möchten wir uns bei folgenden Personen für das Korrektur lesen des Manuskripts bedanken: Jan Egger, Sonja Effenberger, Robert Zöller, Matthias Schwinn, Christian Heil.

Zum Schluss noch danke an alle Teilnehmer des Seminars „Middleware und verteilte Systeme in Java" an der FH Fulda: Nadine Hartmann, Winfried Rhiel, Christopher Seitz, Christian Henkel, Nico Gerbig, Thorsten Winter, Markus Corell, Björn

Karpenstein, Irina Bering, Jürgen Scholz, Michael Rudolf, Dennis Gores, Andreas Lennartz.

Kritik

Wir sind für konstruktive Kritik, Hinweise und Anregungen dankbar! Auch für Fragen haben wir immer ein „offenes Ohr". Möchten Sie mit uns in Kontakt treten, senden Sie eine E-Mail an

mathes@informatik.uni-marburg.de

heinzl@informatik.uni-marburg.de

Wir versuchen umgehend zu antworten.

Fulda und Züntersbach, März 2005

Steffen Heinzl,
Markus Mathes

Inhaltsverzeichnis

Kapitel 1: Architektur verteilter Systeme 1
    1.1 Einführung und Begriffsbildung 1
    1.2 Entstehung verteilter Systeme 3
    1.3 Struktur verteilter Systeme 6
    1.4 Zerlegung verteilter Anwendungen 8
    1.5 Transparenz in verteilten Systemen 9
    1.6 Aufgaben zur Theorie verteilter Systeme 11

Kapitel 2: Nebenläufigkeit in Java 13
    2.1 Definition 13
    2.2 User-level Threads und kernel-level Threads 14
    2.3 Threads auf Hardwareebene 15
    2.4 Prozess- und Thread-Zustände 15
        2.4.1 Prozesszustände 16
        2.4.2 Thread-Zustände allgemein 17
        2.4.3 Java Threads 18
    2.5 Abbildung von Java Threads auf POSIX Threads 20
    2.6 Scheduling von Threads unter Solaris 9 22
        2.6.1 Thread-Bibliotheken 22
        2.6.2 Erzeugung von Lightweight Processes 24
    2.7 Verwendung von Java Threads 24
        2.7.1 Threads starten 24
        2.7.2 Threads beenden 29
        2.7.3 Auf Threads warten 30
    2.8 Abfrage von Thread-Informationen 31
        2.8.1 Eigenschaften laufender Threads abfragen 31
        2.8.2 Speicherbelegung 33
        2.8.3 Systemarchitektur und Betriebssystem 34
    2.9 Aufgaben zur Nebenläufigkeit in Java 34

Kapitel 3: Synchronisationsmechanismen 37
    3.1 Korrektheit eines parallelen Programms 37
        3.1.1 Sicherheit 37
        3.1.2 Lebendigkeit (Liveness) 43

3.2	Mutual exclusion		46
	3.2.1	Deaktivierung von Interrupts	46
	3.2.2	test_and_set und test_and_clear	48
3.3	Semaphore		51
	3.3.1	Operationen P() und V()	51
	3.3.2	Fairness	52
	3.3.3	Semaphore und Fairness in Java	54
	3.3.4	Wechselseitiger Ausschluss durch Semaphoren	56
3.4	Monitore		57
	3.4.1	Signalisierungsmechanismen	58
	3.4.2	Nested Monitor Calls	59
	3.4.3	Monitore in Java	59
	3.4.4	Geschachtelte Monitoraufrufe in Java	61
3.5	Mächtigkeit von Synchronisationsmitteln		63
	3.5.1	Semaphoreimplementierung durch Monitore	63
	3.5.2	Monitorimplementierung durch Semaphore	64
	3.5.3	Mächtigkeitsübersicht	64
3.6	Locks in Java		65
	3.6.1	Das Interface Lock	65
	3.6.2	Bedingungsvariablen	66
	3.6.3	Beispiel: Die Klasse ReentrantLock	67
3.7	Aufgaben zur Synchronisation		69

Kapitel 4: Design von Client/Server-Software 71

4.1	Das Client/Server-Modell		71
	4.1.1	Entwurf von Clients	73
	4.1.2	Entwurf von Servern	75
4.2	Implementierung des Client/Server-Modells über Sockets		79
	4.2.1	Übersicht der Socket-Primitive	80
	4.2.2	Die Socket-API unter Java	83
4.3	Fallbeispiele		87
	4.3.1	DAYTIME	87
	4.3.2	ECHO	92
	4.3.3	FILE	98
4.4	Aufgaben zu Client/Server-Software		110

Kapitel 5: Serialisierung 113

5.1	Serialisierungsprozess		114
	5.1.1	Serialisierbarkeitsbedingungen	114
	5.1.2	Repräsentation der Elemente	118

	5.1.3	Aufbau des Streams 119
	5.1.4	Beispiel-Stream 130
5.2	Deserialisierungsprozess 132
5.3	Fallbeispiel: DAYTIME-Server 133
5.4	Nachrichtenkonzept 135
	5.4.1	Message-ID 136
	5.4.2	Reflection-API 142
5.5	Erweiterung der Standardserialisierung 143
5.6	Substitution von Objekten 148
5.7	Beschleunigung der Serialisierung 152
5.8	Versionsverwaltung 155
5.9	Aufgaben zu Serialisierung 158

Kapitel 6: Verteilte Objekte durch RMI 161

6.1	Struktur einer RMI-Anwendung 162
6.2	Ablauf eines entfernten Methodenaufrufs 163
6.3	Parameterübergabe und das RMI Wire-Protocol 165
6.4	Werkzeuge 168
6.5	Fallbeispiel: Entwicklung eines Multiservice-Servers 170
	6.5.1 Implementierung einer Dienstauskunft 170
	6.5.2 Definition der Schnittstellen entfernter Objekte 172
	6.5.3 Implementierung der Remote-Interfaces 174
	6.5.4 Implementierung des Multiservice-Servers 179
	6.5.5 Entwicklung der RMI-Clients 189
6.6	Aufgaben zum entfernten Methodenaufruf 194

Kapitel 7: Einführung in CORBA 197

7.1	Kommunikation in CORBA 198
7.2	Interface Definition Language (IDL) 200
7.3	ORB Services 202
	7.3.1 Namensdienst 204
7.4	Vor- und Nachteile von CORBA 209
7.5	Aufgaben zu CORBA 210

Kapitel 8: Nachrichtenbasierte Kommunikation mit JMS 211

    8.1   Aufbau und Struktur einer JMS-Anwendung 214

    8.2   P2P- und Pub/Sub-Kommunikation 215

    8.3   Das Paket javax.jms 216

        8.3.1   Verbindungsfabriken 216

        8.3.2   Verbindungen 217

        8.3.3   Sitzungen 218

        8.3.4   Produzenten und Konsumenten 218

        8.3.5   Nachrichten 220

        8.3.6   Nachrichtenziele 223

        8.3.7   Ausnahmen 223

    8.4   Fallbeispiele 225

        8.4.1   Metadaten des JMS-Providers erfragen 225

        8.4.2   Nachrichten in einer Warteschlange zählen 228

        8.4.3   ECHO-Dienst mit P2P 231

        8.4.4   DAYTIME-Dienst mit Pub/Sub 238

    8.5   Aufgaben zu JMS 244

Anhang 247

    Anhang A: Die Methode printStream() 247

    Anhang B: Das Reflection-Konzept von Java 248

    Anhang C: Entwicklung von Java bis zur Version 5 258

Literaturverzeichnis 271

Sachwortverzeichnis 277

Kapitel 1: Architektur verteilter Systeme

Bevor wir in die Entwicklung verteilter Anwendungen mit Hilfe von Middleware einsteigen, soll dieses Kapitel die wichtigsten Begriffe und Techniken erläutern und dadurch ein grundsätzliches Verständnis verteilter Systeme ermöglichen.

1.1 Einführung und Begriffsbildung

Ein **verteiltes System (VS)** besteht aus einer Menge unabhängiger Rechnersysteme, die über ein Kommunikationsnetz miteinander gekoppelt sind. Die Rechnersysteme eines verteilten Systems arbeiten zur Erbringung eines gemeinsamen Dienstes, der **verteilte Anwendung** genannt wird, zusammen. Oftmals werden die beteiligten Rechnersysteme auch als aktive Komponenten und die Kombination von verteilter Anwendung plus verteiltes System allgemein als verteiltes System bezeichnet. Dieser Sprechweise wollen wir folgen und fortan nur noch von einem verteilten System sprechen, meinen damit aber das physikalisch verteilte System plus der verteilten Anwendung.

verteilte Anwendung, verteiltes System

Vereinfachend kann man sagen, dass die Rechnersysteme und das Kommunikationsnetz die Hardware und die verteilte Anwendung die Software eines verteilten Systems bilden. Der Zusammenhang zwischen einem verteilten System und einer verteilen Anwendung ist in Bild 1.1 nochmals dargestellt.

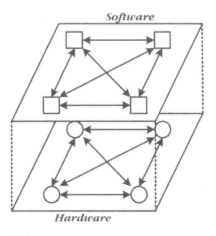

Bild 1.1: Struktur eines verteilten Systems

Vorteile eines verteilten Systems

Durch den Einsatz eines verteilten Systems ergeben sich folgende Vorteile:

- Mehrere Benutzer können **gemeinsam** auf Soft- und Hardwareressourcen zugreifen. Beispielsweise können mehrere Benutzer gleichzeitig auf einer Datenbank arbeiten oder einen gemeinsamen Drucker nutzen.
- Ein verteiltes System **erhöht die Ausfallsicherheit**. Werden in einem Unternehmen beispielsweise zwei Rechner zur Verwaltung von relevanten Geschäftsdaten eingesetzt, führt ein Ausfall von einem der beiden Rechner noch nicht zum Totalausfall.
- Durch die Verteilung von Daten kann ein **schnellerer Zugriff** auf diese erreicht werden. Stellt man sich ein weltweit operierendes Unternehmen vor, ist es sinnvoll, die relevanten Geschäftsdaten bei den jeweiligen Niederlassungen zu speichern. Eine zentrale Datenhaltung – beispielsweise im Hauptsitz – führt zu längeren Zugriffszeiten und Engpässen.
- Verteilte Anwendungen – insbesondere auf dem Unterhaltungssektor – können auch die grundlegende **Geschäftsidee** von Unternehmen sein. Beispielsweise finden Online-Rollenspiele zunehmende Verbreitung.

Nachteile eines verteilten Systems

Leider bringt der Einsatz verteilter Systeme auch zusätzliche Nachteile und Risiken mit sich:

- Ein verteiltes System besteht immer aus mehreren Komponenten. Jede dieser Komponenten kann ausfallen und somit die Funktionalität des verteilten Systems beeinträchtigen. Ein verteiltes System **vermindert die Ausfallsicherheit** also auch.
- Der Einsatz eines verteilten Systems birgt **Sicherheitsrisiken**. Daten, die zwischen den einzelnen Rechnersystemen ausgetauscht werden, müssen über das Kommunikationsnetz übertragen werden. Dort besteht evtl. die Gefahr, dass ein Dritter versucht die Daten abzuhören. Auch ist oftmals nicht klar, ob die Rechnersysteme auf denen Daten zwischengespeichert sind, hinreichend geschützt werden.
- Durch die mehrfache Speicherung von Daten, die auch Redundanz genannt wird, ergeben sich **Konsistenzprobleme**. Es muss beispielsweise zu jeder Zeit klar sein, welche Kopie einer Datei aktuell ist.
- Verteilte Systeme können je nach Auslastung durch Benutzer unterschiedlich schnell reagieren, d.h. **Performance-Schwankungen** können auftreten. Beispielsweise kann die erzielte Performance abhängig von der Tageszeit sein.

- Die **Wartung und Instandhaltung** eines verteilten Systems ist oftmals schwierig, da Fehler an verschiedenen Stellen auftreten und evtl. nicht genau lokalisiert werden können.

1.2 Entstehung verteilter Systeme

Die Entwicklung verteilter Systeme hängt eng mit der Entwicklung der Betriebssysteme, Rechnersysteme und Netzwerke zusammen, d.h. verteilte Systeme, wie man Sie heute kennt, basieren auf den grundlegenden Technologien, die im Bereich der Netzwerke, Rechner- und Betriebssysteme erarbeitet wurden.

Die ersten Rechnersysteme besaßen nur eine einzige CPU (Uniprozessorsysteme) und wurden durch sehr einfache Betriebssysteme verwaltet. Diese Betriebssysteme erlaubten eine sequentielle Bearbeitung der verschiedenen Aufträge (Einprogrammbetrieb). Dadurch musste beispielsweise ein sehr kurzer Auftrag auf die Verarbeitung eines sehr langen Auftrags warten[1]. Jedes Rechnersystem arbeitete unabhängig von allen anderen, d.h. die einzelnen Rechner waren noch nicht miteinander vernetzt.

Uniprozessor und Einprogrammbetrieb

Sehr schnell erkannte man, dass eine sequentielle Verarbeitung der Aufträge sehr ineffizient ist und zu langen Wartezeiten für einzelne Benutzer führt. Deshalb entwickelte man so genannte Mehrprogrammbetriebssysteme, die mehrere Aufträge quasiparallel abarbeiten können. Diese Betriebssysteme basieren auf Verfahren zur Verwaltung von Rechnerressourcen und deren Verteilung auf mehrere Aufträge. Beispielsweise kann die Rechenzeit der CPU durch ein Zeitscheibenverfahren auf mehrere Aufträge verteilt werden. Ein Auftrag bekommt für einen definierten Zeitraum (Zeitscheibe) die CPU zugeteilt und wird auf ihr ausgeführt. Endet die Zeitscheibe, wird der Auftrag automatisch vom Betriebssystem verdrängt und ein anderer Auftrag darf arbeiten.

Mehrprogrammbetrieb

Um die Effizienz weiter zu erhöhen, entwickelte man Rechnersysteme, die mehrere CPUs besaßen. Dadurch wurde es möglich, dass das Betriebssystem die Aufträge tatsächlich parallel verarbeiten konnte, indem es sie auf die einzelnen CPUs verteilte. Man spricht in diesem Zusammenhang auch von Multiprozessorsystemen. Die CPUs in einem Multiprozessorsystem nutzen einen gemeinsamen Speicher, über den der Datenaustausch realisiert werden kann. In Bild 1.2 ist der schematische Aufbau eines Multiprozessorsystems gezeigt. Multiprozessorsysteme waren zwar leicht zu implementieren, jedoch mangelte es an der Skalierbarkeit solcher Systeme.

Multiprozessor

---

[1] Um diesen Nachteil zu kompensieren, wurden den Aufträgen Prioritäten – entsprechend ihrer geschätzten Verarbeitungszeit – zugeordnet. Anschließend wurden sie nach diesen Prioritäten abgearbeitet.

Bild 1.2: Aufbau eines Multiprozessorsystems

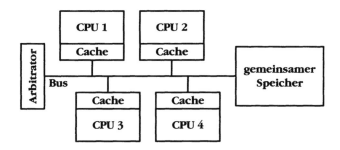

Man kann 5 wichtige Funktionskomponenten unterscheiden:

- **CPU:** Man unterscheidet symmetrische und asymmetrische Multiprozessorsysteme. Bei einem symmetrischen Multiprozessorsystem sind alle CPUs gleichberechtigt, d.h. auf jeder CPU kann Code des Betriebssystems ausgeführt werden. Ein asymmetrisches Multiprozessorsystem besitzt eine privilegierte CPU, den so genannten Master, der exklusiv Betriebssystemcode ausführen darf. Alle anderen CPUs dienen zur Bearbeitung der Benutzeraufträge. Oftmals wird für die Anzahl der eingesetzten CPUs eine Zweierpotenz verwendet.

- **Cache:** Der Cache ist ein Zwischenspeicher um den Geschwindigkeitsunterschied zwischen der CPU und dem Speicher zu kompensieren.

- **Bus:** Die Verbindungsleitungen zwischen den CPUs, dem Arbitrator und dem gemeinsamen Speicher wird als Bus bezeichnet. Der Bus wird von allen CPUs gemeinsam genutzt und kann deshalb zum Engpass werden.

- **Arbitrator:** Der Arbitrator (vom englischen Wort für Schiedsrichter) regelt den Zugriff auf den gemeinsamen Bus. Er implementiert eine Logik, die es verhindert, dass mehrere CPUs gleichzeitig auf den gemeinsamen Bus zugreifen.

- **Speicher:** Er dient den CPUs zum Ablegen von Daten und zur Interprozesskommunikation.

Leider ist die Produktion solcher Multiprozessorsysteme relativ teuer, weshalb man sehr schnell nach alternativen Möglichkeiten suchte, die Leistung zu steigern. Eine nahe liegende Idee war die Kopplung der bestehenden Uniprozessorsysteme zu einem Gesamtsystem, um eine höhere Performance zu erzielen. Werden mehrere eigenständige Uniprozessorsysteme miteinander gekoppelt, spricht man auch von einem **Multicomputer**. Multicomputer können als Urform verteilter Systeme aufgefasst werden. Das wesentliche Merkmal eines Multicomputers ist, dass die einzelnen Computer keinen gemeinsamen Speicher besitzen. Die Kommunikation kann also nur über den Austausch von Nachrichten realisiert werden.

Eine Nachricht besteht immer aus einer **Senderadresse**, **Empfängeradresse**, einem **Umschlag** (envelope) und dem eigentlichen **Inhalt** (payload). Der Umschlag dient zum Schutz oder der Verschlüsselung des Inhalts (Analogon: gewöhnlicher Briefumschlag). Sender- und Empfängeradresse (Analogon: postalische Anschrift) dienen der Übermittlung der Nachricht von der Quelle zum Ziel.

Aufbau von Nachrichten

Die Kommunikation über Nachrichten erfordert den Einsatz eines **Namensdienstes**. Ein Namensdienst realisiert die Abbildung (mapping) der Sender- und Empfängeradressen auf physikalische Adressen der Rechnersysteme. Folglich funktioniert ein Namensdienst wie eine Telefonauskunft, die einer Person deren Anschrift zuordnet.

Nachrichten erfordern Namensdienst

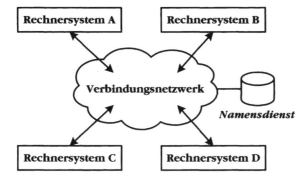

Bild 1.3: *Struktur eines Multicomputersystems*

Ein Multicomputersystem besteht aus 2 wesentlichen Funktionskomponenten (Bild 1.3):

- **Rechnersysteme:** Die Rechnersysteme können entweder vom gleichen Typ sein – man spricht dann von einem homogenen Multicomputer – oder von unterschiedlichem Typ, was auch als heterogener Multicomputer bezeichnet wird. Jedes Rechnersystem besitzt einen eigenen privaten Speicher.
- **Verbindungsnetzwerk:** Als Verbindungsnetzwerk kommen entweder standardisierte oder proprietäre Netzwerke in Frage. Die erreichte räumliche Ausdehnung der Multicomputersysteme ist aber relativ gering. In Abhängigkeit von der erreichten Effizienz spricht man auch von einem Verbund von Arbeitsplatzrechnern (Cluster) oder einem massiv-parallelen Rechner.

Damit die einzelnen Rechnersysteme über das Netzwerk kommunizieren können, müssen die Betriebssysteme spezielle Funktionen zur Netzwerkkommunikation anbieten. Man spricht auch von so genannten **Netzwerkbetriebssystemen**.

1.3 Struktur verteilter Systeme

Verteilungs- und Programmierparadigma

Jedes verteilte System legt ein bestimmtes Verteilungsparadigma (Verteilungsstruktur) zu Grunde. Das Verteilungsparadigma bestimmt, auf welcher Basis die Verteilung realisiert wird, d.h. welche (logischen) Einheiten überhaupt verteilt werden. Zusätzlich besitzt jedes verteilte System ein Programmierparadigma (Implementierungstechnik). Das Programmierparadigma definiert, wie ein Entwickler verteilte Anwendungen implementiert und auf welche Grundfunktionalität er dabei zurückgreifen kann. Es gibt eine Vielzahl verschiedener Verteilungs- und Programmierparadigmen. Die Anforderungen an ein verteiltes System bestimmen oftmals das eingesetzte Verteilungsparadigma. Der Entwickler wählt auf Basis des Verteilungsparadigmas ein geeignetes Programmierparadigma aus.

Verteilungsparadigmen

Was wird verteilt?

Es gibt zwei grundlegende Verteilungsparadigmen, anhand derer verteilte Anwendungen entworfen werden: **Dateien** und/oder **Funktionalität** können verteilt werden.

Dateien

Eine Verteilung auf Basis von Dateien wird beispielsweise in einem verteilten Dateisystem realisiert. Ein verteiltes Dateisystem erlaubt – genau wie ein nicht-verteiltes – den Zugriff auf und die Verwaltung von Dateien. Jedoch können die Dateien auf verschiedenen Rechnersystemen abgespeichert sein. Der Zugriff auf eine lokale und entfernte Datei erfolgt auf die gleiche Weise. Ein Benutzer kann deshalb nicht erkennen, ob er mit einer lokalen oder entfernten Datei arbeitet.

- **Dokumente:** Eine Spezialisierung der Verteilung von Dateien ist die Verteilung von Dokumenten, die einer Datei mit speziellem Inhalt entsprechen. Ein Dokument enthält textuelle Informationen eines speziellen Formats. Beispielsweise ist das World Wide Web (WWW) ein verteiltes System, welches auf der Verteilung von Dokumenten basiert.

Funktionalität

Die Verteilung von Funktionalität entspricht der Zerlegung einer Anwendung in verschiedene funktionale Komponenten und deren anschließende Verteilung auf verschiedene Rechnersysteme. Dieser Ansatz führt zur Client/Server-Architektur, die in Kapitel 4 erläutert wird.

- **Prozeduren:** Die Verteilung von Prozeduren ist ein Spezialfall der Verteilung von Funktionalität und basiert auf der prozeduralen Programmierung. Jede Prozedur erbringt einen bestimmten Dienst. Durch die Verteilung der Prozeduren auf

verschiedene Rechnersysteme, erzielt man eine Verteilung von Funktionalität.
- **Objekte:** Objekte sind Konstrukte der objektorientierten Programmierung und erlauben das Kapseln von Daten und Methoden, die auf diesen Daten arbeiten. Verteilt man Objekte auf verschiedene Rechnersysteme, kann man dadurch ebenfalls Funktionalität verteilen.
- **Berechnungen:** Komplexe Berechnungen können auf einen oder mehrere leistungsfähige Rechner verteilt werden. Dabei kann die Architektur der zugrunde liegenden Rechner berücksichtigt werden, indem man beispielsweise Matrizenoperationen von einem Vektorrechner (falls vorhanden) berechnen lässt.

Programmierparadigmen

Man unterscheidet vier verschiedene Programmierparadigmen bei der Entwicklung von verteilten Anwendungen.

Wie wird programmiert?

- **Kommunikation über Sockets:** Eine der heute am weitesten verbreiteten Programmierparadigmen ist die Kommunikation über Sockets. Ein Socket ist ein Kommunikationsendpunkt in einem Rechnersystem, der aus einer IP-Adresse und einer Port-Nummer besteht und zum Empfangen und Versenden von Daten genutzt werden kann. Die Kommunikation über Sockets erfordert viel Eigenarbeit seitens des Entwicklers, da praktisch keine weiteren Funktionen außer der reinen Kommunikation angeboten werden.
- **Remote Procedure Call (RPC):** Der entfernte Prozeduraufruf erlaubt den Aufruf einer Prozedur auf einem entfernten Rechner. Der Aufruf einer entfernten erfolgt genau wie der Aufruf einer lokalen Prozedur. Sämtliche Kommunikationsdetails werden vor dem Entwickler versteckt. Deshalb ist der Einsatz von RPC wesentlich eleganter und komfortabler als die Kommunikation über Sockets.
- **Remote Method Invocation (RMI):** Der entfernte Methodenaufruf ist in der objektorientierten Programmierung das Analogon zum entfernten Prozeduraufruf. Er erlaubt den Aufruf einer Methode auf einem Objekt, das sich auf einem anderen Rechner befindet. Auch hier werden die Details der Programmierung versteckt.
- **nachrichtenbasierte Kommunikation:** Bei der nachrichtenbasierten Kommunikation erfolgt der Austausch von Informationen zwischen den einzelnen Teilen der verteilten Anwendung durch das Senden und Empfangen von Nachrichten. Die Nachrichten besitzen ein definiertes Format und ermöglichen eine Entkopplung der beteiligten Komponenten. Details der Kommunikation werden durch eine Programmier-

schnittstelle (application programming interface, API) versteckt.

Tabelle 1.1:
Zusammenhang
Verteilungs- und
Programmier-
paradigma

		Programmierparadigma			
		Sockets	RPC	RMI	Nachrichten
Verteilungsparadigma	Dateien	x	–	–	o
	Prozeduren	o	x	–	o
	Objekte	o	–	x	o
	Berechnungen	o	–	–	x

In Tabelle 1.1 ist der Zusammenhang zwischen Verteilungs- und Programmierparadigma nochmals dargestellt. Dabei bedeutet der Eintrag „x" in einem Feld, dass Verteilungs- und Programmierparadigma sehr gut zusammenpassen und oftmals in Kombination eingesetzt werden. Ein „o" bedeutet, dass Verteilungs- und Programmierparadigma zwar kombiniert werden können, jedoch ein gewisser Mehraufwand notwendig wird. Ein „–" hingegen rät von der Kombination von Verteilungs- und Programmierparadigma ab. Grundsätzlich lassen sich aber alle Verteilungsparadigmen über jedes Programmierparadigma umsetzen.

1.4 Zerlegung verteilter Anwendungen

Eine (verteilte) Anwendung kann in mehrere **logische Schichten** (engl.: **tier**) untergliedert werden. Jede Schicht realisiert eine bestimmte Funktionalität. Oftmals findet man eine Untergliederung in Präsentations-, Anwendungs- und Datenschicht. Die **Präsentationsschicht** realisiert ein graphisches Front-End für den Benutzer (graphical user interface, GUI) und erlaubt dadurch die Bedienung der verteilten Anwendung. Die **Anwendungsschicht** implementiert die Geschäftslogik der verteilten Anwendung, d.h. in ihr werden alle anwendungsspezifischen Regeln zur Verarbeitung der Nutzdaten definiert. Die **Datenschicht** ermöglicht eine persistente Speicherung der Anwendungsdaten. Oftmals werden auf der Datenschicht kommerzielle Datenbankmanagementsysteme eingesetzt. Das Zusammenspiel der drei Schichten ist in Bild 1.4 dargestellt.

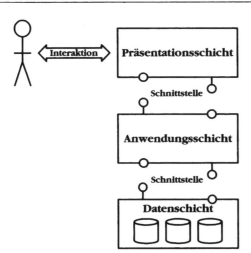

Bild 1.4: Zerlegung einer verteilten Anwendung

Um eine verteilte Anwendung effizient zu implementieren, werden die drei logischen Schichten auf mehrere Rechnersysteme verteilt. Man erhält dann eine so genannte **n-Schicht-Architektur (n-tier-architecture)**. In der Praxis findet man oftmals eine Verteilung der drei logischen Schichten auf drei Rechnersysteme, weshalb man von einer 3-Schicht-Architektur (three-tier-architecture) spricht. Aber auch andere Verteilungen sind denkbar. Beim Einsatz einer n-Schicht-Architektur mit mehr als drei Schichten wird oftmals eine weitere Unterteilung der Anwendungsschicht vorgenommen.

Je nach dem wie viel Funktionalität von dem Rechnersystem erbracht wird an dem der Benutzer arbeitet, unterscheidet man zwischen **Thin-Clients** und **Fat-Clients**. Ein Thin-Client fungiert lediglich als Benutzerschnittstelle zum Anzeigen von Daten. Die Programmlogik wird vollständig durch die anderen Komponenten erbracht. Bei einem Fat-Client übernimmt der Client – neben der Präsentation der Daten – Teile der Programmlogik.

1.5 Transparenz in verteilten Systemen

Eine wichtige Eigenschaft verteilter Systeme ist die Realisation von verschiedenen **Transparenzarten**. Unter Transparenz versteht man das Verstecken einer bestimmten Eigenschaft bzw. Funktion vor dem Benutzer, nicht aber deren Effekt. Beispielsweise kann man vor einem Benutzer verstecken, dass jeder Anhang in seinen E-Mails automatisch auf Viren geprüft wird. Dennoch profitiert er von dem Effekt dieser Funktionen. [Tanenbaum 2003] und [Bengel 2004] unterscheiden folgende Transparenzarten:

- **Orts- oder Positionstransparenz:** Unter Orts- oder Positionstransparenz versteht man die Eigenschaft, dass ein Benutzer nicht wissen muss, wo sich eine bestimmte Ressource be-

Wo befinden sich Ressource und wie greift man zu?

findet, d.h. welche Adresse eine Ressource hat. Es genügt den Namen einer Ressource zu kennen. Der Name wird durch einen Namensdienst auf die aktuelle Adresse abgebildet und ermöglicht so den Zugriff auf die Ressource. Beispielsweise ermöglicht das Domain Name System (DNS) eine Abbildung des DNS-Namens www.fh-fulda.de auf die IP-Adresse 193.174.25.51. Ferner wird diese Transparenz von RMI und CORBA umgesetzt.

- *Umzugs- oder Migrationstransparenz:* Die Umzugs- oder Migrationstransparenz stellt sicher, dass eine Ressource von einem Rechnersystem auf ein anderes umziehen kann und dennoch in einheitlicher Weise auf sie zugegriffen wird. Dies kann beispielsweise realisiert werden, indem vor dem Umzug der Ressource deren neue Position im zugehörigen Namensdienst hinterlegt wird.

- *Reise- oder Relokationstransparenz:* Kann eine Ressource von einem Rechnersystem auf ein anderes umziehen während ein Benutzer auf die Ressource zugreift, spricht man von Reise- oder Relokationstransparenz. Mobile IP ist ein Beispiel für Relokationstransparenz.

- *Zugriffstransparenz:* Die Zugriffstransparenz versteckt die Heterogenität des verteilten Systems, indem der Zugriff auf eine lokale und entfernte Ressource vereinheitlicht wird. Beispielsweise versteckt die Zugriffstransparenz Unterschiede verschiedener Betriebs- und Dateisysteme.

Wie arbeitet das verteilte System?

- *Ausfall- oder Fehlertransparenz:* Tritt in einem verteilten System ein Fehler auf, sorgt die Ausfall- oder Fehlertransparenz für das Verstecken dieses Fehlers vor dem Benutzer. Beispielsweise kann ein Datenbank-Server repliziert werden, um bei Ausfall des primären Datenbank-Servers auf den sekundären zurückgreifen zu können. Dieses Umschalten zwischen Primär- und Sekundärsystem soll für den Benutzer transparent erfolgen.

- *Vervielfältigungs- oder Replikationstransparenz:* Kommt es in einem verteilten System zur Vervielfältigung von Daten oder Diensten – um beispielsweise die Ausfallsicherheit oder die Zugriffsgeschwindigkeit zu erhöhen –, muss deren Replikation vor dem Benutzer verborgen werden. Für den Benutzer erscheint es, als gebe es von jeder Ressource genau ein Exemplar.

- *Nebenläufigkeits- oder Parallelitätstransparenz:* In einem verteilten System arbeiten für gewöhnlich mehrere Benutzer zeitgleich. Solange alle Benutzer an verschiedenen Daten arbeiten bzw. auf verschiedene Dienste zugreifen, ist die zeitgleiche Arbeit unkritisch. Greifen jedoch mehrere Benutzer zeitgleich auf dieselben Daten bzw. Dienste zu, muss eine

Synchronisation stattfinden. Die Nebenläufigkeits- oder Parallelitätstransparenz versteckt die Synchronisation vor dem Benutzer und simuliert einen exklusiven Zugriff auf die Ressource.

- ***Wachstums- oder Skalierungstransparenz:*** Ein verteiltes System ist kein starres Konstrukt, sondern wächst mit den jeweiligen Anforderungen. Folglich muss ein verteiltes System skalierbar sein, d.h. neue Rechnersysteme, Benutzer, Dienste. usw. – kurz Ressourcen – müssen einfach und unproblematisch hinzugefügt werden können. Für bereits bestehende hat das Hinzufügen neuer Ressourcen keine Auswirkungen, d.h. das verteilte System ist wachstums- oder skalierungstransparent.

    Wie entwickelt sich das verteilte System?

- ***Leistungstransparenz:*** Die Leistungstransparenz organisiert die Verteilung einer Aufgabe eines Benutzers auf die vorhandenen Rechnersysteme. Dabei kommt es zu einer Lastverteilung (load balancing) auf die einzelnen Rechnersysteme: schnelle bzw. wenig ausgelastete Rechnersysteme bekommen viel, langsame bzw. stark ausgelastete Rechnersysteme wenig Arbeit. Diese Verteilung der Rechenleistung erfolgt transparent für den Benutzer.

Um verteilte Anwendungen zu entwickeln, ist zunächst die Kenntnis der zugrunde liegenden Betriebssysteme notwendig, auf denen die verteilte Anwendung laufen soll. Glücklicherweise abstrahiert die Programmiersprache Java weitgehend von den Problemen, die sich durch den Einsatz verschiedener Betriebssysteme ergeben. Da in der Regel die meisten komplexeren verteilten Anwendungen parallel arbeiten, soll zunächst betrachtet werden, wie Nebenläufigkeit in Java realisiert wird und wie entstehende (Synchronisations-)Probleme behandelt werden.

1.6 Aufgaben zur Theorie verteilter Systeme

W1. Was ist ein verteiltes System und eine verteilte Anwendung (Definition)?

Wiederholung

W2. Welche Vor- und Nachteile hat der Einsatz eines verteilten Systems (3 Vor- und 3 Nachteile)?

W3. Wie ist eine Nachricht prinzipiell aufgebaut? Warum benötigt man bei der Kommunikation über Nachrichten einen Namensdienst?

W4. Wie unterscheiden sich Verteilungs- und Programmierparadigma (Definition)?

W5. Welche Verteilungs- und Programmierparadigmen gibt es und wie hängen sie zusammen?

W6. Was ist eine n-Schicht-Architektur? Wann spricht man in diesem Zusammenhang von Thin- und Fat-Clients?

W7. Was versteht man unter Transparenz und welche Transparenzarten gibt es?

Vertiefung

V1. Welche Probleme treten in einem verteilten System auf, die in einem nicht-verteilten System nicht entstehen können?

V2. Diskutieren Sie die Zuordnung von Verteilungs- zu Programmierparadigma wie in der Tabelle 1.1 dargestellt. Warum eignen sich manche Kombinationen gut, anderer weniger gut und wieder andere sogar schlecht?

V3. Stellen Sie sich vor, Ihr Webbrowser meldet bei Zugriff auf einen Webserver, dass dieser nicht erreichbar ist. Können Sie nach einer solchen Meldung wirklich sicher sein, dass der Webserver nicht aktiv ist? Welche Probleme entstehen aus dem geschilderten Phänomen (allgemein)?

V4. In einem verteilten System müssen sich alle kommunizierenden Komponenten über eine gemeinsame Zeit einigen. Warum ist das überhaupt notwendig? Als einfacher Ansatz gibt eine Komponente auf Anfrage ihre aktuelle Zeit aus. Welche Probleme treten hierbei auf?

V5. Für die Akzeptanz eines verteilten Systems ist ein hohes Maß an Datenschutz unabdingbar. Personenbezogene Daten dürfen nicht von Dritten ausgelesen und missbraucht werden können. Informieren Sie sich über mögliche Angriffsstrategien und geeignete Gegenmaßnahmen.

Kapitel 2: Nebenläufigkeit in Java

Nebenläufigkeit wird auf Betriebssystemen durch zwei unterschiedliche Konzepte realisiert: durch Prozesse oder durch Threads. In der Programmiersprache Java steht dem Anwendungsentwickler nur die Möglichkeit zur Verfügung Threads zu erzeugen und zu verwenden. Allerdings entsteht daraus kein größeres Problem, da aufgrund des Objektparadigmas jeder Thread innerhalb des Java Programms seine eigenen gekapselten Daten hat. Im Folgenden wird erklärt, was ein Thread ist und wie Threads in Java verwendet werden.

2.1 Definition

Ein Thread ist ein einzelner, sequentieller Ausführungsfaden innerhalb eines Prozesses. Jeder Thread ist gekennzeichnet durch einen **Anfangspunkt**, einen **sequentiellen Ablauf** und einen **Endpunkt** [Sun/Threadtutorial].

Thread: sequentieller Ausführungsfaden

Damit ein Thread Anweisungen ausführen kann, muss er innerhalb eines Prozesses gestartet werden. Jeder Prozess erhält bei seiner Erzeugung einen **Steuerungs-Thread**, durch welchen weitere Threads erzeugt werden können, die wiederum weitere Threads erzeugen können, usw. Die genauen Unterschiede zwischen Prozessen und Threads verdeutlicht Tabelle 2.1 (nach [Kredel 2002] S. 22ff).

Prozesse besitzen	*Threads besitzen*
eigenen Adressraum	Programmzähler (PC)
virtuellen Anteil am Hauptspeicher	eigenen Stack
globale Variablen	Registersatz
Synchronisationsvariablen	Kind-Threads
geöffnete Dateien	Zustandsinformationen
Kind-Prozesse	
Timer	
Signale	
Abrechnungsinformationen	

Tabelle 2.1: Unterschiede zwischen Prozessen und Threads

Sobald mehrere Threads verwendet werden, hat beispielsweise jeder Thread seinen eigenen Stack. Dieser wird unter anderem benötigt, damit der Thread Funktionen aufrufen kann.

Jeder Thread besitzt eigenen Stack

Der Begriff **Funktion** wird hier übergreifend für Begriffe wie Subroutine, Prozedur, Funktion, Methode, usw. verwendet. Der Begriff „Subroutine" taucht in den verschiedenen Basic-Programmiersprachen auf und bezeichnet einen „Funktionsaufruf" ohne Rückgabewert. In Pascal wird in diesem Fall von einer „Prozedur" gesprochen. Wenn eine Prozedur/Subroutine einen Rückgabewert besitzt, spricht man (sowohl in Basic als auch in Pascal, C, C++,...) von einer „Funktion". Wenn eine Funktion einem Objekt zugeordnet wird, spricht man von einer „Methode".

Mehrere Threads teilen sich Ressourcen innerhalb des Prozesses

Wenn mehrere Threads innerhalb eines Prozesses parallel laufen, dann müssen sie sich die Ressourcen des Prozesses teilen, d.h. sie können auf dieselben globalen Variablen, geöffneten Dateien, usw. zugreifen. Daher ist es möglich, dass mehrere Threads auf eine globale Variable gleichzeitig zugreifen. Es ist oftmals notwendig, dass ein solcher Zugriff synchronisiert wird, damit keine Informationen durch transiente Variablenwerte verloren gehen (näheres im Kapitel 3: Synchronisation).

Die meisten Programmiersprachen unterstützen die parallele Ausführung mehrerer Threads innerhalb eines Prozesses nicht direkt. Abgesehen von Ada, C# und Java, bei denen die Threads direkt zur Sprache gehören, wird in C, C++, FORTRAN und Modula-2 die Thread-Funktionalität über sprachunabhängige Programmbibliotheken eingebunden. Bei UNIX-Systemen ist die Erweiterung durch die POSIX[1] Threadbibliothek sehr verbreitet. Auch Java-Threads werden – abhängig von der Plattform, auf der sie ausgeführt werden – mit Hilfe von POSIX-Threads implementiert [Kredel 2002] S. 21f.

Threads können entweder auf Anwendungsebene (user-level Threads), auf Kernelebene (kernel-level Threads) oder hardwaremäßig implementiert werden.

2.2 User-level Threads und kernel-level Threads

Vorteile und Nachteile

User-level Threads können innerhalb eines Prozesses durch die Verwendung einer Threadbibliothek erzeugt werden. Ihr Vorteil gegenüber kernel-level Threads ist ihre günstige Erzeugung, da der Kernel nicht involviert wird. Ein Nachteil von user-level Threads ist, dass der Kernel für sie keine Kontextumschaltung durchführen kann, weil er nur den Prozess kennt und nicht dessen Threads. So kann auch ein unfaires Scheduling entstehen. Wenn das Betriebssystem beispielsweise jedem Prozess gleich viele Zeitscheiben zuteilt, erhält ein Prozess mit einem Thread genauso viele Zeitscheiben wie ein Prozess mit sehr vielen

---

[1] POSIX ist die Abkürzung für Portable Operating System Interface. Oftmals findet man für den Buchstaben X noch den Zusatz for UNIX.

Threads. Wenn ein Prozess jedoch über mehrere kernel-level Threads verfügt, dann kann jedem Prozess pro kernel-level Thread eine Zeitscheibe zugeordnet werden.

Ein weiterer Nachteil ist, dass bei blockierenden Systemaufrufen der gesamte Prozess blockiert wird und mit ihm alle seine user-level Threads. Kernel-level Threads dagegen werden bei blockierenden Systemaufrufen einzeln blockiert, so dass ein anderer kernel-level Thread weiterarbeiten kann.

Während das Scheduling der kernel-level Threads – wie der Name impliziert – durch den Kernel durchgeführt wird, kann für die user-level Threads auf Applikationsebene der für die Anwendung beste Scheduling-Algorithmus implementiert werden. Bei einem Mehrprozessorsystem können mehrere user-level Threads innerhalb eines Prozesses allerdings nur parallel ausgeführt werden, falls das Programm, das den Prozess beinhaltet, auf mehreren kernel-level Threads läuft [Oaks 1997] S. 7. Neuere JVMs (Java Virtual Machine) laufen unter Solaris beispielsweise mit mehreren Lightweight Processes[1], wobei jeder Lightweight Process einen eigenen Kernel Thread hat. Die Lightweight Processes kann man als Schnittstelle zwischen dem User- und dem Kernelbereich ansehen. Somit ist eine Parallelisierung von Java-Threads innerhalb eines Programms auf mehreren Prozessoren möglich.

Scheduling

2.3 Threads auf Hardwareebene

Threads können auch direkt auf Hardwareebene umgesetzt werden. Der Vorteil ist, dass die Kontextumschaltung und auch die Erzeugung sehr schnell ist.

Threads auf Hardwareebene wurden beispielsweise durch Transputer realisiert und von dem verteilten Betriebssystem Helios verwendet [Stainov 1994] S. 110f. Die Firma Intel bietet mittlerweile durch ihre Hyperthreading-Technologie die Möglichkeit mehrere Threads parallel von einem Prozessor ausführen zu lassen [HT 2002].

2.4 Prozess- und Thread-Zustände

Wir haben bereits gelernt, dass mehrere Threads innerhalb eines Prozesses laufen. Daher abstrahieren Prozesse stärker vom tatsächlichen Programmablauf als Threads, so dass eine Unterscheidung in Prozess- und Thread-Zustände sinnvoll ist. Durch die beiden Betrachtungsweisen werden zwei verschiedene Abstraktionsebenen unterschieden.

Prozesse liefern gröbere Sicht als Threads

---

[1] Näheres zum Thema Lightweight Processes findet sich im Kapitel 2.6 Scheduling von Threads unter Solaris 9.

2.4.1 Prozesszustände

Weil Threads innerhalb eines Prozesses ausgeführt werden, wird zunächst betrachtet, welche Zustände ein Prozess während seiner Laufzeit einnehmen kann (nach [Silberschatz 2003] S. 96f). Bild 2.1 zeigt die verschiedenen Prozesszustände.

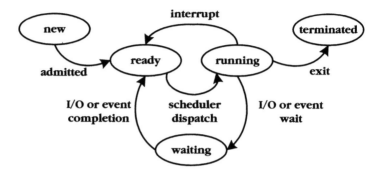

Bild 2.1: Prozesszustandsdiagramm

Tabelle 2.2: Übersicht Prozesszustände

Zustand	Bedeutung
new	Der Prozess wird gerade erzeugt.
running	Es werden gerade Anweisungen ausgeführt.
waiting	Der Prozess wartet auf den Eintritt eines Ereignisses (z.B. Abschluss von I/O oder Eintreffen eines Signals).
ready	Der Prozess wartet auf die Zuweisung eines Prozessors.
terminated	Der Prozess hat die Ausführung abgeschlossen.

Sobald der Prozess erzeugt wurde, wechselt er vom Zustand **new** in den Zustand **ready**. Dort wird der Prozess im allgemeinen in eine Warteschlange eingekettet und bekommt dann einen freien Prozessor zugeteilt, sobald alle anderen Prozesse, die vor ihm die Warteschlange betreten haben, von einem Prozessor abgearbeitet wurden oder gerade werden. Wird er in seiner Ausführung unterbrochen, wird er direkt wieder in die Warteschlange des Zustands **ready** eingekettet. Bei Ein-/Ausgabe (E/A) oder Ereignissen wird der Prozess in eine separate Warteschlange, in die des Zustands **waiting**, eingekettet. Von dort kehrt er zurück, sobald das Ereignis oder die Ein- und Ausgabe abgeschlossen ist.

Wenn der Prozess seine Ausführung beendet, wechselt er vom Zustand *running* in den Zustand *terminated* [Heinzl 2004].

2.4.2 Thread-Zustände allgemein

Wenn ein Prozess im Zustand *running* ist, können user-level Threads ausgeführt werden. Welche Zustände Threads einnehmen und welche Zustandsübergänge während ihrer Ausführung im Allgemeinen möglich sind, wird im folgenden Diagramm dargestellt:

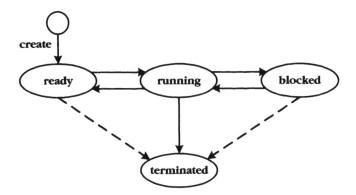

Bild 2.2: *allgemeine Threadzustände*

Welche Zustände Threads tatsächlich einnehmen können oder welche Zustandsübergänge möglich sind, hängt von der Thread-Implementierung ab. Allgemein fasst die obige Abbildung die wichtigsten Zustände zusammen.

Zustand	Bedeutung
ready	Der Thread ist rechenwillig, d.h. er wartet auf seine Ausführung.
running	Es werden gerade Anweisungen ausgeführt.
blocked	Der Thread wartet auf den Eintritt eines Ereignisses (z.B. Abschluss von I/O).
terminated	Der Thread hat seine Ausführung abgeschlossen.

Tabelle 2.3: *Übersicht der allgemeinen Threadzustände*

Ein Thread ist nach seiner Erzeugung im Zustand *ready*, d.h. er ist rechenwillig. Wenn er vom Scheduler zur Ausführung bestimmt wird, wechselt er in den Zustand *running*. Wenn der Thread beispielsweise auf eine Eingabe wartet, wird er blockiert, d.h. er wechselt in den Zustand **blocked**. Wenn ein Thread seine Aufgabe erledigt hat, wechselt er in den Zustand **terminated**. Da Threads allerdings beendet werden, wenn ihr Prozess endet, ist auch ein direkter Übergang vom Zustand blocked oder ready in den Zustand **terminated** denkbar.

2.4.3 Java Threads

Nichttriviale Java-Programme sind multithreaded

Nahezu jedes Java-Programm benötigt mehrere Threads. Sobald beispielsweise eine Swing-Oberfläche, ein Server oder ein Applet ins Spiel kommt, besteht das Programm aus mehreren Threads. Daher lohnt es sich Threads unter Java genauer zu betrachten.

Die Programmiersprache Java lehnt sich an die allgemeinen Thread-Zustände an. Wie Bild 2.3 zeigt, unterscheiden sich die in Java definierten Zustände nur geringfügig von den allgemeinen.

Bild 2.3:
Zustandsdiagramm der Java Threads

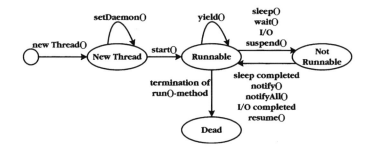

Tabelle 2.4:
Übersicht der Java Thread Zustände

Zustand	Bedeutung
New Thread	Das Thread-Objekt wurde gerade kreiert. Damit es parallel ausgeführt wird, muss die start()-Methode aufgerufen werden.
Runnable	Der Thread kann ausgeführt werden oder wird gerade ausgeführt.
Not Runnable	Der Thread ist nicht rechenwillig und nicht ausführbar (z.B. bei I/O).
Dead	Der Thread hat die run()-Methode fertig ausgeführt.

setDaemon()

In der Programmiersprache Java befindet sich ein Thread-Objekt nach seiner Erstellung im Zustand **New Thread**. Während das Objekt in diesem Zustand ist, kann über die Methode setDaemon() bestimmt werden, ob der Thread ein Daemon- oder ein User Thread werden soll. Bei einem Daemon Thread handelt es sich um einen Thread, der erzeugt wurde, um User Threads zu unterstützen. Sobald alle User Threads beendet sind, beendet die JVM

Prozess- und Thread-Zustände

den Prozess und somit auch die Daemon Threads. Der Garbage Collector ist beispielsweise ein Daemon Thread [Oaks 1997] S. 137.

Durch Aufruf der start()-Methode wird dann tatsächlich ein neuer Thread erzeugt, der die run()-Methode des Thread-Objekts ausführt. Der Thread wird durch Aufruf der start()-Methode in den Zustand **Runnable** versetzt.

start()

Im Zustand Runnable kann ein Thread durch yield() auf seine Zeitscheibe verzichten. Bevor der Thread vom Scheduler wieder zur Ausführung bestimmt wird, wird zunächst versucht, einen anderen Thread mit der Ausführung zu betrauen.

yield()

Der Thread wechselt in den Zustand **Not Runnable**, wenn er durch wait() auf eine Monitorbedingung wartet, wenn er durch sleep() für eine bestimmte Zeit schlafen gelegt wurde, wenn er durch suspend() explizit in den Zustand Not Runnable versetzt wurde oder bei blockierender Ein- und Ausgabe.

wait(), sleep(), suspend()

Er kehrt entsprechend wieder zurück, wenn die Ein- und Ausgabe beendet wurde, er durch ein notify() oder notifyAll() aus dem Monitor geweckt wird, wenn der Timer von sleep() abgelaufen ist oder er durch resume() wieder explizit in den Zustand Runnable gesetzt wurde.

notify(), notifyAll(), resume()

Der Thread beendet seine Ausführung, wenn die run()-Methode die letzte Anweisung ausgeführt hat und wechselt in den Zustand **Dead**.

Beendigung der run()-Methode

Da Java plattformunabhängig ist, ist das Thread-Konzept oberhalb der einzelnen Implementierungen anzusetzen.

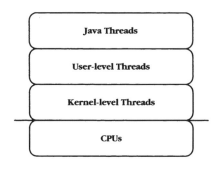

Bild 2.4: Thread-Ebenen über den CPUs

Java Threads werden entweder auf kernel-level Threads oder user-level Threads abgebildet. Unter Windows NT werden Threads, die vom Anwender erstellt werden, direkt als kernel-level Threads behandelt [Holub 1998].

Unter Solaris beispielsweise werden Java Threads 1:1 auf Solaris Threads (user-level Threads) abgebildet. Diese werden dann 1:1

oder m:n auf Lightweight Processes (LWPs) abgebildet und diese wiederum 1:1 auf Kernel-Threads. Näheres im Abschnitt 2.6.

2.5 Abbildung von Java Threads auf POSIX Threads

Da Java Threads bei verschiedenen UNIX Betriebssystemen mit Hilfe der POSIX Thread-Bibliothek umgesetzt werden, soll an dieser Stelle die Abbildung der Java Thread-Methoden auf die POSIX Thread-Funktionen exemplarisch betrachtet werden. Voraussetzung dieser Abbildung ist, dass die POSIX Bibliothek zumindest dieselbe Funktionalität zur Verfügung stellt wie Java Threads.

In Tabelle 2.5 wird eine kurze (nicht vollständige) Übersicht über die wichtigsten POSIX Thread-Anweisungen und -Funktionen unter der Programmiersprache C und deren Entsprechungen in Java gegeben.

Tabelle 2.5:
Gegenüberstellung der POSIX und Java Funktionalität

POSIX Threads	Java Threads
pthread_create(..., func, args)	Thread(Runnable target)
pthread_mutex mutex	
pthread_mutex_init(mutex)	
pthread_mutex_lock(mutex)	synchronized(object) {
pthread_mutex_unlock(mutex)	}
pthread_cond_init()	
pthread_cond_wait(c, m)	obj.wait()
pthread_cond_timedwait(c, m, t)	obj.wait(t)
pthread_cond_signal(c)	obj.notify()
pthread_cond_broadcast(c)	obj.notifyAll()

In der Funktion pthread_create(...) wird über func die Funktion angegeben, die als neuer Thread ausgeführt werden soll. In Java ist dies über den Konstruktor der Klasse Thread(Runnable target) möglich. Das Objekt target enthält die run()-Methode, die als neuer Steuerungs-Thread ausgeführt werden soll.

jedes Objekt hat eine Sperre

Jedes Objekt in Java wird mit einer Sperre (Mutex Lock) geschaffen [Oaks 1997] S. 48f. Diese Sperre wird ergriffen, wenn ein synchronized-Block betreten wird. Wenn ein weiterer Thread eine Sperre für dasselbe Objekt anfordert, wird dieser Thread bis zur Freigabe der Sperre blockiert. Die Sperren werden verwendet, um zu einem Codesegment den **wechselseitigen Ausschluss (mutual exclusion)** zu garantieren. Jeder synchronized-Block wird über die Mutex-Variable des in den Klammern der synchronized-Anweisung angegebenen Objekts realisiert. Wenn synchronized verwendet wird, um ganze Methoden zu synchronisieren, dann ist dies gleichbedeutend mit einem synchronized(this)-Block, der sich über die gesamte Methode erstreckt, wie in folgendem Programm gezeigt wird:

```
public class Example
{
  private int result;
  ...
  public synchronized void add(int a)
  {

    result = result + a;

  }
}
```

```
public class Example
{
  private int result;
  ...
  public void add(int a)
  {
    synchronized(this)
    {
      result = result + a;
    }
  }
}
```

Programm 2.1:
Äquivalente Anwendung der synchronized-Anweisung

Die Initialisierung wird in Java bei der Erstellung des Objekts automatisch vorgenommen. Mehr zu Synchronisation durch Mutex-Variablen, Semaphore und Monitore sowie kritische Bereiche im Kapitel 3: Synchronisation.

Bei den POSIX Threads muss zunächst die Mutex-Variable vom Typ pthread_mutex deklariert und danach mit pthread_mutex_init(…) initialisiert werden. Der Aufruf von pthread_mutex_lock(…) stellt sicher, dass jeder weitere Aufruf dieser Funktion auf dieselbe Mutex-Variable den aufrufenden Thread blockiert. Durch pthread_mutex_unlock(…) wird die Mutex-Variable wieder freigegeben.

In Java wird dies durch den synchronized-Block realisiert. Die öffnende Klammer kann mit der Anforderung der Sperre verglichen werden, die schließende Klammer mit deren Freigabe.

Die Blockung hat den Vorteil, dass man nicht aus Versehen die Freigabe einer Mutex-Variablen vergisst und somit einen Deadlock provoziert, da am Ende des Blocks automatisch die Sperre wieder aufgehoben wird. Der Nachteil allerdings ist, dass eine Sperre nicht von einer anderen Stelle im Programm aus freigegeben werden kann.

POSIX Threads können mit der Funktion pthread_cond_wait(c, m) auf eine bestimmte Bedingungsvariable warten. Bei diesem Aufruf wird sowohl die Bedingungsvariable c als auch die Mutex-Variable m angegeben, die freigegeben werden muss, damit ein anderer Thread den kritischen Bereich betreten kann. Mit der Funktion pthread_cond_timedwait(c, m, t) kann zusätzlich noch eine Zeit t spezifiziert werden, die der Thread maximal auf ein „Wecksignal" warten soll.

Über pthread_cond_signal(c) wird ein blockierter Thread, der auf die Bedingungsvariable c wartet, aufgeweckt. Über die Funktion pthread_cond_broadcast(c) werden alle blockierten Threads aufgeweckt, die auf die entsprechende Bedingungsvariable warten [IEEE1003.1/2003].

Die Signalisierung wird bei Java über die Methoden wait(), notify() und notifyAll() realisiert. Diese Methoden dürfen nur innerhalb eines synchronized-Blocks verwendet werden. wait() veranlasst die Freigabe der Mutex-Variable und die Blockierung des aufrufenden Threads. Mit wait(t) ist das Pendant zu pthread_cond_timedwait(c, m, t) realisiert. Durch notify() wird ein Thread, der am Monitor wartet, wieder aufgeweckt. Durch notifyAll() werden alle Threads, die am Monitor warten, aufgeweckt.

Auch die anderen Methoden der Java Threads können auf die POSIX-Bibliothek abgebildet werden. Mehr Informationen zur POSIX-Bibliothek finden sich in [SUN/MPG 2002] und [IEEE1003.1/2003].

2.6 Scheduling von Threads unter Solaris 9

Wie funktioniert die Abbildung von Java Threads auf native Threads?

Damit die Verwaltung von Threads durch das Betriebssystem verständlicher wird, wird in diesem Kapitel das Scheduling an einem spezifischen Betriebssystem (Solaris 9 von Sun Microsystems) beschrieben. Ferner wird in diesem Kapitel betrachtet, wie Java Threads auf die nativen Threads abgebildet werden.

2.6.1 Thread-Bibliotheken

Unter Solaris 9 stehen zwei verschiedene Thread-Bibliotheken zur Verfügung, die zwei unterschiedliche Threading-Modelle realisieren [SUN/TPC 2004]. Die Bibliothek „T1", die Standardbibliothek aller Vorgänger von Solaris 9, realisiert ein **m:n threading model**. m:n bedeutet, dass m native Threads auf n LWPs abgebildet werden (siehe Bild 2.5).

Scheduling von Threads unter Solaris 9

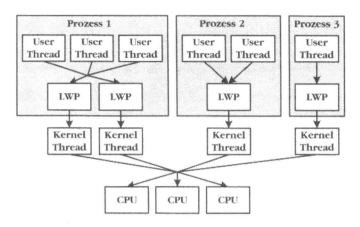

Bild 2.5: *m:n Threading Model unter Solaris*

Jedem LWP wird wiederum ein Kernel Thread zugewiesen [Sun/Threading]. Die Kernel Threads können dann direkt von einer CPU ausgeführt werden. Ein Programm (beispielsweise die JVM) besteht aus mehreren LWPs. Die User Threads können dann auf die verschiedenen LWPs des Programms verteilt werden.

Die Thread-Bibliothek „T2", die Standard-Thread-Bibliothek von Solaris 9, implementiert ein *1:1 threading model*, d.h. für jeden User Thread wird ein LWP erstellt. Jeder LWP wird nach wie vor auf einen Kernel Thread abgebildet. Während seiner kompletten Lebenszeit wechselt der Thread den LWP nicht.

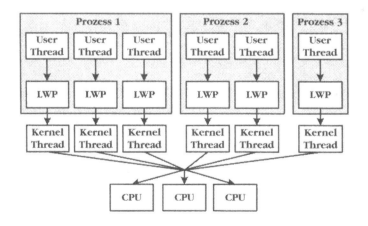

Bild 2.6: *1:1 Threading Model unter Solaris*

Dieses Scheduling ist robuster und einfacher [Sun/TPC 2004]. Für jeden Java Thread wird ein Solaris Thread (User Thread) erzeugt. Da jeder User Thread auf entweder genau einem LWP und damit Kernel Thread läuft (1:1 threading model) oder auf mehreren verschiedenen LWPs, denen wieder jeweils ein Kernel Thread zugeordnet ist (m:n threading model), können User Threads –

und somit auch Java Threads – auf einem Mehrprozessorsystem innerhalb eines Prozesses parallelisiert werden.

2.6.2 Erzeugung von Lightweight Processes

Da unter Solaris eine echte Parallelisierung von Java Threads möglich ist, stellt sich die Frage, wie die JVM die Parallelisierung vornimmt. Durch das 1:1 threading model wird die Zuweisung der Java Threads auf LWPs von der Thread-Bibliothek vorgenommen. Daher ist bei der Implementierung keine zusätzliche Arbeit notwendig. Beim m:n Threading model hat der Programmierer die Möglichkeit über den Linker beim Übersetzungsvorgang die Bibliothek libthread.so in sein Programm einbinden zu lassen. Sobald das Programm gestartet wird, wird ein Hintergrundprozess namens dynamiclwps erzeugt. Dieser Prozess ist der „Dynamic LWP Scheduler". Er bildet noch nicht zugewiesene User Threads auf freie LWPs ab. Wenn ein LWP für ca. 5 Minuten nicht benötigt wird, beendet er sich [Gbodimowo 2001]. Der genaue Ablauf wird über Door-Mechanismen und Signale realisiert [Mauro 2001].

Eine Java Virtual Machine könnte beispielsweise über eines der beiden Verfahren das Mapping von Java Threads auf LWPs implementieren. In der JVM Spezifikation [Lindholm 1999] wird keine explizite Vorschrift für die Abbildung von Java Threads auf kernel-level Threads gegeben.

2.7 Verwendung von Java Threads

Nachdem bekannt ist, wie das Betriebssystem mit Threads umgeht, soll nun betrachtet werden, wie Java Threads verwendet.

start() und run()   Ein Java Thread verfügt zunächst über zwei sehr wichtige Methoden: start() und run().

start()   Die start()-Methode übernimmt die Parallelisierung, d.h. sie ist dafür verantwortlich, dass tatsächlich ein neuer Thread gestartet wird. Von dem neuen Thread wird dann die run()-Methode aufgerufen.

run()   Die run()-Methode teilt dem Thread mit, welche Anweisungen parallel ausgeführt werden sollen. Somit stellt die run()-Methode einen neuen Ausführungsfaden dar.

2.7.1 Threads starten

Durch den Aufbau der Klasse Thread ergeben sich mehrere Möglichkeiten den Inhalt der run()-Methode anzugeben. Vererbung ist hierbei die einfachste Möglichkeit. Es muss eine Klasse entworfen werden, die von der Klasse Thread erbt und deren run()-Methode überschreibt. Ein Objekt dieser Klasse wird durch die

Verwendung von Java Threads

original start()-Methode von Thread angestoßen und führt dann seine eigene run()-Methode parallel aus (siehe Programm 2.2).

In diesem Beispiel wird von dem Haupt-Thread ein weiterer Thread gestartet. Beide Threads inkrementieren den Wert der Variablen i. Mit dem Aufruf der statischen Methode Thread.currentThread() kann eine Referenz auf den aktuell laufenden Thread zurückgegeben werden und somit eine Unterscheidung zwischen den beiden laufenden Threads getroffen werden. Um die Ausgabe der beiden Threads zuordnen zu können, wird neben dem Ergebnis i zusätzlich ihr Name ausgegeben.

***Programm 2.2:** Realisierung der Nebenläufigkeit durch Vererbung*

```
public class Main
{
  public static int i = 0;

  public static void main(String[] args)
  {
    MyThread m = new MyThread();          // erzeuge Thread
    m.setName("MyThread");
    m.start();                            // starte Thread
    for (int j = 0; j < 1000000000; j++) i++;  // inkrementiere i

    System.out.print(Thread.currentThread().getName());
    System.out.println(" i: " + i);
  }
}

public class MyThread extends Thread
{
  // Diese Methode wird parallel ausgeführt
  public void run()
  {
    for (int j = 0; j < 1000000000; j++) Main.i++; // inkrementiere i

    System.out.print(Thread.currentThread().getName());
    System.out.println(" i: " + Main.i);
  }
}
```

Durch die Vererbung entsteht allerdings der Nachteil, dass die Klasse, die von der Klasse Thread erbt, von keiner anderen Klasse erben kann. Daher wurde eine zweite Möglichkeit vorgesehen, Threads zu verwenden, nämlich durch das Interface Runnable.

Das Interface Runnable besteht aus der Methode run(). Daher muss die run()-Methode von der Klasse, die das Interface einbindet, implementiert werden. Ein Objekt dieser Klasse wird dann bei der Erzeugung eines Threads im Konstruktor übergeben. Sobald die start()-Methode des Threads aufgerufen wird, wird tatsächlich ein Thread parallel gestartet. Dieser führt die run()-Methode der Klasse Thread aus. Diese wiederum ruft die run()-Methode des übergebenen Runnable-Objekts auf (siehe Programm 2.3).

Programm 2.3:
Auszug aus java.lang.Thread

```java
public class Thread implements Runnable
{
  ...
  /* What will be run. */
  private Runnable target;
  ...
  public void run()
  {
    if (target != null) target.run();
  }
  ...
}
```

Unter Verwendung des Runnable-Objekts sieht das Programm 2.2 wie folgt aus:

Programm 2.4:
Realisierung der Nebenläufigkeit durch ein Runnable-Objekt

```java
public class Main
{
  public static int i = 0;

  public static void main(String[] args)
  {
    MyThread m = new MyThread();   // erzeuge Runnable Objekt
    Thread t = new Thread(m);      // erzeuge Thread
    t.setName("MyThread");
    t.start();                     // starte Thread

    for (int j = 0; j < 1000000000; j++) i++;

    System.out.print(Thread.currentThread().getName());
    System.out.println(" i: " + i);
  }
}

public class MyThread implements Runnable
{
  // Diese Methode wird parallel ausgeführt
  public void run()
  {
    for (int j = 0; j < 1000000000; j++) Main.i++;

    System.out.print(Thread.currentThread().getName());
    System.out.println(" i: " + Main.i);
  }
}
```

Diese Möglichkeit der Ausführung von Threads hat einen großen Vorteil. Für die Klasse, die das Runnable Interface implementiert, ist es immer noch möglich von einer anderen Klasse zu erben. Wenn direkt von der Klasse Thread geerbt wird, ist dies nicht möglich.

Als dritte Möglichkeit kann die Initialisierung des Threads in die Klasse, die das Runnable Interface implementiert, transferiert wer-

Verwendung von Java Threads

den. Diese Lösung ist die übersichtlichste und hat den Vorteil, dass die Klasse – wie bei der Vererbungslösung – ihren eigenen Thread kennt (siehe Programm 2.5). Der einzige Nachteil (oder auch Vorteil) ist, dass das Starten des Threads in derselben Klasse geschieht. Es ist also nicht mehr möglich (oder notwendig), einen Thread zu instantiieren und **später** zu starten.

```
public class Main
{
  public static int i = 0;

  public static void main(String[] args)
  {
    MyThread m = new MyThread();  // erzeuge Runnable-Objekt

    for (int j = 0; j < 1000000000; j++) i++;

    System.out.print(Thread.currentThread().getName());
    System.out.println(" i: " + i);
  }
}

public class MyThread implements Runnable
{
  // Referenz auf Thread, der die run-Methode() dieser Klasse ausführt
  Thread t;

  public MyThread()
  {
    t = new Thread(this);       // erzeuge Thread
    t.setName("MyThread");      // Thread-Name vergeben
    t.start();                  // starte Thread
  }

  // Diese Methode wird parallel ausgeführt
  public void run()
  {
    for (int j = 0; j < 1000000000; j++) Main.i++;

    System.out.print(t.getName());
    System.out.println(" i: " + Main.i);
  }
}
```

Programm 2.5:
Realisierung der Nebenläufigkeit durch implizite Thread-Instantiierung

Bei dieser Lösung muss vom Hauptprogramm nur ein Objekt der Klasse erstellt werden, die das Runnable Interface implementiert. Diese Klasse übergibt dem Thread eine Referenz auf sich selbst und startet dann den Thread.

Die vierte und letzte Möglichkeit wird über eine (anonyme) innere Klasse realisiert. Diese Vorgehensweise hat den Vorteil, dass die Anzahl der Java-Dateien im Programm nicht unnötig steigt und wird verwendet, wenn die Klasse nur an einer Stelle im Programm benötigt wird.

Programm 2.6:
Realisierung der Nebenläufigkeit durch eine innere Klasse

```java
public class Main
{
  public static int i = 0;

  public static void main(String[] args)
  {
    Thread t = new Thread()
    {
      // Diese Methode wird parallel ausgeführt
      public void run()
      {
        for (int j = 0; j < 1000000000; j++) i++; // inkrementiere i

        System.out.print(Thread.currentThread().getName());
        System.out.println(" i: " + i);
      }
    };
    t.setName("MyThread");
    t.start();                                    // starte Thread
    for (int j = 0; j < 1000000000; j++) i++;     // inkrementiere i

    System.out.print(Thread.currentThread().getName());
    System.out.println(" i: " + i);
  }
}
```

Ein weiterer Vorteil dieser Möglichkeit ist, dass von der inneren Klasse auf die Variablen der äußeren Klasse zugegriffen werden kann.

Egal, welche der vier Lösungsvorschläge man betrachtet, das zu erwartende Ergebnis sollte immer gleich sein. Allerdings werden, wenn man ein einzelnes Programm der vier vorgeschlagenen Lösungen mehrfach startet, meist verschiedene Ergebnisse entstehen. Folgendes Ergebnis hat beispielsweise ein Programmdurchlauf ergeben:

```
MyThread i: 1364082967
main i: 1371634760
```

Notwendigkeit der Synchronisation

Wenn man die verschiedenen Ergebnisse betrachtet, wird auch deutlich, warum Synchronisationsmechanismen benötigt werden. Bei dem obigen Programm würde man eigentlich erwarten, dass einer der beiden Ausführungsfäden mit i == 2000000000 das Programm beendet. Da allerdings gleichzeitig auf die Variable i zugegriffen wird, kann der Wert von i von beiden Threads gelesen werden. Daraufhin haben beide Threads eine eigene Kopie der Variablen, die sie erhöhen wollen. Wenn beide Threads nun die Variable erhöhen und zurückschreiben, ist eine Erhöhung verloren gegangen. Dies wird deutlich an folgendem Beispiel.

Es gebe zwei Threads t_1 und t_2. Die Integervariable i starte mit dem Wert 6. Tabelle 2.6 zeigt ein mögliches Scheduling.

Anweisung	resultierender Wert
t_1.read(i)	t_1.i == 6
t_2.read(i)	t_2.i == 6
t_1.inc(i)	t_1.i == 7
t_2.inc(i)	t_2.i == 7
t_1.write(i)	i == 7
t_2.write(i)	i == 7

Tabelle 2.6: *Mögliches Scheduling zweier Threads*

Wenn zwei Inkrementierungen vorgenommen werden, sollte eigentlich der Wert 8 als Ergebnis herauskommen. Das Ergebnis hängt ohne Synchronisation allerdings von der Ausführungsreihenfolge ab. Näheres in Kapitel 3: Synchronisation.

2.7.2 Threads beenden

Falls Threads vorzeitig beendet werden sollen, stellt jeder Thread die Methode stop() zur Verfügung. Hier treten allerdings Probleme auf: Objekte können nach der Beendigung in einem inkonsistenten Zustand sein, Sperren bleiben evt. belegt.

stop()

Erfahrungsgemäß wird, wenn ein Thread eine Sperre als einziger hält und kein anderer Thread in der Warteschlange der Sperre ist, diese Sperre durch den Aufruf von stop() freigegeben. Sobald ein weiterer Thread in der Warteschlange ist, wird die Sperre nicht freigegeben. Das führt zu dem Problem, dass der weitere Ablauf des Programms nicht vorhersagbar ist bzw. bei der Nichtfreigabe der Sperre in einem Deadlock enden kann.

Daher wird eine sichere Methode zur Beendigung von Threads vorgestellt. Jedoch muss diese Implementierung vom Anwendungsprogrammierer vorgenommen werden.

Programm 2.7:
Beendbarer Thread

```java
public class StoppableThread implements Runnable
{
  Thread t;
  boolean runnable = true;

  public StoppableThread()
  {
    t = new Thread(this);
    t.setName("StoppableThread");
    t.start();
  }

  public void run()
  {
    while (runnable)
    {
      // verrichte Arbeit
    }
  }

  public void setRunnable(boolean runnable)
  {
    this.runnable = runnable;
  }
}
```

Bei einer längeren run()-Methode ist es möglich, innerhalb der run()-Methode mit if(!runnable) break; die while(runnable)-Schleife zu verlassen, insofern die if-Anweisung nicht innerhalb einer anderen Schleife verwendet wird.

2.7.3 Auf Threads warten

join()

Mit der Methode join() kann ein Thread auf die Beendigung eines anderen Threads warten. Der Thread, der join() aufruft, wird blockiert, bis der Thread, von dem die join()-Methode aufgerufen wurde, seine Ausführung abgeschlossen hat.

Programm 2.8:
join()-Methode

```java
public static void main(String[] args)
{
  Thread t = new Thread()
  {
    // Diese Methode wird parallel ausgeführt
    public void run()
    {
      for (int j = 0; j < 1000000000; j++) i++; // inkrementiere i
    }
  };
  t.start();                          // starte Thread
  try
  {
    Thread.sleep(100);                // simuliere Arbeit
    System.out.println("Before join: i = " + i);
    t.join();                         // warte auf Ende von Thread t
```

```
  }
  catch(InterruptedException e)
  {
    System.out.println("join failed");
  }
  System.out.println("After join:  i = " + i);
  }
}
```

Im obigen Beispiel wartet der Haupt-Thread auf das Ende des von ihm gestarteten Threads. Der gestartete Thread zählt bis 1.000.000.000. Da der Scheduler direkt nach dem Starten des neuen Threads nicht unbedingt auf den neuen Thread umschaltet, simuliert der Haupt-Thread durch `Thread.sleep(100)` Arbeit. Daher wird auch der neugestartete Thread mit der Ausführung betraut. Falls diese Zeile weggelassen wird, würde der Wert von `i` vor dem Aufruf der `join()`-Methode nahezu immer 0 sein, da es sehr unwahrscheinlich ist, dass genau zwischen dem Starten des Threads und der Ausgabe des Texts ein Kontextwechsel liegt. Die Ausgabe nach dem Aufruf der `join()`-Methode zeigt, dass der neugestartete Thread die `for`-Schleife abgeschlossen hat.

2.8 Abfrage von Thread-Informationen

Da bei der Implementierung von Servern meist mehrere Threads zum Einsatz kommen, ist es interessant, möglichst viele Informationen über die Anzahl der Threads, deren Zustände oder der Speicherbelegung des Programms zu erhalten, nicht zuletzt um mögliche Fehler oder Engpässe des Servers aufzuspüren.

Thread-Informationen helfen bei der Fehlersuche

Sun Microsystems stellt ab J2SE 5 für die eben genannten Bereiche **Managed Beans (MXBeans)** zur Verfügung. Diese befinden sich im `java.lang.management` Paket. Über eine `ManagementFactory` kann eine Implementierung eines spezifischen MXBeans angefordert werden.

2.8.1 Eigenschaften laufender Threads abfragen

Um eine Liste aller laufenden Threads zu erzeugen, kann das `ThreadMXBean` verwendet werden. Die Informationen über jeden Thread werden in einem `ThreadInfo`-Objekt gespeichert:

```
import java.lang.management.ManagementFactory;
import java.lang.management.ThreadInfo;
import java.lang.management.ThreadMXBean;
...
ThreadMXBean tb = ManagementFactory.getThreadMXBean();
ThreadInfo[] threadInfo;
threadInfo = tb.getThreadInfo(tb.getAllThreadIds());
```

Programm 2.9: Abfrage des Thread-Status

Mit der Methode `getAllThreadIds()` wird ein Array aller Thread-IDs zurückgegeben. Wenn dieses Array an die Methode `getThreadInfo()` weitergegeben wird, wird zu jeder überreichten ID das passende `ThreadInfo`-Objekt angefordert. `ThreadInfo`-Objekte stellen Informationen wie den Thread-Namen, den Thread-Status, die Thread-ID, die Zeit, die ein Thread blockiert verbracht hat, usw. zur Verfügung.

Den Status, den Namen und die Sperre, an der ein Thread blockiert ist, kann man wie folgt abfragen:

Programm 2.10:
Abfrage von Thread-Informationen

```
...
String name = threadInfo[j].getThreadName();
String state = threadInfo[j].getThreadState().toString();
String lockName = threadInfo[j].getLockName();
```

Die Methode `getAllThreadIds()` liefert allerdings nur die IDs der Threads aber keine Referenz. Für den Entwurf verteilter Anwendung (z.B. durch RMI) ist dies wünschenswert, da Referenzen auf Threads, die auf anderen Rechnern gestartet wurden, nutzlos sind. Falls jedoch der Wunsch besteht Referenzen auf alle Threads zu erhalten – z.B. für die Entwicklung eines Administrations- oder Debugging-Tools – dann ist dies über die statische Methode `enumerate()` der Klasse `ThreadGroup` möglich. Diese Methode ermöglicht es, die ***Referenzen*** aller Threads einer Thread-Gruppe abzufragen. Da Thread-Gruppen hierarchisch aufgebaut sind, ist es möglich, durch (mehrmaliges) Aufrufen der Methode `getParent()` zur Wurzel der Thread-Gruppe zu gelangen. Die `ThreadGroup` eines Threads erhält man durch den Aufruf von dessen Methode `getThreadGroup()`. Wird die Methode `enumerate()` auf die Wurzel aller Thread-Gruppen ausgeführt, erhält man ein Thread-Array, welches die Referenzen auf alle Threads beinhaltet.

Programm 2.11:
Abfrage aller Thread-Referenzen

```
Thread[] t = new Thread[...];

// hole die ThreadGroup des gerade aktiven Threads
ThreadGroup tg = Thread.currentThread().getThreadGroup();

// hole die Wurzel aller Threadgroups
while (tg.getParent() != null)
{
  tg = tg.getParent();
}
// speichere Referenz auf alle Threads
int no = tg.enumerate(t);
```

2.8.2 Speicherbelegung

Für die Implementierung von hoch parallelen Servern ist der Speicherverbrauch von großer Bedeutung. Wenn bereits sehr viele Threads laufen, stellt sich beispielsweise die Frage, ob noch weitere Threads erzeugt werden sollen.

Der Speicher kann, wie Programm 2.12 zeigt, mit Hilfe des neuen `MemoryMXBeans` abgefragt werden.

```
import java.lang.management.ManagementFactory;
import java.lang.management.MemoryMXBean;
import java.lang.management.MemoryUsage;
...
MemoryMXBean mb = ManagementFactory.getMemoryMXBean();
...
MemoryUsage hmu  = mb.getHeapMemoryUsage();
MemoryUsage nhmu = mb.getNonHeapMemoryUsage();
...
```

Programm 2.12: Abfrage der Speicherbelegung

Wie man sieht, kann sowohl Heap- als auch Nicht-Heap-Speicher abgefragt werden. Unter Heap-Speicher versteht man den Speicher, in dem die Anwendung abläuft und Speicher für neue Objekte anfordert. Nicht-Heap-Speicher ist der Speicher, der von der JVM selbst belegt wird.

Heap- und Nicht-Heap-Speicher

Folgende Speicherangaben können mit den beiden Methodenaufrufen `getHeapMemoryUsage()` und `getNonHeapMemoryUsage()` abgefragt werden:

Speicherangaben	Beschreibung
initial heap size	Größe des Heaps beim Start der JVM
used heap size	Derzeit verwendeter Speicher
committed heap size	Der Anwendung zugewiesener Speicher
maximum heap size	Der Anwendung maximal zur Verfügung gestellter Speicher. Wird diese Speichergröße überschritten, erfolgt ein `java.lang.OutOfMemoryError`
initial nonheap size	Der JVM zugewiesener Speicher beim Start der JVM
used nonheap size	Von der JVM derzeit verwendeter Speicher

Tabelle 2.7: Arten des Heap-Speichers

Speicherangaben	Beschreibung
committed nonheap size	Der JVM zugewiesener Speicher
maximum nonheap size	Der JVM maximal zur Verfügung gestellter Speicher

Die anfängliche Größe und die maximale Größe des Heap-Speichers kann im Übrigen beim Start der JVM mit den Optionen -Xms und -Xmx festgelegt werden.

2.8.3 Systemarchitektur und Betriebssystem

Falls Server auf heterogenen Systemen eingesetzt werden, kann es sinnvoll sein, aufgrund der Systemarchitektur, der Anzahl der Prozessoren, des Betriebssystemnamens und der Betriebssystemversion Entscheidungen über die Ausprägung eines Servers zu treffen. Diese Angaben können durch das OperatingSystemMXBean abgefragt werden.

Programm 2.13: Abfrage der Systemarchitektur und Betriebssysteminformationen

```
OperatingSystemMXBean ob =
    ManagementFactory.getOperatingSystemMXBean();
...
String arch = ob.getArch();
int    no   = ob.getAvailableProcessors();
String name = ob.getName();
String ver  = ob.getVersion();
...
```

Nachdem verdeutlicht wurde, wie Threads arbeiten und wie diese in der Programmiersprache Java verwendet werden, ist eine Frage offen geblieben: Wie können Threads untereinander synchronisiert werden? Mit dieser Frage beschäftigt sich das nächste Kapitel.

2.9 Aufgaben zur Nebenläufigkeit in Java

Wiederholung

W1. Was versteht man unter einem Thread (in einem Satz)?

W2. Was ist der Unterschied zwischen kernel- und user-level Threads?

W3. Was sind die verschiedenen Zustände eines Java Threads? Durch welche Methoden sind Zustandsübergänge möglich?

W4. Welche Möglichkeiten kennen Sie, um einen Thread zu starten?

W5. Mit welcher Methode kann der aktuelle Thread referenziert werden?

W6. Warum kann eine Synchronisation beim Auftreten mehrerer Threads notwendig sein?

W7. Mit welcher Methode kann auf das Ende eines Threads gewartet werden? Mit welcher Methode kann man die Threads einer Thread-Gruppe abfragen?

I1. Schreiben Sie ein Programm, welches einen zusätzlichen Thread startet. Der zusätzliche Thread soll alle 0,5 Sekunden "Yang" ausgeben und durch eine innere Klasse realisiert werden. Der Ausgangs-Thread soll alle 0,5 Sekunden "Yin" ausgeben. *Implementierung*

I2. Schreiben Sie ein Programm, welches drei zusätzliche Threads startet. Der erste Thread soll alle 0,3 Sekunden "Yin" ausgeben und Thread als Oberklasse haben. Der zweite Thread soll alle 0,6 Sekunden "Yang" ausgeben und das Interface Runnable implementieren. Der dritte Thread soll alle 0,9 Sekunden "Yung" ausgeben und durch implizite Thread-Instantiierung gestartet werden. Jeder der drei Threads soll bei jeder Ausgabe noch zusätzlich seine gesamte Wartezeit in Millisekunden ausgeben.

I3. Modifizieren Sie das Programm aus Aufgabe I2 dahingehend, dass alle Threads sicher beendbar sind. Der Haupt-Thread soll alle 5 Sekunden je einen von ihm gestarten Thread beenden.

I4. Programmieren Sie eine Klasse Ast, welche 3 Threads erzeugt, die jeweils 10 Blatt-Objekte erzeugen. Bevor die main()-Methode der Klasse Ast endet, soll sie sicherstellen, dass alle 3 Threads ihre Arbeit beendet haben. Die Klasse Blatt soll leer sein.

Kapitel 3: Synchronisationsmechanismen

Da parallele Programme aus mehreren sequentiellen Ausführungsfäden bestehen, stellt sich oft die Anforderung, Daten zwischen Programmen oder innerhalb von Programmen auszutauschen oder auch Ergebnisse zurückzumelden. Sobald mehrere parallele Zugriffe auf eine Variable, eine Funktion oder ein Gerät erfolgen, können Synchronisationsprobleme oder Interferenzen[1] auftreten.

Synchronisationsprobleme bei parallelen Zugriffen

Immer, wenn Synchronisationsprobleme oder Interferenzen auftreten, sind Synchronisationsverfahren gefragt. Synchronisationsprobleme können zwischen Programmen, Geräten, aber auch innerhalb von Programmen auftreten. In diesem Kapitel werden die gängigen Synchronisationsverfahren näher betrachtet.

3.1 Korrektheit eines parallelen Programms

Um sich über die Anforderungen an parallele Programme bewusst zu werden, muss man überlegt, wann ein paralleles Programm korrekt ist. Ein **sequentielles** Programm ist korrekt, wenn das Programm nicht undefiniert terminiert, d.h. ein „richtiges" Ergebnis ausgibt. **Parallele** Programme müssen zusätzlich noch zwei weitere Eigenschaften erfüllen: **Sicherheit (safety)** und **Lebendigkeit (liveness)** [Ben-Ari 1982] S. 20f.

3.1.1 Sicherheit

Sicherheit (safety) bezeichnet allgemein die Eigenschaft, dass keine fehlerhaften Zustände in einem Programm eintreten und beschäftigt sich mit den statischen Bereichen des Programms. Ein statischer Bereich eines Programms ist beispielsweise die Definition kritischer Bereiche[2], weil diese im Vorfeld feststehen.

Sicherheit: Es treten keine fehlerhaften Zustände ein

Wenn mehr Threads oder Prozesse denselben kritischen Bereich betreten als in diesem Bereich zugelassen sind, dann ist die Sicherheitseigenschaft verletzt.

---

[1] Mit Interferenz wird die nichtsynchronisierte Beeinflussung von Programmzuständen eines Prozesses auf einen anderen bezeichnet [Kredel 2002] S. 15.

[2] Unter einem **kritischen Bereich** versteht man ein Gerät, ein Programm oder ein Codesegment innerhalb eines Programmes, welches nur von einer bestimmten Anzahl an Threads oder Prozessen gleichzeitig ausgeführt werden darf. Wird die Anzahl überschritten, kann es zu falschen Ergebnissen bis hin zu Programmabstürzen kommen. Sehr häufig ist der Zugriff auf exakt einen Prozess bzw. Thread beschränkt.

sichere Programme sind partiell korrekt

Die Erfüllung der Sicherheitseigenschaft bezeichnet man auch als **partielle Korrektheit**.

Eine **partielle Korrektheitsaussage** kann für ein Programm, für einen Programmteil oder auch nur eine einzelne Anweisung getroffen werden. Dazu werden für die Anweisung Vor- und Nachbedingungen durch Aussagen der mathematischen Logik formuliert [Winskel 1993].

partielle Korrektheitsaussage

{Vorbedingung} Anweisung(en) {Nachbedingung}

Im Folgenden wird ein Beispiel, für das sehr einfach eine partielle Korrektheitsaussage formuliert werden kann, vorgestellt: ein Tauschalgorithmus.

z = x;
x = y;
y = z;

Eine partielle Korrektheitsaussage würde folgendermaßen formuliert werden: $\{x = m \wedge y = n\}$ z = x; x = y; y = z; $\{x = n \wedge y = m\}$

x und y haben vor dem Tauschalgorithmus beliebige Werte, symbolisiert durch die Werte m und n. Nach dem Tauschalgorithmus sind die Werte m und n getauscht, d.h. die Variable x hat jetzt den Wert n und die Variable y hat den Wert m.

sichere Objekte

Aus der Übertragung der Sicherheitseigenschaft auf das Objektparadigma, lässt sich folgern, dass ein paralleles Programm sicher ist, wenn alle parallelen Objekte innerhalb eines Programmes sicher sind. Solche Objekte werden **sichere Objekte (safe objects)** genannt.

Ein Objekt ist sicher, wenn es entweder unveränderlich (immutable) oder korrekt synchronisiert und korrekt gekapselt (contained) ist [Lea 1997].

Unveränderlichkeit (Immutability)

unveränderliche Objekte

Ein Objekt ist **unveränderlich**, wenn es niemals seinen Status[1] ändert. Ein Java String beispielsweise ist unveränderlich. Wenn eine Konkatenation von zwei Stringobjekten ausgeführt wird, dann wird aus den beiden Objekten ein neues Stringobjekt erstellt, welches die Zeichenkette der beiden anderen Objekte beinhaltet. Der Nachteil von Programmen, die nur unveränderliche Objekte beinhalten, ist, dass solche Programme zum einen keine Benutzerinteraktion zulassen und zum andern sehr rechen-

---

[1] Die Attribute eines Objekts und deren Werte werden als Status eines Objekts bezeichnet.

intensiv werden können. Sobald die Veränderlichkeit von Objekten zugelassen wird, dürfen die Methoden von Objekten entweder nur **statuslos** sein, es dürfen innerhalb einer Methode nur **lokale Kopien** von übergebenen Parametern angelegt und verändert werden oder es muss eine Synchronisation vorgenommen werden.

Statuslose Methoden

Eine **statuslose Methode (stateless method)** ist eine Methode, die kein Attribut ihres Objekts verändert, d.h. den Status des Objekts unverändert lässt.

```
public class Example
{
    ...
    public int add(int a, int b) { return a + b; }
}
```

Programm 3.1: statuslose Methode

Von der Methode add() wird kein Attribut des Objekts geändert. Die beiden Variablen a und b werden von einem externen Objekt übergeben. Daher ist diese Methode **statuslos**.

Lokale Kopien

Wenn Objekte an eine Methode übergeben werden, werden diese meist als Referenz übergeben, da das Kopieren eines Objekts in der Regel mehr Zeit und Speicher benötigt. In der Programmiersprache Java wird kein impliziter Mechanismus zum Kopieren eines Objekts bei Parameterübergabe zur Verfügung gestellt. Wenn also sicher auf einem Objekt operiert werden soll, muss man vorher eine Kopie des Objekts anlegen und dann alle Operationen auf die lokale Kopie anwenden. Die Kopie darf allerdings auch nur lokal verwendet und **nicht** anderen parallelen Objekten zugänglich gemacht werden.

```
public class Example
{
    ...
    public String[] sort(String[] array)
    {
        String[] copy = new String[array.length];
        /* sortiere Elemente und speichere diese in copy */
        return copy;
    }
}
```

Programm 3.2: Methode, die eine lokale Kopie vornimmt

Die zu sortierenden Strings werden zunächst kopiert. Daher wird bei der aufrufenden Methode keine Änderung in dem Stringarray vorgenommen. Es muss allerdings sichergestellt werden, dass kein anderes Objekt auf diese Methode zugreifen kann.

Synchronisation

Wenn Objekte Änderungen ihres Status' zulassen, ist eine Synchronisation erforderlich, damit die Objekte in einem konsistenten Zustand bleiben. Um den konsistenten Zustand zu wahren, muss der parallele Zugriff auf Objekte im transienten Zustand verhindert werden. Sobald ein Codesegment, das den Status eines Objekts ändert, ausgeführt wird, darf parallel dazu dasselbe Codesegment nicht noch einmal ausgeführt werden (Verstoß gegen die Sicherheitseigenschaft).

vollständig synchronisiertes Objekt

In Java wird die Synchronisation (meist) über das Schlüsselwort synchronized gesteuert. Ein Objekt heißt **vollständig synchronisiert (fully synchronized)**, wenn alle Methoden des Objekts synchronisiert wurden. Wenn ein Objekt vollständig synchronisiert ist, kann es nur eine Anweisung zu jedem Zeitpunkt ausführen. Ein vollständig synchronisiertes Objekt kann wie in Bild 3.1 beschrieben werden [Heinzl 2004].

Bild 3.1: *Zustände eines vollständig synchronisierten Objekts*

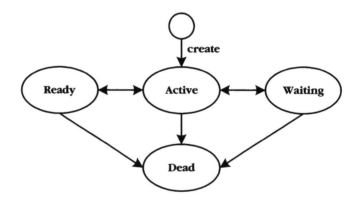

Korrektheit eines parallelen Programms

Zustand	Beschreibung
Active (processing)	Ein Objekt hat die Sperre des vollständig synchronisierten Objekts ergriffen. Das vollständig synchronisierte Objekt bearbeitet die Anfrage.
Ready (idle)	Kein Objekt hat die Sperre des vollständig synchronisierten Objekts ergriffen.
Waiting (for a reply)	Das vollständig synchronisierte Objekt hat eine Methode eines anderen Objektes aufgerufen und wartet auf deren Abarbeitung.
Dead	Kein Objekt hält eine Referenz auf das vollständig synchronisierte Objekt.

Tabelle 3.1:
Zustandsbeschreibung eines vollständig synchronisierten Objekts

Falls vorhanden, muss auch noch der Zugriff auf **statische Variablen (Klassenvariablen)** innerhalb einer Klasse synchronisiert werden. Zu diesem Zweck kann man die Synchronisierung durch eine Klassensperre vornehmen.

```
public class Example
{
  private int result = 0;
  private static int number = 0; // parallele Objekte

  public Example()
  {
  } // Konstruktor kann nicht synchronized sein

  public synchronized void add(int x)
  {
    result = result + x;
  }

  public synchronized void sub(int x)
  {
    result = result - x;
  }

  public void increaseObjectNumber()
  {
    synchronized(getClass())    // Hole Klassensperre
    {
      number = number + 1;
    }
  }
}
```

Programm 3.3:
Vollständig synchronisiertes Objekt

```
    public void decreaseObjectNumber()
    {
      synchronized(getClass())    // Hole Klassensperre
      {
        number = number - 1;
      }
    }
}
```

Falls eine nicht synchronisierte private Methode nur von synchronisierten Methoden aufgerufen wird, dann wird die vollständige Synchronisierung nicht verletzt.

Kapselung

Statt der Synchronisation, die dynamisch den Zugriff auf Objekte begrenzt, kann auch der Zugriff auf Objekte durch Kapselung (Containment) **strukturell** begrenzt werden. Objekte werden hierbei logisch gekapselt wie in Bild 3.2 gezeigt.

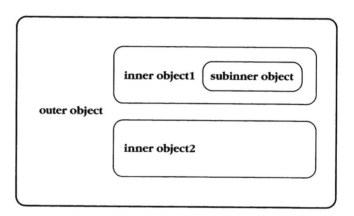

Bild 3.2: Kapselung (Containment) von Objekten [Lea 1997]

Folgende Richtlinien müssen eingehalten werden, damit ein Objekt sicher ist:

- Das äußere Objekt muss alle inneren Objekte innerhalb seines eigenen Konstruktors erzeugen.
- Das äußere Objekt darf keine Referenzen des inneren Objekts an andere Objekte weitergeben.
- Das äußere Objekt muss vollständig synchronisiert oder in ein anderes vollständig synchronisiertes Objekt eingebettet sein.

3.1.2 Lebendigkeit (Liveness)

Während sich die Sicherheitseigenschaft mit den statischen Bereichen eines Programms beschäftigt, beschreibt die **Lebendigkeit** eines parallelen Programms dessen dynamische Eigenschaften [Ben-Ari 1982] S. 21f. Ein Programm ist lebendig, wenn alle gewünschten Zustände nach endlicher Zeit eintreten [Kredel 2002] S. 17. Falls ein Programm zum Beispiel durch eine Verklemmung für immer blockiert ist, wird dies als Lebendigkeitsversagen bezeichnet. Es gibt folgende Lebendigkeitsversagen [Lea 1997] S. 57f:

Lebendigkeit: Alle gewünschten Zustände werden nach endlicher Zeit erreicht

Versagensart	Bedeutung
Contention (Konkurrenz)	Obwohl ein Prozess/Thread im Zustand **ready/runnable** ist, gelangt er nicht auf einen Prozessor, weil ein anderer Prozess/Thread die CPU übernommen hat. Dieses Lebendigkeitsversagen wird auch als **Starvation**[1] **(Verhungern)** bezeichnet.
Dormancy (Untätigkeit)	Ein Prozess/Thread in einem nichtausführbaren Zustand kehrt nie wieder in den Zustand **runnable/ready** zurück. In Java ist dies beispielsweise durch einen suspend()-Aufruf ohne korrespondierendes resume() möglich.
Deadlock (Verklemmung)	Zwei oder mehrere Prozesse/Threads blockieren sich, weil jeder eine Sperre hält, die ein anderer anfordert.
Premature termination (frühzeitige Terminierung)	Ein Prozess/Thread wird während seiner Laufzeit beendet. In der Programmiersprache Java ist dies über die Methode stop() möglich.

Tabelle 3.2: Mögliche Lebendigkeitsversagen

Bei Lebendigkeitsversagen in der Programmiersprache Java spielen sehr oft Deadlocks eine entscheidende Rolle.

Deadlocks

Der erste Schritt zur Entdeckung eines Deadlocks kann über einen Request-Allocation-Graph bzw. Wait-for-Graph vollzogen werden. Ein **Request-Allocation-Graph** beschreibt alle Prozesse/Threads, die auf Betriebsmittel warten. Dabei werden die

---

[1] Der Begriff „Starvation" wird auch für andere Probleme im Zusammenhang mit der Lebendigkeitseigenschaft verwendet.

Elemente des Graphen wie in Bild 3.3 definiert [Spaniol 2002] S. 82:

Bild 3.3: Elemente des Request-Allocation-Graphs

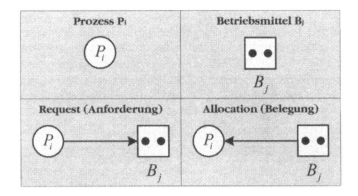

Wenn ein Prozess im Graphen auf ein Betriebsmittel verweist, fordert er dieses Betriebsmittel an. Wenn ein Betriebsmittel auf einen Prozess verweist, dann ist dieses Betriebsmittel von dem Prozess belegt. Die Punkte eines Betriebsmittels zeigen an, wie viele Prozesse dieses Betriebsmittel belegen dürfen.

Im Request-Allocation-Graph können alle Beziehungen zwischen Betriebsmitteln und Prozessen eingetragen werden. Ein Prozess könnte mehrere Betriebsmittel sowohl anfordern als auch allokieren. Bild 3.4 zeigt einen Beispielgraphen:

Bild 3.4: Beispiel Request-Allocation-Graph

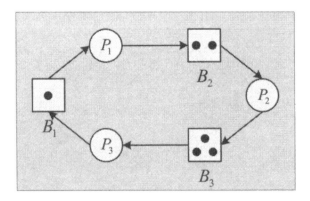

Der Request-Allocation-Graph kann vereinfacht werden, indem alle Betriebsmittel aus dem Graphen entfernt werden. Ein auf diese Weise vereinfachter Graph wird **Wait-For-Graph** genannt. Wenn der Graph aus Bild 3.4 auf die eben beschriebene Weise vereinfacht wird, entsteht folgender Wait-For-Graph:

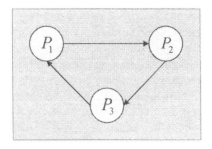

Bild 3.5: Wait-For-Graph

Ein Pfeil in diesem Graph bedeutet, dass ein Prozess ein Betriebsmittel anfordert, welches ein anderer Prozess hält. P_1 fordert in Bild 3.5 ein Betriebsmittel an, welches von P_2 belegt wird. Mit Hilfe dieses Graphen kann bestimmt werden, ob ein Zyklus vorliegt.

Ein **Deadlock** liegt vor, wenn die vier Bedingungen aus Tabelle 3.3 erfüllt sind:

Bedingung	Bedeutung
Circular-Wait	Im Request-Allocation-Graphen bzw. Wait-For-Graphen existiert ein Zyklus.
Exclusive-Use	Kein Betriebsmittel darf von mehreren Prozessen verwendet werden (kein **Betriebsmittel-Sharing**).
Hold-and-Wait	Prozesse können neue Betriebsmittel anfordern, ohne die bereits belegten zurückzugeben.
No-Preemption	Betriebsmittel können Prozessen nicht entzogen werden.

Tabelle 3.3: Bedingungen für einen Deadlock

Die Anforderung und Allokierung von Betriebsmitteln gilt nicht nur für Prozesse, sondern natürlich auch für Threads.

Zur Deadlock-Vermeidung (Deadlock-Avoidance) bei mehreren gleichartigen Betriebsmitteln kann beispielsweise der Banker's Algorithmus verwendet werden [Spaniol 2002] S. 87.

Performance

Die Definition der Lebendigkeitseigenschaft kann ausgedehnt werden auf die **Performance** eines Programmes (Antwortzeiten, etc.). Wenn ein Programm eine gewisse Performance benötigt, um eine sinnvolle Ausführung zu gewährleisten, dann reicht die Definition, dass in einer endlichen Zeit ein Ergebnis feststeht, nicht aus. Wenn man die Lebendigkeit eines Programmes als

Lebendigkeit ist minimal benötigte Performance eines Programmes

minimal benötigte Performance betrachtet, ergibt sich ein Zwiespalt zwischen der Sicherheit und der Lebendigkeit von Programmen. Da Synchronisationsmechanismen immer auch Zeit kosten, ist die Frage, ob ein Programm bei vollständiger Synchronisation noch „lebendig genug" ist. Umgekehrt stellt sich die Frage, ob eine sehr selten auftretende Verklemmung innerhalb eines Programmes in Kauf genommen werden kann, wenn es dafür wesentlich schneller läuft.

3.2 Mutual exclusion

wechselseitiger Ausschluss

Wenn eine Synchronisation vorgenommen werden soll, ergibt sich oft die Problemstellung des ***wechselseitigen Ausschlusses (mutual exclusion)***. Wenn zwei oder mehr Prozesse bzw. Threads auf ein Gerät oder einen Programmabschnitt zugreifen wollen, muss sichergestellt sein, dass die Zugriffe hintereinander ausgeführt werden, da es ansonsten möglich ist, undefinierte Ergebnisse zu erhalten. Wenn beispielsweise zwei Prozesse gleichzeitig Ausgaben auf den Standardoutput tätigen, dann werden diese Ausgaben evtl. komplett vermischt, falls keine Synchronisation vorgenommen wurde.

Für kritische Bereiche, in denen sich immer nur ein Prozess/Thread aufhalten darf, genügt ein wechselseitiger Ausschluss. In objektorientierten Programmiersprachen bietet es sich an, den wechselseitigen Ausschluss über eine Lock-Klasse zu realisieren. Im Folgenden werden verschiedene Möglichkeiten betrachtet, wie ein wechselseitiger Ausschluss vorgenommen werden kann.

3.2.1 Deaktivierung von Interrupts

Bei der Ausführung eines Programms kann jederzeit ein Prozess/Thread durch eine Kontextumschaltung, ausgelöst durch eine abgelaufene Zeitscheibe, Events oder E/A, unterbrochen werden. Diese Unterbrechungen (Interrupts) können für einen Prozessor abgeschaltet werden. Nach der Abschaltung wird der ausgeführte Prozess auf keinerlei Interrupts reagieren. Falls der Prozess in eine Endlosschleife betritt, gibt es keine Möglichkeit einem anderen Prozess die Ausführung zu ermöglichen. Allerdings lässt sich durch die Abschaltung der Interrupts ein wechselseitiger Ausschluss am einfachsten realisieren [Heinzl 2004]. Die einfachste Implementierung wäre, die Interrupts zu deaktivieren, den kritischen Bereich auszuführen und die Interrupts wieder zu aktivieren. Wenn diese Funktionalität in einer Lock-Klasse untergebracht werden soll, dann könnte diese wie in Programm 3.4 realisiert werden (nach [Krishnamurthy 2004]).

Mutual exclusion

```
class Lock
{
  public void acquire()
  {
    /* Deaktiviere Interrupts; */
  }

  public void release()
  {
    /* Aktiviere Interrupts; */
  }
}
```

Programm 3.4:
Skizze einer einfachen Implementierung des wechselseitigen Ausschlusses

Das Problem bei dieser einfachen Implementierung ist, dass die Ausführung eines kritischen Bereichs sehr lange dauern kann. Während der gesamten Ausführungszeit kann kein Scheduling mehr stattfinden, weil die Ausführung des aktuellen Threads nicht unterbrochen werden kann.

Eine bessere Implementierung der Lock-Klasse belegt nach der Deaktivierung der Interrupts nur eine Variable mit einem bestimmten Wert und aktiviert danach wieder die Interrupts. Vor der Ergreifung der Sperre müssen andere Threads erst überprüfen, ob die Variable den festgelegten Wert hat. Auf diese Weise blockieren Threads, die den kritischen Bereich betreten wollen, anhand eines Variablenwerts. Die Deaktivierung der Interrupts ist nur sehr kurz.

Zwischen der Deaktivierung und der Aktivierung der Interrupts können noch Warteschlangenoperationen ausgeführt werden, die die wartenden Threads verwalten, damit ein aktives Warten der Threads (busy wait) vermieden wird.

kein busy wait

```
class Lock
{
  private int value = FREE;
  private /* Referenz auf Warteschlange */

  public Lock()
  {
    /* Initialisiere Warteschlange */
  }

  public void acquire()
  {
    /* Deaktiviere Interrupts; */
    if (value == BUSY)
    {
      /* Füge Thread in Sperrenwarteschlange ein */
      /* Lege Thread schlafen */
    }
```

Programm 3.5:
Skizze: wechselseitiger Ausschluss über Locks (nach [Krishnamurthy 2004])

```
    else
    {
      value = BUSY;
    }
    /* Aktiviere Interrupts; */
  }
  public void release()
  {
    /* Deaktiviere Interrupts; */
    if (/* Warteschlange nicht leer */)
    {
      /* Entferne einen Thread aus der Sperrenwarteschlange */
      /* Kette ihn in die Bereitwarteschlange */
    }
    else
    {
      value = FREE;
    }
    /* Aktiviere Interrupts; */
  }
}
```

Das Problem bei den beiden vorgestellten Lösungen ist ihre Inkompatibilität zu Multiprozessorsystemen. Bei Multiprozessorsystemen wird die Funktion test_and_set() (und evtl. test_and_clear()) verwendet.

3.2.2 test_and_set und test_and_clear

bit test and set und bit test and reset

Für Multiprozessorsysteme gibt es die Funktionen test_and_set() und test_and_clear(), die atomar den Wert einer Variablen aus dem Speicher lesen, diesen mit einem bestimmten Wert überschreiben und den gelesenen Wert zurückgeben. Die beiden Funktionen setzen bei den meisten Prozessoren auf einem atomaren Maschinensprachenbefehl auf. Der Name kann leicht variieren. Bei der Motorola MC68x00 Familie heißt der Maschinenbefehl BSET (test a bit and set), bei der Intel Pentium Familie und bei AMD heißt der Befehl BTS (bit test and set) [Groß 2003] Kapitel 3.4. Mit dem Maschinenbefehl BTR (bit test and reset) kann dieser Wert wieder zurückgesetzt werden (bei Intel Pentium und AMD).

Der Vorteil dieses Verfahrens ist, dass ein Wert aus einem Register atomar gelesen und verändert werden kann. So kann jeder Prozess/Thread lesen, ob der Wert in dem entsprechenden Register einem festgelegten Wert gleicht. Wenn ein bestimmter Wert gesetzt ist, dann lässt man den Prozess/Thread entweder aktiv warten oder man kettet ihn in eine Warteschlange ein (wie in Programm 3.5).

Eine Beispielimplementierung dieses Befehls (nach [Hoo 2003]) unter C++/Assembler für Win32-Plattformen zeigt Programm 3.6.

Mutual exclusion

Für diesen Code wird ein Compiler benötigt, der Assembler-Anweisungen per Inline-Assembler einbinden kann. Dieses Programm wurde auf einem AMD Duron sowie auf einem Intel Pentium 4 Prozessor mit dem Borland C++ Builder 6 gestestet.

```
static int test_and_set(int no, volatile void *addr)
{
  __asm
  {
    mov eax, no
    mov ebx, addr
    lock bts [ebx], eax
    sbb eax, eax
  }
  /* Return with result in EAX */
}

static int test_and_clear(int no, volatile void *addr)
{
  __asm
  {
    mov eax, no
    mov ebx, addr
    lock btr [ebx], eax
    sbb eax, eax
  }
  /* Return with result in EAX */
}
```

Programm 3.6: *Mögliche Implementierung der Funktion test_and_set*

Der Funktion test_and_set() wird ein Integer-Wert no und eine Adresse addr übergeben. Die Adresse kann beispielsweise ein 32 Bit Wert sein (die Adresse eines Integers auf einer 32 Bit Maschine). Der Integer-Wert gibt an, welches Bit des 32 Bit Werts modifiziert werden soll und darf aus diesem Grund nur einen Wert zwischen 0 und 31 annehmen.

Durch __asm wird dem Compiler mitgeteilt, dass im folgenden Block Assemblercode eingebunden werden soll. Diese Anweisung kann je nach Compiler auch asm oder _asm heißen. mov eax, no kopiert den Inhalt von no in das Register eax. mov ebx, addr kopiert den Inhalt von addr (nämlich eine Adresse) in das Register ebx. lock sorgt dafür, dass der nächste Befehl atomar ausgeführt wird. bts [ebx], eax dereferenziert die Adresse aus ebx und liest das in eax angegebene Bit aus dem Speicherplatz, auf den ebx zeigt. Der Wert des Bits wird in das Carry Flag (CF) kopiert. Danach wird das Bit auf 1 gesetzt. sbb eax, eax subtrahiert vom Register eax den Wert des Registers eax unter Berücksichtigung der CF. Wenn die CF 0 ist, dann hinterlässt diese Anweisung den Wert 0 im Register eax. Andernfalls enthält das Register eax (je nach Definition des SBB-Befehls) einen Wert ungleich 0.

Eine Übersicht der Assembler-Befehle des Intel Pentium 4 findet sich in [Intel 2004].

Wenn die Funktion test_and_set() den Wert 0 zurückgibt, darf der aufrufende Thread mit der Ausführung fortfahren. Wenn ein Wert ungleich 0 zurückgegeben wird, muss der Thread nach einer bestimmten Zeit die Funktion erneut aufrufen.

Eine Lock-Funktion kann daher mit einer einfachen while-Schleife implementiert werden:

Programm 3.7:
Einfache Implementierung einer Acquire-Funktion mit test_and_set

```
static unsigned int mutex = 0;
...
void acquire(int no)
{
  // bit must be between 0 and 31
  if (no < 0 || no > 31) return;
  while (test_and_set(no, &mutex)) Sleep(1);
}
```

Solange der Rückgabewert von test_and_set() ungleich 0 ist, wird der Prozess für kurze Zeit schlafen gelegt. Danach führt er wieder test_and_set() aus und versucht erneut den kritischen Bereich zu betreten. Sobald test_and_set() 0 zurückgibt, kann der kritische Bereich betreten werden.

Die Funktion test_and_clear() ähnelt der Funktion test_and_set() sehr. Statt dem Befehl BTS wird der Befehl BTR verwendet. Der Befehl BTR funktioniert genauso wie der Befehl BTS mit dem Unterschied, dass BTR den Wert des angegebenen Bits auf 0 statt auf 1 setzt.

Eine Release-Funktion könnte daher wie folgt implementiert werden:

Programm 3.8:
Einfache Implementierung einer Release-Funktion mit test_and_clear

```
static unsigned int mutex = 0;
...
void release(int no)
{
  // bit must be between 0 and 31
  if (no < 0 || no > 31) return;
  test_and_clear(no, &mutex);
}
```

In diesem Beispiel wird keine while-Schleife benötigt, da der Rückgabewert nicht von Bedeutung ist. Der Aufruf von test_and_clear() auf eine freigegebene Sperre hat keine Auswirkung.

Ein Vorschlag, wie man mit diesem Verfahren die Lock-Klasse implementieren kann, findet sich in [Wang 2003].

Das Problem des wechselseitigen Ausschlusses ist hier auf Maschinenebene gelöst. Auf Anwendungsebene können mächtigere Konstrukte wie Semaphore oder Monitore zur Synchronisation benutzt werden. Das Problem des wechselseitigen Ausschlusses auf Anwenderebene kann beispielsweise auch mit Hilfe einer binären Semaphore gelöst werden.

3.3 Semaphore

Eine Semaphore ist eine Integer-Variable, die nur nichtnegative Werte annehmen kann. Wenn eine Semaphore nur die Werte 0 und 1 annehmen kann, dann spricht man von einer binären Semaphore, ansonsten von einer generellen Semaphore.

Für Semaphoren werden zwei Operationen definiert: P(s) und V(s). Anhand von s wird die Zuordnung einer Semaphore zu einer Warteschlange vorgenommen (nach [Hansen 2002] Edsger W. Dijkstra: *Cooperating Sequential Processes*. S. 90ff). Die Warteschlange wird benötigt, um blockierte Prozesse zu verwalten.

Nach obiger Beschreibung kann eine Semaphore auch als Datenstruktur aufgefasst werden, die einen Wert und eine Referenz auf eine Warteschlange enthält.

3.3.1 Operationen P() und V()

Die P()-Operation verringert den Wert einer Semaphore um 1, wenn ihr Wert größer null ist. Wenn nicht, wird der aufrufende Prozess suspendiert.

P()-Operation

Die V()-Operation weckt, falls vorhanden, einen suspendierten Prozess auf. Ansonsten erhöht sie den Wert der Semaphore um 1.

V()-Operation

Die beiden Operationen P() und V() werden als primitive/atomar Operationen definiert, d.h., wenn mehrere P()- und/oder V()-Operationen zur gleichen Zeit ausgeführt werden sollen, werden diese hintereinander ausgeführt. Um diesen Effekt zu erreichen, kann man eine der im Abschnitt 3.2 dargestellten Verfahren verwenden. Daher werden P()- oder V()-Operationen immer komplett ausgeführt und können nicht unterbrochen werden.

Für die Implementierung der Semaphore und der Operationen P() und V() werden die Definitionen geringfügig verändert [Freisleben1987 S.59ff]:

- Eine Semaphore kann auch negative Werte annehmen. Der Integerwert gibt Aufschluss darüber, wie viele Prozesse gerade an der Semaphore warten. Falls die Semaphore den Integerwert -n hat, bedeutet dies, dass n Prozesse gerade auf die Semaphore warten.

- Die P()-Operation verringert den Wert der Semaphore um 1. Falls der Wert der Semaphore kleiner als 0 ist, wird der aufrufende Prozess suspendiert.
- Die V()-Operation erhöht den Wert einer Semaphore um 1. Falls der Wert der Semaphore kleiner oder gleich 0 ist, wird ein suspendierter Prozess aufgeweckt.

Eine Semaphore lässt sich auch in einer objektorientierten Sprache wie Java sehr gut umsetzen. Da die Semaphore über eine Struktur definiert ist, auf die ein Satz von Funktionen angewandt wird, liegt es nahe, dieses Konzept über eine Klasse zu realisieren. Jedes Semaphorobjekt verfügt dann über eine P()- und V()-Operation. Im Abschnitt 3.5 wird die Implementierung einer Semaphore in der Programmiersprache Java mit Hilfe von deren Monitorkonzept betrachtet.

3.3.2 Fairness

faire Semaphore: kein wartender Prozess oder Thread kann an der Semaphore verhungern

Eine Semaphore wird als fair bezeichnet, wenn sie sicherstellt, dass kein wartender Prozess/Thread verhungern kann (Starvation). Da für die Warteschlangenverwaltung keine Strategie vorgegeben ist, kann es vorkommen, dass ein Prozess/Thread nie ausgeführt wird. Um zu verdeutlichen, warum Fairness sehr wichtig sein kann, wird im folgenden Beispiel ein LIFO-Verfahren (Last-in, First-Out) betrachtet.

Man nehme eine binäre Semaphore s mit dem Wert 1, die einen kritischen Bereich vor mehrfachem gleichzeitigen Zugriff schützt und drei Prozesse P_1, P_2, P_3.

P_1 führt die P()-Operation auf s aus und betritt den kritischen Bereich. P_2 und P_3 führen auch die P()-Operation auf s aus und werden blockiert, weil die Semaphore nur einen Prozess in den kritischen Bereich lässt. P_1 verlässt den kritischen Bereich mit einer V()-Operation, P_3 wird geweckt und als nächstes in den kritischen Bereich gelassen. P_1 führt wieder eine P()-Operation durch und wird blockiert. P_3 verlässt den kritischen Bereich mit einer V()-Operation, P_1 wird geweckt und in den kritischen Bereich gelassen.

Semaphore

	P_1	P_2	P_3	
1	P(s)			s.value = s.value -1
2	krit.			P_1 betritt kritischen Bereich
3		P(s)		P_2 wird blockiert
4			P(s)	P_3 wird blockiert
5	V(s)			P_3 wird aufgeweckt
6			krit.	P_3 betritt kritischen Bereich
7	P(s)			P_1 wird blockiert
8			V(s)	P_1 wird aufgeweckt
9	krit.			P_1 betritt kritischen Bereich

Programm 3.9: *Verhungern eines Prozesses an einer „unfairen" Semaphore*

Theoretisch können sich die Schritte 4 bis 9 unendlich oft wiederholen, ohne dass P_2 den kritischen Bereich jemals betritt. Der Prozess P_2 wird dann als verhungert bezeichnet.

Um das Verhungern eines Prozesses zu verhindern, muss eine Strategie zur Prozesswarteschlangenverwaltung innerhalb der V()-Operation implementiert werden. Eine einfach zu implementierende Strategie ist beispielsweise das FIFO (First-in, First-out)-Verfahren. Der Prozess, der als erster an einer Semaphore blockiert wird, wird auch als erster wieder geweckt. Wenn in dem obigen Beispiel ein FIFO-Verfahren zum Einsatz kommt, ergibt sich folgender Ablauf:

	P_1	P_2	P_3	
1	P(s)			s.value = s.value -1
2	krit.			P_1 betritt kritischen Bereich
3		P(s)		P_2 wird blockiert
4			P(s)	P_3 wird blockiert
5	V(s)			P_2 wird aufgeweckt
6		krit.		P_2 betritt kritischen Bereich
7	P(s)			P_1 wird blockiert
8		V(s)		P_3 wird aufgeweckt
9			krit.	P_3 betritt kritischen Bereich
10		P(s)		P_2 wird blockiert
11			V(s)	P_1 wird aufgeweckt
12	krit.			P_1 betritt kritischen Bereich

Programm 3.10: *Prozessreihenfolge bei einer fairen Semaphore*

Beispielsweise könnten sich die Schritte von 4 bis 12 wiederholen, falls die kritische Arbeit für jeden Prozess die gleiche Zeit erfordert und das Scheduling gleichförmig ist. Auf jeden Fall ist sichergestellt, dass jeder Prozess, der den kritischen Bereich betreten will, in endlicher Zeit den Bereich betreten kann.

3.3.3 Semaphore und Fairness in Java

acquire() und release()

In dem Umfang des neuen J2SE 5 ist neben verschiedenen Locks auch erstmals eine Implementierung einer Semaphore-Klasse enthalten. Die Semaphore-Klasse stellt die Methoden acquire() und release() zur Verfügung, wobei die Methode acquire() im Wesentlichen der P()-Operation und die Methode release() im Wesentlichen der V()-Operation entspricht. Es besteht zusätzlich die Möglichkeit eine Ganzzahl als Parameter zu verwenden, die angibt, um wie viel der Wert der Semaphore gesenkt oder erhöht werden soll.

Barging

Weiterhin kann im Konstruktor der Semaphore angegeben werden, ob eine faire oder nicht faire Semaphore erstellt werden soll. Eine faire Semaphore legt für die Thread-Warteschlangenverwaltung ein FIFO-Verfahren zugrunde. Eine nicht faire Semaphore allerdings unterscheidet sich von der obigen Definition nicht unerheblich. Solch eine Semaphore ermöglicht das so genannte **Barging**, d.h. ein Thread, der die acquire()-Operation ausführt, kann vor einem bereits an der Semaphore wartenden Thread ausgeführt werden. Die release()-Methode weckt einen Thread also nicht direkt auf, sondern erhöht nur den Wert der Semaphore. Dies ermöglicht das Verhungern eines Threads.

Man betrachte folgendes Beispiel: s sei eine binäre Semaphore und T_1 und T_2 seien Threads, welche den von s verwalteten kritischen Bereich betreten wollen. Beide Threads führen folgende Befehle in einer Endlosschleife aus:

Programm 3.11:
Pseudocode für das mögliche Verhungern eines Threads

T_1	T_2
s.aquire()	s.acquire()
krit.	krit.
s.release()	s.release()

Bei einer fairen Semaphore tritt bei obigem Beispiel kein Problem auf. Bei einer nicht fairen Semaphore kann das Verhungern eines Threads eintreten. Der in Programm 3.11 beschriebene Pseudocode kann in ein einfaches Java-Programm umgesetzt werden, wie Programm 3.12 zeigt.

Semaphore

Programm 3.12:
Mögliches Verhungern eines Threads

```java
import java.util.concurrent.Semaphore;

public class SemaphoreThread implements Runnable
{
  Thread t;
  Semaphore s;

  public SemaphoreThread(Semaphore s)
  {
    this.s = s;
    t = new Thread(this);
    t.start();
  }

  public void run()
  {
    for(;;)
    {
      try
      {
        System.out.print(t.getName());
        System.out.println(" trying to acquire permit");
        s.acquire();
        System.out.print(t.getName());
        System.out.println(" acquired permit");
        for(int i=0; i<=10000000; i++); // kritische Arbeit
        s.release();
      }
      catch (InterruptedException e)
      {
        e.printStackTrace();
      }
    }
  }

  public static void main(String[] args)
  {
    // 1 permit, fairness: false
    Semaphore s = new Semaphore(1, false);
    SemaphoreThread st1 = new SemaphoreThread(s);
    SemaphoreThread st2 = new SemaphoreThread(s);
  }
}
```

Bei diesem Ablauf entsteht beispielsweise folgendes Ergebnis:

```
Thread-0: Trying to enter critical region.
Thread-0: Entered critical region.
Thread-1: Trying to enter critical region.
Thread-0: Left critical region.
Thread-0: Trying to enter critical region.
Thread-0: Entered critical region.
Thread-0: Left critical region.
Thread-0: Trying to enter critical region.
Thread-0: Entered critical region.
Thread-0: Left critical region.
...
```

Thread-0 wird gestartet, führt acquire() aus, betritt den kritischen Bereich und beginnt mit der Verrichtung seiner Arbeit. Thread-1 wird gestartet, versucht den kritischen Bereich zu betreten und wird blockiert. Thread-0 beendet seine Arbeit und gibt die Semaphore frei. Da Thread-1 nicht geweckt wird, holt sich Thread-0 erneut die Erlaubnis, den kritischen Bereich zu betreten, und verrichtet kritische Arbeit. Thread-0 beendet wiederum die kritische Arbeit und gibt die Semaphore frei. Ab dieser Stelle **kann** ein Zyklus entstehen, weil Thread-0 die Ausführung nie unfreiwillig abgeben muss. Wenn hingegen das FIFO-Verfahren aktiviert wird, verrichten die Threads abwechselnd kritische Arbeit.

3.3.4 Wechselseitiger Ausschluss durch Semaphoren

binäre Semaphore für wechselseitigen Ausschluss

Um den wechselseitigen Ausschluss mit Hilfe von Semaphoren zu implementieren, genügt schon eine binäre Semaphore. Im folgenden Beispiel sei angenommen, dass zwei Worker-Threads parallel Arbeit verrichten. Beide Threads verrichten abwechselnd normale und kritische Arbeit. Kritische Arbeit (z.B. Drucken, Ausgabe auf dem Bildschirm, Schreiben auf eine Variable) darf zu jedem Zeitpunkt immer nur ein Thread verrichten. Der andere muss gegebenenfalls warten.

Programm 3.13: Synchronisierte Verrichtung kritischer Arbeit

```
import java.util.concurrent.Semaphore;

public class Main
{
  public static void main(String[] args)
  {
    // 1 permit, fairness: true
    Semaphore s = new Semaphore(1, true);
    new Worker(s);
    new Worker(s);
  }
}
```

```
import java.util.concurrent.Semaphore;

public class Worker implements Runnable
{
  Thread t;
  Semaphore s;
  boolean running = true;

  public Worker(Semaphore s)
  {
    this.s = s;
    t = new Thread(this);
    t.start();
  }
```

```
public void run()
{
  while(running)
  {
    try
    {
      // verrichte normale Arbeit
      Thread.sleep((long) Math.random() * 3000 + 4000);
      // verrichte kritische Arbeit
      System.out.println(t.getName() +
        ": Trying to enter critical region");
      s.acquire(); // P(s)
      System.out.println(t.getName() + ": Entered critical region");
      System.out.println(t.getName() + ": Doing critical work");
      Thread.sleep((long) Math.random() * 3000 + 4000);
      System.out.println(t.getName() + ": Left critical region");
      s.release();  // V(s)
    }
    catch(InterruptedException e)
    {
      e.printStackTrace();
    }
  }
}
```

Wenn keine Synchronisation vorgenommen wird, wird die Sicherheit des Programmes verletzt (siehe Abschnitt 3.1.1 Sicherheit), da die kritischen Bereiche von mehreren Threads gleichzeitig betreten werden können.

Durch die P()-Operation *(acquire)* wird verhindert, dass ein zweiter Thread in den kritischen Bereich kommt. Wenn der erste Thread die P()-Operation aufruft, wird der Wert der Semaphore auf 0 reduziert. Wenn der zweite Thread die P()-Operation ausführt, wird er blockiert und in eine Warteschlange eingekettet. Wenn der erste Arbeiter den kritischen Bereich verlässt und die V()-Operation *(release)* ausführt, wird der zweite Thread aus der Warteschlange entfernt und kann danach den kritischen Bereich betreten und dort seine Arbeit verrichten.

3.4 Monitore

Das Monitorkonzept wurde eingeführt, um einen synchronisierten Zugriff auf **strukturierte** Daten und deren Funktionen zu ermöglichen. Einen Monitor kann man sich zunächst als eine Klasse aus den modernen objektorientierten Sprachen vorstellen. Eine Klasse besteht aus zusammengehörigen Daten und Funktionen (Methoden), die auf diesen Daten operieren. Der Klassenbegriff wurde erstmals in der Programmiersprache Simula 67 umgesetzt (nach [Hansen 2002] S. 272 C.A.R. Hoare: *Monitors: An operating system structuring concept* 1974).

Monitor: Klasse, die den Zugriff auf ihre Funktionen nur sequentiell erlaubt

Ein Monitor ist eine Klasse, die einen Zugriff auf ihre Funktionen durch mehrere Prozesse/Threads nur sequentiell (nicht gleichzeitig) erlaubt, d.h. der Monitor synchronisiert die Zugriffe der Prozesse/Threads durch ein inhärentes wechselseitiges Ausschlussverfahren, z.B. über Sperren [Hoare 1985] S. 228ff.

Ein Monitor schützt weiterhin den direkten Zugriff auf seine Variablen. Man kann nur über Monitorfunktionen auf die Variablen des Monitors zugreifen. Jeder Monitor hat einen Körper (body), der ausgeführt wird, wenn das Programm bzw. der Monitor gestartet wird [Ben-Ari 1982] S. 73ff. Der Körper wird hierbei zur Initialisierung der Monitorvariablen verwendet, ähnlich wie ein Konstruktor in den objektorientierten Sprachen. Um die Synchronisation im Monitor vorzunehmen, wird – wie bei den Semaphoren – ein Signalisierungsmechanismus benötigt.

3.4.1 Signalisierungsmechanismen

Für Monitore wird ein neuer Variablentyp, die **Bedingungsvariable (condition variable)**, definiert. Für eine Bedingungsvariable c sind die beiden Funktionen wait(c) und signal(c) definiert.

wait()

Die Funktion wait(c) legt den Prozess/Thread, der auf die Signalisierung der Bedingung c wartet, schlafen. Weiterhin wird ein Prozess/Thread am Monitoreingang geweckt und in den Monitor gelassen.

signal()

Die Funktion signal(c) weckt einen durch wait(c) blockierten Prozess/Thread auf. Wenn kein Prozess/Thread in der Warteschlange der Bedingungsvariable c wartet, macht die signal(c)-Operation nichts. Andernfalls weckt die signal(c)-Operation einen Prozess/Threads aus der Warteschlange auf. Da sich nach der Ausführung der signal(c)-Anweisung das Problem ergibt, dass sich zwei Prozesse/Threads im Monitor befinden, kann eine Lösung auf drei unterschiedliche Weisen implementiert werden [Groß 2003] Kapitel 3.4.3.

- Der Prozess/Thread, der die signal()-Funktion ausführt, wird in eine Prioritätswarteschlange eingekettet. Sobald der aufgeweckte Prozess/Thread die wait()-Funktion ausführt oder den Monitor verlässt, wird ein Prozess/Thread aus der Prioritätswarteschlange aufgeweckt.

- Die signal()-Funktion darf nur als letzte Funktion im Monitor verwendet werden. Damit ist sichergestellt, dass der Prozess/Thread, der signal() aufruft, den Monitor anschließend verlässt.

- Der aufgeweckte Prozess/Thread wird in eine Warteschlange innerhalb des Monitors oder in die Eingangswarteschlange des Monitors eingekettet. Wenn der signalisierende Prozess/Thread den Monitor verlässt oder wait() aufruft, wird der aufgeweckte Prozess aktiviert. Statt von signal() spricht man in diesem Zusammenhang auch von notify(). Auf diese Weise implementiert auch die Programmiersprache Java die notify()-Anweisung.

3.4.2 Nested Monitor Calls

Ein Nachteil des Monitorkonzeptes ist die Möglichkeit geschachtelter Monitoraufrufe *(nested monitor calls)*. Ruft ein Prozess eine Monitorfunktion auf, die wiederum eine Funktion eines anderen Monitors aufruft, wird zwar bei Aufruf von wait() die Sperre des zweiten Monitors aufgehoben, nicht jedoch die des ersten. Prozesse, die an dem ersten Monitor blockiert sind, werden nicht aufgeweckt. Somit können Deadlocks entstehen.

geschachtelte Monitoraufrufe

Nach [Freisleben1987 S.113ff] werden vier Methoden unterschieden, nach denen dieses Problem behoben werden kann:

Lösungsansätze

- Geschachtelte Monitoraufrufe werden verboten.
- Alle Sperren werden bei Freigabe einer Sperre in Aufrufsequenz wieder freigegeben.
- Die Verwaltung der durch Monitore geschützten Betriebsmittel wird durch Manager realisiert. Ein Manager verteilt hierbei die Erlaubnis zur Nutzung eines Betriebsmittels an einen anfragenden Prozess.
- Monitore werden als Strukturierungsmittel zur Verwaltung von Betriebsmitteln eingesetzt. Monitorfunktionen können gleichzeitig ausgeführt werden, lediglich der Zugriff auf Variablen wird durch wechselseitigen Ausschluss geschützt.

Leider überzeugt keiner der vier Lösungsvorschläge vollends. Bei Verwendung von Monitoren bleibt dieses Problem bestehen.

3.4.3 Monitore in Java

Da es sich bei Monitoren im Wesentlichen um Klassen handelt, deren Funktionen (Methoden) nur von einem Prozess/Thread (in Java nur von einem Thread) gleichzeitig ausgeführt werden können, ist deren Implementierung unter Java relativ einfach. Durch das Schlüsselwort synchronized kann eine Methode vor parallelem Zugriff von Threads geschützt werden, d.h. durch dieses Schlüsselwort wird der wechselseitige Ausschluss realisiert. Ein Monitor in Java ist also eine normale Klasse, deren Variablen als private und deren Methoden als public synchronized deklariert werden. Der Signalisierungsmechanismus wird in Java über die Methoden wait() und notify() bzw. notifyAll() realisiert. Für jeden synchronized-Block, der auf dasselbe Objekt angewandt wird, können die Methoden wait() und notify() bzw. notifyAll() angewandt werden. Ein sehr einfaches Beispiel für den Einsatz von Java-

synchronized-Schlüsselwort

Monitoren (genauer: für den Signalisierungsmechanismus) ist das sichere Suspendieren von Threads.

Threads suspendieren

suspend() sollte nicht verwendet werden

Falls Threads sehr rechenintensiv sind, kann es sinnvoll sein, ihre Ausführung aufzuschieben. In Java ist dies normalerweise mit der suspend()-Methode möglich. Die suspend()-Methode sollte jedoch nur angewandt werden, falls der Thread keine Sperren hält, da diese bei der Suspendierung nicht freigegeben werden. Ob der Thread bei der Suspendierung Sperren hält, ist allerdings sehr schwer herauszufinden, weshalb sehr leicht Verklemmungen entstehen können. Daher wird in [Sun/Deprecation] die Implementierung eines sicher suspendierbaren Threads mit Hilfe von Monitoren vorgeschlagen. Programm 3.14 zeigt die Umsetzung.

Programm 3.14:
Sicher suspendierbarer Thread

```
public class SuspensibleThread implements Runnable
{
  Thread t;
  boolean suspended = false;

  public SuspensibleThread()
  {
    t = new Thread(this);
    t.setName("SuspensibleThread");
    t.start();
  }

  public void run()
  {
    for (;;)
    {
      try
      {
        synchronized(this)
        {
          while(suspended) wait();
        }
      }
      catch(InterruptedException e)
      {
        e.printStackTrace();
      }
      // verrichte Arbeit
      ...
    }
  }

  public void suspend()
  {
    suspended = true;
  }
```

```
public synchronized void resume()
{
  suspended = false;
  notify();
}
}
```

Der Nachteil dieser Methode ist, dass der zu suspendierende Thread nicht sofort suspendiert wird. Der Thread muss in der run()-Methode erst zu der while(suspended)-Abfrage gelangen, bevor er blockiert wird. Die Zeit bis zum Erreichen dieser Abfrage hängt von der jeweiligen run()-Methode ab. Bei langen run()-Methoden wäre es auch denkbar die while(suspended)-Abfrage mehr als einmal zu verwenden. Allerdings sollte die Abfrage nur an Stellen verwendet werden, an denen keine von einem anderen Thread benötigten Sperren von dem zu suspendierenden Thread gehalten werden.

3.4.4 Geschachtelte Monitoraufrufe in Java

Geschachtelte Monitoraufrufe in Java haben folgende Form:

```
public class Nested
{
  Object x = new String();
  Object y = new String();

  public void waitForSignal()
  {
    try
    {
      System.out.println(Thread.currentThread() +
        " waitForSignal: Try to aquire lock of x");
      synchronized(x)
      {
        System.out.println(Thread.currentThread() +
          " waitForSignal: Aquired lock of x");
        Thread.sleep((long) (Math.random()*5000));
        System.out.println(Thread.currentThread() +
          " waitForSignal: Try to aquire lock of y");
        //auch Methodenaufruf, der synchronized(y) enthält, möglich
        synchronized(y)
        {
          System.out.println(Thread.currentThread() +
            " waitForSignal: Aquired lock of y");
          Thread.sleep((long) (Math.random()*5000));
          System.out.println(Thread.currentThread() + " wait");
          y.wait();
        }
      }
    }
```

Programm 3.15:
Geschachtelter
Monitoraufruf

```java
      catch(InterruptedException e)
      {
        e.printStackTrace();
      }
    }

    public void signal()
    {
      System.out.println(Thread.currentThread() +
        " Signal: Try to aquire lock of x");
      synchronized(x)
      {
        System.out.println(Thread.currentThread() +
          " Signal: Aquired lock of x");
        try
        {
          Thread.sleep((long) (Math.random()*5000));
          System.out.println(Thread.currentThread() +
            " Signal: Try to aquire lock of y");
          synchronized(y)
          {
            System.out.println(Thread.currentThread() +
              " Signal: Aquired lock of y");
            Thread.sleep((long) (Math.random()*5000));
            y.notifyAll();
          }
        }
        catch(InterruptedException e)
        {
          e.printStackTrace();
        }
      }
    }

    public static void main(String[] args)
    {
      final Nested n = new Nested();
      Thread t1 = new Thread()
      {
        //this method will be executed parallel
        public void run()
        {
          for(;;) n.waitForSignal();
        }
      };
      t1.start();
      Thread t2 = new Thread()
      {
        //this method will be executed parallel
        public void run()
        {
          for(;;) n.signal();
        }
      };
      t2.start();
    }
}
```

In Programm 3.15 fordert der erste Thread in der Methode waitForSignal() die Sperren für die Objekte x und y an. Daraufhin legt er sich mit der Methode wait() schlafen und gibt damit die Sperre von Objekt y frei. Ein zweiter Thread versucht in der signal()-Methode die Sperre für das Objekt x zu erhalten. Das Objekt x ist allerdings noch vom ersten Thread gesperrt. Der erste Thread wartet aber auf die Signalisierung von y, die nicht mehr stattfinden kann. Folglich ist ein Deadlock entstanden.

Diese Situation wird noch unübersichtlicher, falls die Sperre für eines der Objekte über eine Methode angefordert wird. Deshalb sollten Methoden die Verwendung von Sperren dokumentieren.

Die einzige Möglichkeit das Problem des geschachtelten Monitoraufrufs zu lösen, ist, ihn zu vermeiden. Beispielsweise können beide Methoden mit dem Schlüsselwort synchronized versehen werden anstelle der synchronized-Blöcke innerhalb der Methoden. Damit würde nur eine Sperre angefordert werden, die die Objekte x **und** y vor gleichzeitigem Zugriff schützt. Allerdings verringert die Vergrößerung der Sperren meist die Performance des Programms. Anstelle von geschachtelten Monitorenaufrufen bietet sich der Einsatz von Sempahoren an, da diese von einer beliebigen Stelle des Programms wieder freigegeben werden können.

geschachtelten Monitoraufruf vermeiden

3.5 Mächtigkeit von Synchronisationsmitteln

Weil die Verwendung von Semaphoren als auch Monitoren – je nach Anwendung – denkbar ist, stellt sich die Frage, ob mit beiden Konzepten dasselbe erreicht werden kann, d.h. es muss die **Mächtigkeit** der beiden Konstrukte betrachtet werden. Genauer formuliert: Es stellt sich die Frage, ob über Monitore dieselben Synchronisierungen wie über Semaphore realisiert werden können. Dies ist der Fall, wenn sich über Monitore eine Semaphore nachbilden lässt.

3.5.1 Semaphoreimplementierung durch Monitore

Wenn sich Semaphore durch Monitore implementieren lassen, kann man daraus folgern, dass die Mächtigkeit M_M von Monitoren mindestens genauso groß ist wie die Mächtigkeit M_S von Semaphoren, d.h. $M_M \geq M_S$. Programm 3.16 zeigt, dass dies möglich ist:

Mächtigkeit von Monitoren

```
public class Semaphore
{
  private int value;

  public Semaphore(int value)
  {
```

Programm 3.16: Implementierung einer Semaphore durch Java Monitore

```
      this.value = value;
    }

    public synchronized void P()
    {
      value--;
      if (value < 0)
      {
        try
        {
          wait();
        }
        catch (InterruptedException e)
        {
          e.printStackTrace();
        }
      }
    }

    public synchronized void V()
    {
      value++;
      if (value <= 0) notify();
    }
}
```

Daher gilt $M_M \geq M_S$.

3.5.2 Monitorimplementierung durch Semaphore

Mächtigkeit von Semaphoren

Im Umkehrschluss kann man folgern, dass Semaphore mindestens genauso mächtig sind wie Monitore, wenn sich Monitore durch Semaphore implementieren lassen, d.h. $M_S \geq M_M$.

Eine mögliche Implementierung findet sich in [Ben-Ari 1982] S. 86ff. Daher gilt $M_S \geq M_M$.

Aus $M_S \geq M_M$ und $M_M \geq M_S \Rightarrow M_M = M_S$. Da sich beide Konstrukte durch das jeweils andere implementieren lassen, sind Semaphore und Monitore gleichmächtig.

3.5.3 Mächtigkeitsübersicht

An dieser Stelle werden alle im Kapitel Synchronisation dargestellten Synchronisationsmittel im Bezug auf ihre Mächtigkeit betrachtet.

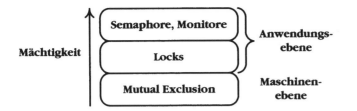

Bild 3.6: Übersicht über die Mächtigkeit von Synchronisationsmitteln

Obwohl Semaphore und Monitore sehr mächtige Konstrukte sind, baut ihre Funktionalität doch auf dem wechselseitigen Ausschluss auf. So benutzen Semaphore und Monitore Sperren, welche wiederum direkt auf dem wechselseitigen Ausschluss basieren.

Im direkten Vergleich sind Semaphore flexibler einsetzbar als Monitore, da die Signalisierung nicht innerhalb eines Monitors erfolgen muss, sondern vollkommen unabhängig ist. Der Einsatz von Monitoren dagegen ist in komplexeren Programmen meist etwas übersichtlicher. Falls eine Schachtelung von Monitoraufrufen notwendig ist, sollte man auf den Einsatz von Monitoren verzichten.

Im Vergleich

3.6 Locks in Java

Als letzter Teil dieses Kapitels werden Locks in der Programmiersprache Java betrachtet. Die Locks, die im JDK 1.5 durch das Paket `java.util.concurrent` eingeführt wurden, können mit Bedingungsvariablen und Warteschlangen gekoppelt werden, so dass durch die Kombination dieser Klassen sowohl das allgemeine Monitorkonzept (wie in Abschnitt 3.4 vorgestellt wurde) als auch Semaphoren umgesetzt werden können.

java.util.concurrent

3.6.1 Das Interface Lock

Ein Lock wird in Java zunächst durch ein Interface repräsentiert. Dieses Interface stellt die folgenden Methoden zur Verfügung:

- Die Methode `void lock()` nimmt das Lock in besitzt, falls es von keinem anderen Thread gehalten wird. Falls das Lock von einem anderen Thread gehalten wird, wird der Thread, der versucht das Lock in Besitz zu nehmen, schlafen gelegt.

  lock()

- `void lockInterruptibly()` funktioniert genauso wie `lock()` mit dem Unterschied, dass der wartende Thread unterbrochen werden kann.

  lockInterruptibly()

- Mit der Methode `boolean tryLock()` versucht der aufrufende Thread das Lock in Besitz zu nehmen. Falls dem Thread dies gelingt, kehrt die Methode mit dem Wert `true` zurück, andernfalls mit dem Wert `false`.

  tryLock()

- Mit der Methode `boolean tryLock(long time, TimeUnit unit)` versucht der aufrufende Thread das Lock innerhalb der angegebenen Zeit in Besitz zu nehmen. Falls innerhalb der angegeben Zeit das Lock verfügbar ist, kehrt die Methode mit dem Wert `true` zurück. Sobald die Zeit abgelaufen ist, kehrt die Methode mit dem Wert `false` zurück. Das Enum `TimeUnit` gibt die verwendete Zeiteinheit an. Vier Zeiteinheiten werden durch die Verwendung von vier Konstanten unterschieden, wie Tabelle 3.4 zeigt.

Tabelle 3.4: Zeiteinheiten

Zeiteinheit	Konstante
Sekunden	`TimeUnit.SECONDS`
Millisekunden	`TimeUnit.MILLISECONDS`
Mikrosekunden	`TimeUnit.MICROSECONDS`
Nanosekunden	`TimeUnit.NANOSECONDS`

unlock

- Mit der Methode `void unlock()` gibt ein Thread das von ihm gehaltene Lock wieder frei.

newCondition

- `Condition newCondition()` gibt eine an das Lock gebunden Bedingungsvariable (ein `Condition`-Objekt) zurück.

tryLock() zur Deadlock-Vermeidung

Die beiden `tryLock()`-Methoden eignen sich sehr gut zur Deadlock-Vermeidung, falls von dem Thread bereits ergriffene Locks nach einem erfolglosen `tryLock()`-Aufruf wieder freigegeben werden. Auch ein Timeout ist eine gute Möglichkeit, Deadlocks zu vermeiden. Wenn nach einer bestimmten Zeit die Sperre nicht ergriffen wurde, kann der Thread durch Freigabe seiner gehaltenen Sperren oder durch einen erneuten Versuch, die Sperre zu ergreifen, reagieren. Eine Lock-Implementierung, auf die später noch genauer eingegangen wird, ist die Klasse `ReentrantLock`.

3.6.2 Bedingungsvariablen

Interface Condition

Wie oben gesehen, ist es möglich sich von einem Lock Bedingungsvariablen erzeugen zu lassen, die mit diesem Lock assoziiert sind. Eine Bedingungsvariable wird dabei durch das Interface `Condition` repräsentiert. Die standardmäßig verwendete Implementierung ist die Klasse `AbstractQueuedSynchronizer.ConditionObject`.

await(), signal(), signalAll()

Für die Bedingungsvariablen existiert wie bei Semaphoren und Monitoren ein Signalisierungsmechanismus durch die Methoden `await()`, `awaitUninterruptibly()`, `signal()` und `signalAll()`. Dabei sind `await()` und `awaitUninterruptibly()` das Pendant zu `wait()`, und `signal()` bzw. `signalAll()` ist das Pendant zu `notify()` bzw. `notifyAll()`. Mit `await()` wird auf das Eintreten einer Bedingung gewartet, die durch das `Condition`-Objekt repräsentiert wird.

Für die Methode await() können zwei Parameter angegeben werden, um, wie bei der Methode tryLock(), eine bestimmte Zeitspanne zu warten. Kehrt die Methode mit dem Rückgabewert true zurück, wurde das Lock erfolgreich in Besitz genommen. Andernfalls wird der Wert false zurückgegeben.

3.6.3 Beispiel: Die Klasse ReentrantLock

Es gibt eine Implementierung des Interfaces Lock, deren Betrachtung sich besonders lohnt, die Klasse ReentrantLock. Das ReentrantLock stellt zwei Konstruktoren zur Verfügung, den Standardkonstruktor und den Konstruktor ReentrantLock(boolean fair). Wird das ReentrantLock-Objekt durch ReentrantLock(false) oder durch den Standardkonstruktor erstellt, wird Fairness gegenüber anderen Threads nicht berücksichtigt. Daher kann ein Thread verhungern, falls immer andere Threads aus der Warteschlange vor ihm das Lock erhalten, auf das er wartet. Wird der Konstruktor ReentrantLock(true) verwendet, bekommt der Thread aus der Warteschlange als nächstes das Lock, der am längsten wartet. Neben den Methoden des Interfaces Lock stellt diese Klasse noch einige weitere sinnvolle Methoden zur Verfügung:

ReentrantLock

- int getHoldCount() gibt an, wie oft das Lock von dem aufrufenden Thread gesperrt wurde.
- Thread getOwner() gibt an, welcher Thread gerade das Lock hält.
- boolean getQueuedThread(Thread thread) gibt true zurück, falls der Thread thread in der Queue enthalten ist, andernfalls false.
- boolean getQueuedThreads() gibt true zurück, falls irgendein Thread auf das Lock wartet.
- int getQueueLength() gibt die Anzahl der Threads zurück, die auf das Lock warten. Die Anzahl kann sich allerdings, während die Methode ausgeführt wird, verändern, so dass dieser Wert nur als Schätzung betrachtet werden kann.
- boolean isLocked() gibt true zurück, falls irgendein Thread das Lock hält, sonst false.
- boolean isFair() gibt true zurück, falls dem ReentrantLock-Objekt im Konstruktor der Wert true übergeben wurde und es somit fair ist.
- boolean isHeldByCurrentThread() gibt true zurück, falls der aktuelle Thread das Lock hält, andernfalls false. Diese Methode wird beispielsweise für Debugger verwendet.

Programm 3.17 zeigt ein einfaches Beispiel für die Verwendung von Locks.

Programm 3.17:
Verwendung von Locks

```java
import java.util.concurrent.locks.*;

public class Locks implements Runnable
{
  Thread t;

  public Locks()
  {
    t = new Thread(this);
    t.start();
  }

  public static void main(String[] args)
  {
    Locks l1 = new Locks();
    Locks l2 = new Locks();
  }

  public void run()
  {
    ReentrantLock r = new ReentrantLock();
    try
    {
      for(int i = 0; i < 100; i++)
      {
        System.out.println(t.getName() + " try to acquire lock");
        r.lock();
        System.out.println(t.getName() + " Acquired lock. Working.");
        Thread.sleep((long)(Math.random() * 4000));
        System.out.println(t.getName() +
          " Work done. Releasing lock.");
        r.unlock();
      }
    }
    catch(InterruptedException e)
    {
      e.printStackTrace();
    }
  }
}
```

Durch die Möglichkeit der Kopplung von Warteschlangen, Bedingungsvariablen und Locks können Sempahore und Monitore nachempfunden werden.

Nachdem bis zu dieser Stelle die wesentlichen Grundlagen zum Entwurf komplexer Software geklärt wurden, wird in den folgenden Kapiteln auf die Entwicklung verteilter Anwendungen eingegangen.

3.7 Aufgaben zur Synchronisation

W1. Wie ist die Sicherheitseigenschaft eines Programms definiert (in einem Satz)? *Wiederholung*

W2. Was charakterisiert ein unveränderliches Objekt? Was ist eine statuslose Methode?

W3. Wann ist ein Objekt vollständig synchronisiert? Welchen Richtlinien muss ein Objekt folgen, damit es sicher ist?

W4. Wie ist die Lebendigkeit eines Programms definiert? Was versteht man unter dem ausgedehnten Lebendigkeitsbegriff?

W5. Was versteht man unter einem Deadlock?

W6. Welche Möglichkeiten gibt es, um den wechselseitigen Ausschluss zu gewährleisten?

W7. Was versteht man unter einer Semaphore? Wie ist die P()-Operation, wie die V()-Operation definiert? Was versteht man unter einer fairen Semaphore?

W8. Was versteht man unter einem Monitor? Wie funktioniert das Signal wait()? Wie funktioniert das Signal signal()? Durch welche Methoden wird die Signalisierung bei Monitoren in Java vorgenommen?

W9. Warum sollten Threads nicht durch Aufruf von suspend() von der Ausführung suspendiert werden?

W10. Auf welche Weise tragen die neuen Lock-Klassen zur Deadlock-Vermeidung bei?

I1. Modifizieren Sie Programm 3.12 dahingehend, dass Sie anstelle von Semaphoren Monitore verwenden. *Implementierung*

I2. Erweitern Sie die Klasse Blatt aus Aufgabe I4 (Kapitel 2), so dass durch eine statische Variable gezählt wird, wie viele Blatt-Objekte angelegt werden.

I3. Programmieren Sie einen *sicher* suspendierbaren Thread mit Hilfe von Semaphoren. Der suspendierbare Thread soll in einer Endlosschleife vom Haupt-Thread suspendiert und nach zwei Sekunden wieder geweckt werden. Nach dem Aufwecken soll der Haupt-Thread jeweils auf seine Zeitscheibe verzichten. Der suspendierbare Thread soll eine Variable hochzählen und diese in jedem Zählschritt ausgeben.

I4. Schreiben Sie ein Programm, das vom Benutzer einen Zahlenbereich, d.h. Ober- und Untergrenze, und eine Anzahl zu startender Rechen-Threads einliest. Es soll eine Lastverteilung stattfinden, d.h. jeder Rechen-Thread soll sich eine noch nicht überprüfte Zahl aus dem Zahlenbereich holen und überprüfen, ob es sich bei dieser Zahl um eine Primzahl handelt. Danach gibt er die Zahl mit dem Prüfergebnis (true oder false) aus. Der Vorgang wird solange wiederholt, bis alle Zahlen des Zahlenbereichs überprüft worden sind.

15. Modifizieren Sie die Semaphore aus Programm 3.16 dahingehend, dass sie anstelle des synchronized-Schlüsselwortes Locks verwendet.

Kapitel 4: Design von Client/Server-Software

4.1 Das Client/Server-Modell

Der Entwurf verteilter Anwendungen richtet sich heute häufig nach dem so genannten *Client/Server-Modell*. Bei diesem Interaktionsmodell werden die miteinander kommunizierenden Einheiten in *Client* und *Server* unterschieden. Unter einem Server versteht man einen Dienstanbieter, der eine spezifische Funktionalität erbringt. Der Client ist ein Dienstnutzer, der die Ausführung eines spezifischen Dienstes von einem Server anfordert. Da Client und Server unabhängig voneinander ausgeführt werden – oftmals auf verschiedenen Rechnersystemen – muss die Kommunikation zwischen beiden synchronisiert werden. Andernfalls kann es zwischen ihnen eventuell niemals zu einem Datenaustausch kommen.

Das angesprochene Problem wird auch als *Rendezvous-Problem* bezeichnet. Startet man Client und Server auf unterschiedlichen Maschinen kurz nacheinander können folgende Abläufe auftreten.

Rendezvous-Problem

1. Der Client wird zuerst gestartet. Er versucht mit dem entsprechenden Server in Kontakt zu treten. Weil dieser noch nicht gestartet wurde, beendet sich der Client. Unmittelbar nach dem Client wird auch der Server gestartet. Weil der Server seinen Kommunikationspartner nicht finden kann (dieser wurde bereits beendet), beendet sich dieser auch. Es kann keine Interaktion stattfinden.

2. Der Server wird zuerst gestartet. Er versucht (genau wie im ersten Fall) seinen Kommunikationspartner zu finden. Leider ist der Client noch nicht aktiv, weshalb der Server beendet wird. Der unmittelbar nach dem Server gestartete Client kann seinen Kommunikationspartner ebenfalls nicht finden und wird deshalb beendet.

Das Rendezvous-Problem entsteht, weil beide Seiten *aktiv* versuchen ihren Kommunikationspartner zu finden. Um das Problem zu lösen, darf nur eine der beiden Seiten aktiv eine Kommunikation aufbauen. Die andere Seite muss *passiv* auf das Eintreffen einer Anfrage warten. Die eingeführte Definition von Client und Server muss um diesen Aspekt erweitert werden.

Ein Server ist ein *Dienstanbieter*, der für einen Client eine bestimmte Funktionalität in Form eines Dienstes erbringt und *passiv* darauf wartet, dass ein Client eine Anforderung an ihn stellt.

Definition: Server

Ein Client ist ein *Dienstnutzer*, der von einem Server *aktiv* einen Dienst anfordert und anschließend darauf wartet, dass der Server den angeforderten Dienst erbringt.

Definition: Client

Server besitzen im Vergleich zu Clients oftmals eine größere **Komplexität**. Sie müssen neben der Kommunikation mit dem Client und der Erbringung des spezifischen Dienstes noch weitere Aufgaben realisieren:

- *Authentifizierung:* Der Server muss den Client, der einen Dienst anfordert, eindeutig identifizieren können.
- *Autorisierung:* Wurde die Identität eines Clients eindeutig ermittelt, muss überprüft werden, ob er den gewünschten Dienst überhaupt anfordern darf.
- *Datenschutz:* Clients sollen auf personenbezogene Daten nicht beliebig zugreifen dürfen.
- *Datensicherheit:* Alle Informationen, die ein Server anbietet, sollen vor Manipulation und Zerstörung geschützt werden.
- *Schutz des Betriebssystems:* Der Server muss verhindern, dass ein Client auf beliebige Ressourcen des Betriebssystems zugreift und diese missbrauchen kann.

Für die weite Verbreitung und den Einsatz des Client/Server-Modells spricht eine Reihe von Vorteilen. Die wesentlichen Vorteile des Client/Server-Modells sind:

Vorteile des Client/Server-Modells

- Das Client/Server-Modell kann in **heterogenen Umgebungen** eingesetzt werden. Es ermöglicht also eine Kommunikation trotz unterschiedlicher Rechner- und Betriebssysteme.
- Die Begriffe Client und Server haben sich in Theorie und Praxis durchgesetzt. Es handelt sich um ***feststehende Begriffe***, die eine eindeutige Kommunikation unter IT-Experten ermöglichen.
- Durch die klare Trennung in Dienstanbieter und Dienstnutzer ist die **Interaktion zwischen beiden Seiten klar festgelegt**.
- Das Client/Server-Modell kann nicht nur für die Software-Entwicklung sondern auch für den **Entwurf von Hardware** genutzt werden. Beispielsweise kann bei der Entwicklung von Systemen zur Steuerung von Produktionsanlagen eine Hardware-Komponente als Client agieren (z.B. Sensor, der Temperatur misst) und eine andere als Server (z.B. Bauelement zur Verarbeitung der Messdaten).

Als Nachteile des Client/Server-Modells sind zu nennen:

Nachteile des Client/Server-Modells

- Obwohl das Client/Server-Modell heterogene Umgebungen unterstützt, verbirgt es diese nicht vor dem Programmierer **(keinerlei Transparenz)**. Der Programmierer muss die Heterogenität bei der Implementierung verteilter Anwendungen berücksichtigen.

- In der Praxis existieren oft Anwendungen, die *keine klare Trennung von Client und Server* ermöglichen. Beispielsweise kann ein Server gleichzeitig als Client für einen anderen Server fungieren.
- Das Client/Server-Modell ist *relativ alt* und für viele moderne Kommunikationsformen unzureichend. Hier müssen neue Kommunikationsmodelle entwickelt werden, wie beispielsweise der entfernte Methodenaufruf oder die nachrichtenorientierte Kommunikation.

Die zwischen Client und Server ausgetauschten Nachrichten werden allgemein auch als *Anforderung* (request) und *Antwort* (response) bezeichnet. Nachdem der Server gestartet wurde, wartet er passiv auf das Eintreffen einer Anfrage. Sobald eine Anfrage eintrifft, erbringt er den gewünschten Dienst und sendet eine Antwort an den Client zurück. Der beschriebene Ablauf wird in Bild 4.1 (nach [Tanenbaum 2003] S. 62) dargestellt.

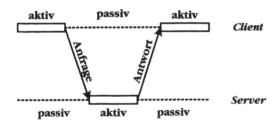

Bild 4.1: Struktur der Client/Server-Kommunikation

4.1.1 Entwurf von Clients

Beim Entwurf von Clients muss man nach [Comer 2001] drei verschiedene Aspekte unterscheiden:

- parametrisierbare vs. nicht parametrisierbare Clients
- iterative vs. parallele Clients
- verbindungslose vs. verbindungsorientierte Clients

Diese drei Entwurfsaspekte werden nachfolgend erläutert und diskutiert.

Zunächst stellt sich die Frage, ob der Client frei parametrisierbar sein soll oder nicht. Ein frei parametrisierbarer Client erlaubt es, den anzusprechenden Server über Parameter – beispielsweise Komandozeilenparameter – auszuwählen und weitere Kommunikationsparameter zu setzen. Der wesentliche Vorteil eines solchen Clients besteht in der Möglichkeit, eine *Verbindung zu verschiedenen Servern* aufzubauen. Ist beispielsweise ein Server auf Grund von Netzwerkproblemen nicht erreichbar, kann die Anfrage einfach an einen anderen Server gesendet werden. Ein nicht frei parametrisierbarer Client kommuniziert immer mit

parametrisierbare vs. nicht parametrisierbare Clients

demselben Server. Der Nutzer kann lediglich den Client starten aber keine Kommandozeilenparameter mitgeben. Solche Clients bieten ein **hohes Maß an Sicherheit**, weil sie nur eine Kommunikation mit einem als vertrauenswürdig eingestuften Server erlauben. In der Praxis findet man oftmals frei parametrisierbare Clients, da eine Verbindung zu mehreren – vom Benutzer wählbaren – Servern notwendig ist.

Implementiert man einen frei parametrisierbaren Client muss der Programmierer festlegen, woher der Client seine Parameter bezieht. Hier gibt es mehrere Möglichkeiten:

- Der Client wertet die übergebenen **Kommandozeilenparameter** aus.
- Der Benutzer kann die Konfigurationsparameter über eine GUI an den Client übergeben.
- Die Parameter sind in einer lokalen **Konfigurationsdatei** hinterlegt, die vom Client gelesen wird.
- Über einen **Verzeichnisdienst** (z.B. Lightweight Directory Access Protocol (LDAP) / X.500) werden dem Client relevante Parameter zur Verfügung gestellt.

iterative vs. parallele Clients

Der zweite wichtige Entwurfsaspekt ist die Frage nach einer iterativen oder parallelen Implementierung von Clients. Ein iterativer Client besitzt nur **einen einzigen Ausführungsfaden** (thread of control), d.h. er kann immer nur eine bestimmte Aufgabe zur gleichen Zeit erledigen. Ein paralleler Client hingegen hat **mehrere Ausführungsfäden** und kann deshalb mehrere Aufgaben (quasi-) parallel abarbeiten. Ein paralleler Client ist von Vorteil, wenn folgende Aufgaben erfüllt werden sollen:

- Der Client soll mit mehreren Servern gleichzeitig interagieren können. Beispielsweise kann ein Client eine Anfrage an mehrere Server gleichzeitig senden. Es wird die Antwort von dem Server verwendet, der als erster antwortet, oder es kann ein Mittelwert der gelieferten Antworten gebildet werden, um eine höhere Genauigkeit zu erreichen.
- Während der Kommunikation des Clients mit dem Server will der Nutzer weitere Eingaben machen. Der Client muss also die Kommunikation und die Eingaben (quasi-)parallel verarbeiten können.

verbindungslose vs. verbindungs- orientierte Clients

Der dritte und letzte Entwurfsaspekt bei der Implementierung eines Clients ist die Frage nach dem eingesetzten Transportprotokoll. Bei heutigen verteilten Systemen wird überwiegend das verbindungsorientierte TCP (Transmission Control Protocol) oder das verbindungslose UDP (User Datagram Protocol) als Transportprotokoll verwendet. Dementsprechend unterscheidet man zwischen verbindungslosen und verbindungsorientierten Clients. Ob ein Client verbindungslos oder verbindungsorientiert arbeitet, hängt ganz wesentlich vom Server ab. Der Client muss stets dasselbe Transportprotokoll verwenden, wie der Server.

4.1.2 Entwurf von Servern

Beim Entwurf von Servern stehen ähnliche Aspekte zur Diskussion, wie beim Entwurf von Clients. Der wichtigste Entwurfsaspekt ist die Frage, ob der Server iterativ oder parallel arbeiten soll.

Ein iterativer Server verarbeitet eingehende Anfragen in der Reihenfolge ihres Eintreffens in einer streng **sequentiellen** Form, d.h. nach dem *first-come-first-served (FCFS)* Prinzip, das auch von Betriebssystemen bekannt ist. Bei einem iterativen Server müssen Anfragen, die eine relativ kurze Zeitspanne zur Bearbeitung benötigen, evtl. auf Anfragen mit langer Bearbeitungszeit warten. Aus Sicht eines Nutzers ist eine solche Arbeitsweise unbefriedigend. Intuitiv (und zu Recht) erwartet jeder Nutzer eine schnelle Bearbeitung einer „kleinen" Anfrage.

iterativer Server

Ein paralleler Server arbeitet hingegen mehrere Anfragen *(quasi-)parallel* ab, d.h. die Anfragen werden parallel (mehrere Prozessoren verfügbar) oder nach einem **round-robin** Verfahren (nur ein Prozessor verfügbar) abgearbeitet. Um einen parallelen Server implementieren zu können, muss das Betriebssystem in irgendeiner Form Parallelität anbieten. Zwei verbreitete Ansätze zur Erzeugung von Parallelität ist die Verwendung mehrerer Prozesse bzw. die Verwendung mehrerer Threads (siehe Kapitel 2). Es sei hier erwähnt, dass es auch andere Verfahren gibt, wie beispielsweise Parallelität über asynchrone Ein-/Ausgabe.

paralleler Server

Die Entscheidung, ob ein iterativer oder paralleler Server implementiert wird, hängt im Wesentlichen von der **Antwortzeit** aus Sicht des Clients und der **Bearbeitungszeit** aus Sicht des Servers ab. Die Bearbeitungszeit ist die Zeit, die ein Server zur Bearbeitung einer Anfrage benötigt. Sie wird maßgeblich bestimmt vom Umfang der Anfrage. Die Antwortzeit ist die Zeit, die aus Sicht des Clients vergeht, bis auf eine Anfrage die entsprechende Antwort eintrifft. Die Antwortzeit setzt sich aus der Bearbeitungszeit, der Übertragungszeit von Anfrage und Antwort über das Verbindungsnetzwerk und der Wartezeit in Puffern beim Server zusammen (Bild 4.2). Demnach ist die Antwort- immer größer als die Bearbeitungszeit. Ein iterativer Server verarbeitet Anfragen streng sequentiell. Treffen mehrere Anfragen gleichzeitig ein, wird nur eine direkt verarbeitet. Alle anderen werden in einer Warteschlange zwischengespeichert. Dadurch steigt natürlich die Antwortzeit. Wird die Antwortzeit so groß, dass sie für den Nutzer nicht mehr akzeptabel ist, sollte man von einem iterativen auf einen parallelen Server umsteigen.

Antwortzeit und Bearbeitungszeit

Bild 4.2: Antwort- und Bearbeitungszeit

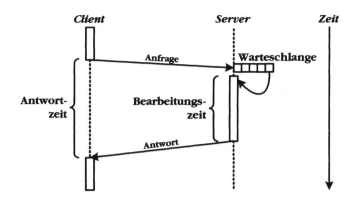

In Bild 4.3 wird gezeigt, wie sich die Antwortzeit bei einem iterativen und parallelen Server unterscheidet (die Übertragung der Anfrage und Antwort über das Verbindungsnetzwerk sowie die Erzeugung von Parallelität bleiben unberücksichtigt). Angenommen zum Zeitpunkt 0 treffen drei verschiedene Anfragen – Request 1 (R1), Request 2 (R2) und Request 3 (R3) – gleichzeitig beim Server ein. R1 hat eine Bearbeitungszeit von t Zeiteinheiten, R2 von 2t Zeiteinheiten und R3 von 3t Zeiteinheiten. Wählt man einen iterativen Server-Entwurf beträgt die Antwortzeit für R1 t Zeiteinheiten, für R2 3t Zeiteinheiten und für R3 6t Zeiteinheiten. Die mittlere Antwortzeit ist also (t + 3t + 6t) / 3 = 3,33t Zeiteinheiten. Bei einer parallelen Implementierung des Servers ergibt sich für R1 eine Antwortzeit von t Zeiteinheiten, für R2 von 2t Zeiteinheiten und für R3 von 3t Zeiteinheiten. Die mittlere Antwortzeit beträgt nur noch (t + 2t + 3t) / 3 = 2t Zeiteinheiten. Durch die parallele Abarbeitung der Anfragen hat sich also die einzelne und mittlere Antwortzeit aus Sicht der Clients verbessert. Auf Seiten des Servers wird dieser Zeitvorteil durch einen zusätzlichen Overhead für Erzeugung und Verwaltung von Parallelität erkauft.

Bild 4.3: Antwortzeit bei iterativem und parallelem Server

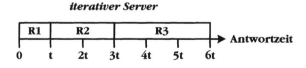

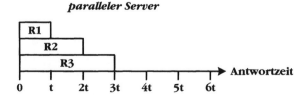

Das Client/Server-Modell

Leider existiert der beschriebene Zeitvorteil nur auf einem Multiprozessorsystem. Bei einem Einprozessorsystem wird Parallelität durch ein Zeitscheibenverfahren (time sharing) implementiert. Beträgt die Länge einer Zeitscheibe t Zeiteinheiten, kann der Ablauf in Bild 4.4 auftreten.

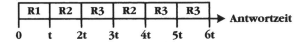

Bild 4.4: paralleler Server über Zeitscheiben

Die Antwortzeit aus Sicht von R1 beträgt jetzt t Zeiteinheiten, aus Sicht von R2 4t Zeiteinheiten und aus Sicht von R3 6t Zeiteinheiten. Es ergibt sich eine mittlere Antwortzeit von (t + 4t + 6t) / 3 = 3,67t Zeiteinheiten. Bei sehr vielen Anfragen wird die Antwortzeit für eine Anfrage beliebig groß, was einer Überlastung des Servers gleichkommt.

Master/Slave-Prinzip

Viele parallele Server werden nach dem Master/Slave-Prinzip implementiert (Bild 4.5).

1. Der Master wartet in einer Endlosschleife auf das Eintreffen von Anforderungen an einem bestimmten Port.
2. Trifft eine Anforderung ein, erzeugt der Master einen Slave und delegiert die Bearbeitung der Anfrage an diesen. Anschließend wartet der Master wieder auf neue Anforderungen.
3. Der Slave bearbeitet die erhaltene Anforderung und kommuniziert dazu über einen eigenen Port mit dem Client.

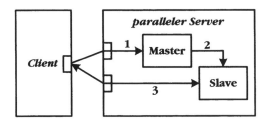

Bild 4.5: Master/Slave-Prinzip

verbindungslose vs. verbindungsorientierte Server

Server können entweder ein verbindungsloses Protokoll, wie z.B. UDP, oder ein verbindungsorientiertes, wie z.B. TCP, verwenden. Basiert ein Server auf einem verbindungslosen Protokoll spricht man von einem verbindungslosen Server. Verwendet er hingegen ein verbindungsorientiertes Protokoll, spricht man von einem verbindungsorientierten Server. Der Entwickler muss bei der Wahl zwischen einem verbindungslosen und verbindungsorientierten Entwurf zwischen **Effizienz** und **Zuverlässigkeit** entscheiden. Entscheidet er sich für das verbindungslose Protokoll erzielt er eine hohe Effizienz, muss aber die gesamt Zuverlässigkeit selbst implementieren. Wählt er hingegen ein verbindungsorientiertes Protokoll stellt der TCP/IP-Stack die Zuverlässigkeit sicher, die Effizienz ist jedoch geringer als bei verbindungsloser Kommunikation.

statuslose vs. statusbehaftete Server

Ein statusloser Server speichert **keinerlei Verlaufsinformationen** über die Kommunikation mit seinen Clients. Jede Anforderung durch einen Client kann also unabhängig von vorherigen Anforderungen ausgewertet und bearbeitet werden. Ein großer Vorteil von statuslosen Servern ist die Tatsache, dass bei Absturz des Servers der vorherige Zustand nicht wiederhergestellt werden muss. Statuslose Server sind demnach **robuster gegen Fehler** und **einfacher zu implementieren**. Die Reaktion eines statusbehafteten Servers hängt wesentlich von seinem aktuellen Zustand ab. Der Server merkt sich, welche Anforderungen ein Client gestellt hat und reagiert entsprechend auf neue Anforderungen. Ein statusbehafteter Server arbeitet demnach ähnlich wie ein **endlicher Automat**. Tritt in einem statusbehafteten Server ein Fehler auf, ist es wichtig, dass der letzte aktuelle Zustand wiederhergestellt wird. Ansonsten kann es zu Fehlern in der Kommunikation mit den Clients kommen.

Zusammenfassung

Zusammenfassend lässt sich sagen, dass man beim Entwurf eines Servers – genau wie beim Entwurf eines Clients -- zumindest drei verschiedene Aspekte unterscheiden muss:

- verbindungslos vs. verbindungsorientiert
- iterativ vs. parallel
- statuslos vs. statusbehaftet

Jedes dieser drei Merkmale besitzt zwei verschiedene Ausprägungen, wonach sich $2^3 = 8$ verschiedene Server-Varianten unterscheiden lassen. Neben den drei vorgestellten Merkmalen unterscheidet man noch weitere Arten von Servern [Comer 2001].

Multiprotokoll-Server

mehrer Transportprotokolle

Ein Multiprotokoll-Server unterstützt gleichzeitig mehrere Transportprotokolle. Oftmals werden die Transportprotokolle so gewählt, dass eine verbindungslose und verbindungsorientierte Kommunikation möglich wird. Beispielsweise kann ein Multiprotokoll-Server sowohl UDP als auch TCP unterstützten. Ein Multiprotokoll-Server bietet folgende Vorteile:

- Der Code zur Erbringung eines bestimmten Dienstes ist bei Verwendung von UDP oder TCP als Transportprotokoll oftmals gleich. Ein Unterschied liegt nur in der Abhandlung der Kommunikation. Deshalb vermeidet ein Multiprotokoll-Server die Implementierung gleicher Funktionalität in unterschiedlichen Programmen und führt zur **Codewiederverwendung** an Stelle von Codereplikation.

- Weil ein Multiprotokoll-Server gleichzeitig mehrere Transportprotokolle unterstützt, können **Systemressourcen eingespart** werden. Es genügt genau einen Server-Prozess zu starten, um beide Transportprotokolle zu unterstützen. Das spart Eintragungen in der Prozesstabelle und Hauptspeicher.

Multiservice-Server

Ein Multiservice-Server bietet mehrere Dienste gleichzeitig für ein bestimmtes Transportprotokoll an. Beispielsweise kann ein Server gleichzeitig einen TIME- und DAYTIME-Dienst für UDP oder TCP anbieten. Der Multiservice-Server besitzt die gleichen Vorteile, wie ein Multiprotokoll-Server. Insbesondere spart er Systemressourcen ein, weil nur ein Server-Prozess gestartet werden muss, um mehrere Dienste zu erbringen.

mehrere Dienste

Super-Server

Die letzte Server-Variante, die hier nur kurz vorgestellt werden soll, ist der Super-Server. Ein Super-Server bietet mehrere Dienste gleichzeitig für mehrere Transportprotokolle an. Dadurch kommt es zu einer starken Einsparung von Systemressourcen. Tatsächlich benötigt man nur einen einzigen Prozess um sämtliche Dienste anbieten zu können. Idealerweise ist ein Super-Server dynamisch konfigurierbar, d.h. der Systemadministrator kann neue Dienste zum Server hinzufügen oder laufende Dienste beenden ohne den Server neu starten zu müssen. Beispielsweise enthalten viele Linux-Systeme einen Super-Server namens inetd, der über eine Konfigurationsdatei dynamisch konfiguriert werden kann.

mehrere Protokolle und Dienste

4.2 Implementierung des Client/Server-Modells über Sockets

Zur Implementierung des Client/Server-Modells benötigt man eine spezielle Programmierschnittstelle. Die heute am häufigsten verwendete API zur Erstellung von Client/Server-Software ist die **Socket-API**. Die Socket-API wurde erstmals 1982 durch die University of California in Berkeley als Teil von BSD UNIX 4.1c eingeführt. Durch sie sollte ein einfacher Zugriff auf die Funktionen des Protokoll-Stacks zum Senden und Empfangen von Daten ermöglicht werden. Dazu wurde das grundlegende Paradigma von UNIX – alles ist eine Datei – weitergeführt. Der Datenaustausch über das Netzwerk orientiert sich also stark am Zugriff auf Dateien. Ein Socket ist ein **Kommunikationsendpunkt**, der bei Verwendung des TCP/IP- bzw. UDP/IP-Stacks aus einer IP-Adresse und einer Port-Nummer besteht. Zum Datenaustausch

Motivation

zwischen zwei Rechnersystemen benötigt man immer zwei Sockets. Zwei miteinander verbundene Sockets werden auch als **Kommunikationskanal** oder **Pipe** bezeichnet.

4.2.1 Übersicht der Socket-Primitive

Die ursprüngliche Socket-API (in C implementiert) definierte eine Reihe von Funktionen zum Aufbau einer Kommunikationsverbindung, zum Austausch von Daten zwischen Client und Server und zum Abbau der Verbindung. Die wichtigsten Funktionen werden kurz beschrieben, um deren Semantik besser verstehen zu können.

socket

Ressourcen holen

Durch die socket()-Funktion wird ein neuer Kommunikationsendpunkt für TCP oder UDP angelegt. Der erzeugte Socket besitzt zunächst **generischen Charakter**, d.h. er kann von Client oder Server verwendet werden. Durch den Aufruf weiterer Funktionen wird sein tatsächlicher Verwendungszweck bestimmt.

bind

lokale Adresse festlegen

Mit bind() wird dem Socket eine lokale Adresse zugeordnet. Man sagt auch, der Socket wird an eine lokale Adresse **gebunden**. In der Praxis handelt es sich bei der Adresse meist um eine IP-Adresse plus Port-Nummer.

listen

Socket für Server parametrieren

Die listen()-Funktion wird nur bei verbindungsorientierter Kommunikation eingesetzt. Sie versetzt den Socket in einen **passiven Zustand** um von einem Server verwendet zu werden. Gleichzeitig wird durch listen() die Länge der Verbindungswarteschlange festgelegt. Die Verbindungswarteschlange speichert eingehende Verbindungswünsche zwischen, falls ein Server gerade mit anderen Aufgaben beschäftigt ist und keine Verbindungen entgegennehmen kann. Insbesondere ein iterativer Server kann keine neuen Verbindungen entgegennehmen, solange er mit dem Client kommuniziert.

accept

auf Verbindung warten

Mittels accept() wartet ein Server **blockierend** auf das Eintreffen eines Verbindungswunsches bei verbindungsorientierter Kommunikation. Sobald ein Client eine Verbindung zu diesem Server initiiert, gibt die accept()-Funktion einen Socket zurück, über den diese Verbindung abgearbeitet werden kann.

connect

Ein Client ruft die connect()-Funktion auf, um eine Verbindung zu einem entfernten Server aufzubauen. Zum Aufbau der Verbindung wird ein *3-Wege-Handshake* durchgeführt.

Verbindung zu Server aufbauen

read / write

Die Funktionen read() und write() ermöglichen das Lesen von Daten von einem Socket bzw. das Senden von Daten über einen Socket bei verbindungsorientierter Kommunikation.

Daten lesen und senden

sendto / recvfrom

Das Analogon zu read() und write() der verbindungsorientierten Kommunikation ist sendto() und recvfrom() bei der verbindungslosen Kommunikation. Mit Hilfe von sendto() kann ein UDP-Datagramm versendet werden. recvfrom() ermöglicht das Lesen des nächsten UDP-Datagramms vom Protokoll-Stack.

Datagramme senden und empfangen

close

Nach Beendigung der Kommunikation zwischen Client und Server können durch close() die reservierten Sockets freigegeben werden.

Ressourcen freigeben

Die Verwendung der Socket-API setzt die richtige Reihenfolge beim Aufruf der verschiedenen Funktionen voraus. Außerdem unterscheidet sie streng zwischen einer verbindungslosen und einer verbindungsorientierten Kommunikation. In Bild 4.6 ist die Reihenfolge der Funktionen bei verbindungsloser Kommunikation gezeigt. Die gestrichelten Pfeile deuten dabei den Austausch von Daten an, die durchgezogenen Pfeile die Aufrufreihenfolge.

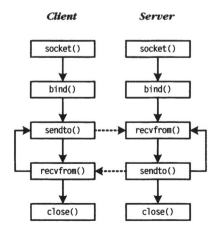

Bild 4.6: *verbindungslose Kommunikation über Sockets*

Client und Server erzeugen beide zunächst einen Socket und binden diesen anschließend an eine lokale Adresse. Der Server ruft nun die Funktion recvfrom() auf. Dadurch wartet er blockierend auf das Eintreffen des nächsten UDP-Datagramms. Sobald der Client die Funktion sendto() aufruft, wird der Server aus seiner Blockierung befreit und kann das empfangene Datagramm verarbeiten. Der Client ruft nach dem Senden der Anfrage ebenfalls die recvfrom()-Funktion auf und wartet auf das Eintreffen der Antwort. Hat der Server die Antwort ermittelt, sendet er sie über sendto() an den Client. Dieser wird aus seiner Blockierung befreit und kann die Antwort entgegennehmen. Der gezeigte Ablauf kann sich beliebig oft wiederholen, bis Client und Server alle Daten ausgetauscht haben. Zum Schluss rufen beide Seiten die Funktion close() auf, um den reservierten Socket wieder freizugeben.

Die verbindungsorientierte Kommunikation über Sockets wird in Bild 4.7 gezeigt.

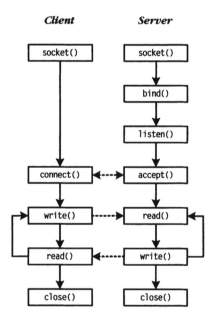

Bild 4.7: *verbindungsorientierte Kommunikation über Sockets*

Client und Server rufen wiederum zunächst die socket()-Funktion auf, wodurch ein neuer Kommunikationsendpunkt erzeugt wird. Der Server bindet den Socket an eine lokale Adresse und versetzt ihn mittels listen() in einen passiven Zustand. Anschließend wartet er mit accept() blockierend auf das Eintreffen eines Verbindungswunsches. Sobald der Client connect() aufgerufen hat, findet zwischen Client und Server eine Synchronisation (3-Wege-Handshake) statt und eine Verbindung wird aufgebaut. Der Server kehrt aus seiner Blockierung in accept() zurück und wartet mit read() (erneute Blockierung) auf das Eintreffen von Daten. Sendet der Client über write() Daten, wird der Server aus seiner Blockierung befreit und kann die Daten verarbeiten. Der Client wird nach dem Senden seiner Anfrage in read() blockiert und wartet auf die Antwort durch den Server. Sobald der Server die Antwort ermittelt hat, sendet er sie mit write() an den Client. Der Client kehrt aus read() zurück und kann die Antwort verarbeiten. Dieser Ablauf kann sich beliebig wiederholen. Wurden alle Daten zwischen Client und Server ausgetauscht, rufen beide Seiten close() auf, um den reservierten Socket wieder freizugeben.

4.2.2 Die Socket-API unter Java

Die vorgestellte Socket-API ist unter Java vollständig im Paket java.net implementiert. Insgesamt umfasst das Paket 27 Klassen, 6 Schnittsellen und 11 verschiedene Ausnahmen. Zunächst erscheint dieses Paket sehr umfangreich, zur Implementierung von Client/Server-Anwendungen benötigt man jedoch nur einen kleinen Teil der zur Verfügung gestellten Funktionalität. Die wichtigsten Funktionen werden von folgenden Klassen implementiert:

Paket java.net

- Adress- und Namensauflösung
  - InetAddress
  - Inet4Address
  - Inet6Address
- UDP-Kommunikation
  - DatagramPacket
  - DatagramSocket
- TCP-Kommunikation
  - ServerSocket
  - Socket

Zusätzlich zu diesen Klassen zur Netzwerkkommunikation benötigt man Klassen zur Datenein- bzw. -ausgabe. In Java wird Ein- und Ausgabe über so genannte **Datenströme (streams)** realisiert. Von besonderer Bedeutung sind hier:

- DataInputStream
- DataOutputStream
- BufferedReader
- PrintWriter

InetAddress, Inet4Address und Inet6Address

Die Klasse InetAddress repräsentiert eine allgemeine IP-Adresse. Von der Klasse InetAddress ist die Klasse Inet4Address abgeleitet, die eine IP-Adresse der Version 4 speichern kann. Für

Namensauflösung

IP-Adressen der Version 6 existiert eine weitere Unterklasse namens Inet6Address. Die beschriebene Klassenhierarchie ist in Bild 4.8 dargestellt. Die Klasse InetAddress kann verwendet werden, um einen Host-Namen auf eine IP-Adresse und umgekehrt abzubilden. Prinzipiell werden die Adressklassen nicht direkt instantiiert, sondern über eine statische get()-Methode angefordert.

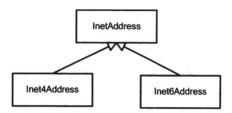

Bild 4.8: *Hierarchie der Adressklassen*

Um einen Host-Namen oder eine URL auf eine IP-Adresse abzubilden, bietet die Klasse InetAddress die beiden statischen Methoden getByName(String host) und getAllByName(String host) an. Die Methode getByName() liefert zu einem gegeben Host-Namen dessen primäre IP-Adresse. Die Methode getAllByName() liefert ein Array von InetAddress-Objekten, die alle IP-Adressen dieses Hosts repräsentieren. Sollte die Auflösung des Host-Namens nicht möglich sein, wird eine UnknownHostException geworfen. Das Programm 4.1 zeigt die Auflösung der URL www.fh-fulda.de.

Programm 4.1: *Auflösung eines Host-Namens*

```
InetAddress ipAddr = null;
try
{
  // Namensauflösung
  ipAddr = InetAddress.getByName("www.fh-fulda.de");
}
catch(UnknownHostException e)
{
  e.printStackTrace();
  System.exit(-1);
}
```

DatagramPacket und DatagramSocket

Um eine verbindungslose Kommunikation über Sockets zu ermöglichen, bietet das Paket java.net die beiden Klassen DatagramPacket und DatagramSocket. Ein DatagramSocket entspricht einem Socket für UDP und ein DatagramPacket einem UDP-Paket.

Um einen `DatagramSocket` zu erzeugen, kann man verschiedene Konstruktoren nutzen. Die drei wichtigsten Konstruktoren sind:

Konstruktoren von DatagramSocket

- `DatagramSocket()`
- `DatagramSocket(int port)`
- `DatagramSocket(int port, InetAddress laddr)`

Mit dem Standardkonstruktor wird ein UDP-Socket erzeugt und an einen beliebigen freien Port des Rechners gebunden. Ein Client sollte diesen Konstruktor nutzen und es dem Betriebssystem überlassen, einen freien Port zu wählen. Mit dem Konstruktor `DatagramSocket(int port)` hat man die Möglichkeit den Port zu definieren, an den sich dieser Socket bindet. Dadurch kann ein Server den Port, auf dem er arbeiten möchte, festlegen. Möchte ein Client oder Server neben dem Port auch die IP-Adresse festlegen, über die er kommuniziert, kann er den Konstruktor `DatagramSocket(int port, InetAddress laddr)` verwenden.

Um ein UDP-Datagramm über einen UDP-Socket zu senden, bieten Objekte der Klasse `DatagramSocket` die Methoden `send(DatagramPacket p)` und `receive(DatagramPacket p)`. Mit der Methode `send()` wird ein UDP-Datagramm an die im Datagramm definierte Adresse gesendet. Mit `receive()` wartet man blockierend auf das Eintreffen des nächsten UDP-Datagramms.

Senden und Empfangen von UDP-Paketen

Um einen UDP-Socket nach dessen Verwendung wieder freizugeben, kann die Methode `close()` verwendet werden. Alle Threads, die blockiert auf den Empfang eines Datagramms warten, werfen bei Aufruf von `close()` eine `SocketException`.

UDP-Socket freigeben

Ein `DatagramPacket` repräsentiert ein UDP-Paket und ist im Wesentlichen eine Abstraktion für einen Puffer und eine zugehörige Adresse. Jedes `DatagramPacket` enthält also neben den eigentlichen Daten die Zieladresse des Rechners, an den das Paket gesendet werden soll. Um ein UDP-Paket zu erzeugen, gibt es folgende Konstruktoren:

Konstruktoren von DatagramPacket

- `DatagramPacket(byte[] buf, int length)`
- `DatagramPacket(byte[] buf, int length, InetAddress address, int port)`

Mit dem ersten Konstruktor wird nur ein Puffer bestimmter Größe für die Nutzdaten reserviert. Die IP-Adresse und der Port, an den das Paket gesendet werden soll, muss anschließend mit `setAddress(InetAddress iaddr)` und `setPort(int iport)` festgelegt werden. Der zweite Konstruktor erlaubt schon bei der Instantiierung des UDP-Pakets die Zieladresse und den Ziel-Port festzulegen. Ein solches Paket kann gesendet werden, ohne die Methoden `setAddress()` und `setPort()` aufrufen zu müssen.

Mit den Methoden `getData()` und `setData()` kann der Inhalt des UDP-Pakets gelesen und geschrieben werden. Der Inhalt eines UDP-Pakets ist grundsätzlich ein Bytearray. Möchte man bei-

Inhalt eins Datagramms lesen und schreiben

spielsweise eine Zeichenkette über einen UDP-Paket senden, muss man diesen vorher über die Methode getBytes() in ein Bytearray umwandeln.

Socket und ServerSocket

Die Klassen Socket und ServerSocket ermöglichen die Implementierung von verbindungsorientierten Client/Server-Anwendungen. Die Klasse Socket repräsentiert einen Kommunikationsendpunkt über den Daten gesendet bzw. empfangen werden können. Die wichtigsten Konstruktoren der Klasse Socket sind:

Konstruktoren von Socket

- Socket()
- Socket(String host, int port)

Der Standardkonstruktor erzeugt lediglich einen Socket. Um eine Verbindung zu einem entfernten Rechner aufzubauen, muss man die Methode connect() aufrufen, der man die IP-Adresse und Port-Nummer des entfernten Rechners in Form eines SocketAddress-Objekts mitgibt. Einfacher ist die Verwendung des zweiten Konstruktors. Dieser erwartet den Host-Namen des entfernten Rechners und die Port-Nummer, zu der eine Verbindung aufgebaut werden soll. Sollte beim Erzeugen des Sockets ein Fehler auftreten, wird eine IOException geworfen. Kann hingegen die Adresse des angegebenen Hosts nicht ermittelt werden, wird eine UnknownHostException geworfen.

Ein- und Ausgabe über Sockets

Wurde der Socket erfolgreich instantiiert und mit dem entfernten Socket verbunden, kann mit getInputStream() und getOutputStream() ein Datenstrom zum Lesen und Schreiben von Daten besorgt werden.

TCP-Socket schließen

Hat man die Kommunikation über den Socket beendet, kann man mit close() den reservierten Socket schließen und wieder freigeben. Jeder Thread, der noch blockiert auf eine Eingabe wartet, wirft eine SocketException.

Konstruktoren von ServerSocket

Ein ServerSocket ist ein passiver Socket, d.h. er ermöglicht das Warten auf Verbindungswünsche und wird deshalb ausschließlich von Servern verwendet. Die beiden wichtigsten Konstruktoren von ServerSocket sind:

- ServerSocket(int port)
- ServerSocket(int port, int backlog)

Mit ServerSocket(int port) wird ein passiver Socket erzeugt, der sich an den angegeben Port bindet. Die Länge der Verbindungswarteschlange wird auf 50 gesetzt, d.h. es können 50 Verbindungswünsche zwischengespeichert werden, bevor ein Verbindungswunsch abgelehnt werden muss. Der zweite Konstruktor ermöglicht es zusätzlich die Länge der Verbindungswarteschlange zu definieren.

Nachdem ein `ServerSocket` instantiiert wurde, erlaubt die Methode `acccept()` blockierend auf eine Verbindungsanforderung zu warten. Möchte man eine maximale Zeit auf das Eintreffen von Verbindungen warten, kann man mit der Methode `setSoTimeout(int timeout)` einen Timeout in Millisekunden definieren. Trifft innerhalb der definierten Zeit keine Verbindungsanforderung ein, wird eine `SocketTimeoutException` geworfen. `accept()` liefert als Rückgabewert ein `Socket`-Objekt. Dieses `Socket`-Objekt repräsentiert die bestehende Verbindung und kann zum Datenaustausch verwendet werden.

auf Verbindungen warten

Um einen `ServerSocket` zu schließen, kann dessen `close()`-Methode aufgerufen werden. Alle Threads, die `accept()` auf diesem Socket aufgerufen haben, werfen eine `SocketException`.

4.3 Fallbeispiele

Die theoretischen Grundlagen von Client/Server-Anwendungen und die Socket-API von Java sollen nun anhand konkreter Beispiele umgesetzt und eingeübt werden. Hierzu werden drei verschiedene Dienste vorgestellt und schrittweise implementiert. Jeder Dienst wird zunächst allgemein beschrieben und dessen Funktionsweise erläutert. Anschließend werden einige Entwurfsaspekte für diesen Dienst diskutiert. Schließlich wird die konkrete Implementierung des Dienstes vorgestellt und erklärt. Die hier vorgestellten Dienste werden auch in späteren Kapiteln die Grundlage für Beispielimplementierungen sein.

4.3.1 DAYTIME

In RFC 867 [IETF/RFC] ist der DAYTIME-Dienst beschrieben, der die aktuelle Systemzeit als einen von Menschen lesbareren String zurückgibt. Der well-known[1] Port des DAYTIME-Dienstes ist für UDP und TCP Port 13. Bei verbindungsloser Kommunikation über UDP wartet der Server auf das Eintreffen eines Datagramms. Sobald ein Datagramm empfangen wurde, ermittelt der Server die aktuelle Systemzeit und sendet sie an den Client zurück. Der Inhalt des empfangenen Datagramms ist dabei irrelevant und wird vom Server vollständig ignoriert. Wird im Gegensatz das verbindungsorientierte TCP verwendet, wartet der Server auf einen eingehenden Verbindungswunsch. Sobald eine Verbindung hergestellt wurde, sendet der Server die aktuelle Zeit zurück und schließt die Verbindung wieder. RFC 867 empfiehlt die Zeit in der Form `Wochentag, Monat Tag_des_Monats, Jahr Zeit-Zeitzone` anzugeben (z.B. `So, Aug 29, 2004 16:41:32-CEST`).

---

[1] Ein well-known Port ist ein weltweit eindeutiger Port, unter dem ein Dienst erreichbar ist.

Kapitel 4: Design von Client/Server-Software

Entwurfsaspekte

Der DAYTIME-Dienst erfordert relativ wenig Rechenaufwand seitens des Servers, d.h. die Bearbeitungszeit ist klein. Eine iterative Implementierung des Servers ist also ausreichend. Weil bei DAYTIME eine Kommunikation lediglich aus einer Anfrage und einer Antwort besteht, kann der Server statuslos arbeiten. Als Transportprotokoll kommen laut RFC 867 sowohl UDP als auch TCP in Frage. Beispielhaft wird hier die Implementierung eines verbindungslosen DAYTIME-Clients und -Servers vorgestellt.

Programm 4.2:
verbindungsloser, iterativer DAYTIME-Server

```java
import java.net.*;
import java.io.*;
import java.text.*;
import java.util.*;

public class DaytimeServer_v1
{
  // 1KB Puffergrösse für Datagramme
  private static final int BUF_SIZE = 1024;

  private int port;                           // lokaler Port
  private DatagramSocket udpSocket;
  private DatagramPacket requestPacket;       // Anfrage
  private DatagramPacket responsePacket;      // Antwort
  private SimpleDateFormat formatter;         // Zeit formatieren
  private String currentTime;                 // aktuelle Server-Zeit

  /* Konstruktor */
  public DaytimeServer_v1(int port)
  {
    this.port = port;
    formatter = new SimpleDateFormat("E, MMM d, yyyy HH:mm:ss-z");
  }

  /* in Endlosschleife: auf eingehendes Datagramm warten, Zeit
   * ermitteln, Zeit an Client zurücksenden
   */
  public void startServer()
  {
    try
    {
      // UDP-Socket für Kommunikation öffnen
      udpSocket = new DatagramSocket(port);

      System.out.println("Warte auf UDP-Packet an Port " +
        port + "...");
      requestPacket =
        new DatagramPacket(new byte[BUF_SIZE], BUF_SIZE);
      responsePacket =
        new DatagramPacket(new byte[BUF_SIZE], BUF_SIZE);
      while(true)
      {

        udpSocket.receive(requestPacket);
        // aktuelle Systemzeit ermitteln und in Antwort speichern
        currentTime = formatter.format(new Date());
```

```
        responsePacket.setData(currentTime.getBytes());
        // Zieladresse und Port des Clients setzen
        responsePacket.setAddress(requestPacket.getAddress());
        responsePacket.setPort(requestPacket.getPort());
        // Zeit an Client senden
        udpSocket.send(responsePacket);
        // Statusmeldung
        System.out.println("  [" + currentTime + " an " +
          requestPacket.getAddress().getHostName() + " gesendet]");
      }
    }
    catch(IOException e)
    {
      e.printStackTrace();
      System.exit(-1);
    }
  }

  /*** Einstiegspunkt ***/
  public static void main(String args[])
  {
    switch(args.length)
    {
      case 1:
        try
        {
          (new DaytimeServer_v1(
            Integer.parseInt(args[0]))).startServer();
        }
        catch(NumberFormatException e)
        {
          e.printStackTrace();
          System.exit(-1);
        }
        break;
      default:
        System.err.println(
          "\nSyntax: java DaytimeServer_v1 <Port>\n");
        System.exit(-1);
        break;
    }
  }
}
```

Beim Aufruf des DAYTIME-Servers wird als Parameter die lokale Port-Nummer erwartet. Die main()-Methode stellt dies sicher, erzeugt gegebenenfalls ein neues Server-Objekt und ruft auf diesem die startServer()-Methode auf. In dieser Methode wird zunächst ein neuer UDP-Socket für den angegebenen Port mit udpSocket = new DatagramSocket(port); geöffnet. Der DAYTIME-Dienst wird in der endlosen while()-Schleife implementiert.

```java
while(true)
{
  requestPacket =
    new DatagramPacket(new byte[BUF_SIZE], BUF_SIZE);
  responsePacket =
    new DatagramPacket(new byte[BUF_SIZE], BUF_SIZE);

  udpSocket.receive(requestPacket);
  // aktuelle Systemzeit ermitteln und in Antwort speichern
  currentTime = formatter.format(new Date());
  responsePacket.setData(currentTime.getBytes());
  // Zieladresse und Port des Clients setzen
  responsePacket.setAddress(requestPacket.getAddress());
  responsePacket.setPort(requestPacket.getPort());
  // Zeit an Client senden
  udpSocket.send(responsePacket);
  // Statusmeldung
  System.out.println("  [" + currentTime + " an " +
    requestPacket.getAddress().getHostName() + " gesendet]");
}
```

Zunächst werden zwei UDP-Datagramme instantiiert, die als Speicher für Anfrage und Antwort dienen. Jedes Datagramm speichert BUF_SIZE Bytes an Nutzdaten, d.h. in diesem Beispiel 1 Kilobyte. Wurden die Datagramme erzeugt, wartet der Server mit der receive()-Methode blockierend auf das Eintreffen eines neuen Datagramms. Nach dem Eintreffen eines Datagramms ermittelt der Server sofort die aktuelle Systemzeit, indem er ein neues Objekt der Klasse Date instantiiert. Weil die Zeit in einer für Menschen lesbaren Form geliefert werden soll, wird die Zeitangabe durch ein Objekt der Klasse SimpleDateFormat in einen lesbaren String umgewandelt. Wie dieser String aussieht, wird bei der Instantiierung des SimpleDateFormat-Objekts durch eine Formatierungszeichenkette festgelegt. Der erzeugte Zeit-String wird im Antwortdatagramm gespeichert und dessen Ziel-IP-Adresse und Ziel-Port-Nummer gesetzt. Jetzt kann der Server die Antwort an den Client über die Methode send() zurücksenden.

Das Gegenstück zum DAYTIME-Server – der DAYTIME-Client – ist in Programm 4.3 dargestellt.

Programm 4.3: verbindungsloser, iterativer DAYTIME-Client

```java
import java.io.*;
import java.net.*;

public class DaytimeClient_v1
{
  // 1KB Puffergrösse für Datagramme
  private static final int BUF_SIZE = 1024;

  private int port;                     // Port-Nummer des Servers
  private String host;                  // Host-Name des Servers
  private DatagramSocket udpSocket;
  private InetAddress ipAddress;        // IP-Adresse des Server
```

Fallbeispiele

```java
    private DatagramPacket request;    // Anfrage
    private DatagramPacket response;   // Antwort
    private String serverTime;         // Systemzeit des Servers

    /* Konstruktor */
    public DaytimeClient_v1(String host, int port)
    {
      this.host = host;
      this.port = port;
    }


    /* leeres Datagramm an Server senden und Antwort auf Konsole
     * ausgeben
     */
    public void startClient()
    {
      try
      {
        udpSocket = new DatagramSocket();
        // IP-Adresse des Servers ermitteln
        ipAddress = InetAddress.getByName(host);
        // Datagramm (ohne Inhalt) erzeugen und senden
        request = new DatagramPacket(new byte[BUF_SIZE],
          BUF_SIZE, ipAddress, port);
        udpSocket.send(request);
        // Datagram für Antwort erzeugen und auf Antwort warten
        response = new DatagramPacket(new byte[BUF_SIZE], BUF_SIZE);
        udpSocket.receive(response);
        // Antwort in String umwandeln
        serverTime = new String(response.getData());
        System.out.println("empfangene Server-Zeit: " + serverTime);
        // Ressourcen freigeben
        udpSocket.close();
      }
      catch(IOException e)
      {
        e.printStackTrace();
        System.exit(-1);
      }
    }

    /*** Einstiegspunkt ***/
    public static void main(String args[])
    {
      switch(args.length)
      {
        case 2:
          try
          {
          (new DaytimeClient_v1(
            args[0], Integer.parseInt(args[1]))).startClient();
          }
```

```
              catch(NumberFormatException e)
              {
                e.printStackTrace();
                System.exit(-1);
              }
              break;
            default:
              System.err.println(
                "\nSyntax: java DaytimeClient_v1 <Host> <Port>\n");
              System.exit(-1);
              break;
          }
        }
      }
```

Der DAYTIME-Client erwartet im Gegensatz zum DAYTIME-Server zwei Parameter: den Host-Namen und die Port-Nummer des Servers. Die main()-Methode stellt ebenfalls sicher, dass die benötigten Parameter eingeben wurden und erzeugt gegebenenfalls einen neuen DAYTIME-Client. In der Methode startClient() ist die gesamte Funktionalität des Clients implementiert. Der Client erzeugt einen ungebundenen UDP-Socket zur Kommunikation mit dem Server. Anschließend bestimmt er zum übergebenen Host-Namen dessen IP-Adresse mit der statischen Methode InetAddress.getByName(). Jetzt kann er ein neues Anfragedatagramm erzeugen und dessen Ziel-IP-Adresse und Ziel-Port-Nummer setzen. Die Methode send() kann wieder verwendet werden, um das Datagramm an den Server zu schicken. Bevor der Client mit receive() blockierend auf die Antwort des Servers wartet, erzeugt er ein neues Datagramm, um selbige speichern zu können. Wurde das Antwortdatagramm vom Server empfangen, wird aus dessen Inhalt ein neuer String konstruiert und dieser auf Konsole ausgegeben. Der Client kann den nicht mehr benötigten UDP-Socket schließen und sich beenden.

4.3.2 ECHO

Der ECHO-Dienst ist im RFC 862 [IETF/RFC] definiert und wird zum Debugging und zur Leistungsmessung verwendet. Ein Server der ECHO implementiert, sendet alle empfangenen Daten unverändert an den Client zurück. Ein verbindungsorientierter ECHO-Server wartet auf Port 7 auf eine Verbindung. Sobald eine Verbindung aufgebaut wurde, sendet der Server die empfangenen Daten solange zurück, bis der Client die Verbindung schließt. Ein verbindungsloser ECHO-Server wartet auf Port 7 auf ein eingehendes Datagramm. Sobald ein Datagramm empfangen wurde, wird dessen Inhalt in einem anderen Datagramm zurückgesendet.

Entwurfsaspekte   Da der ECHO-Server nur die erhaltene Anfrage zurückliefert, muss er keine Informationen über seine Clients speichern. Damit mehrere Clients gleichzeitig Daten an den ECHO-Server senden können, ist eine parallele Implementierung des Servers wünschenswert. Durch die parallele Implementierung wird ebenfalls verhindert, dass ein Client, der nur sehr wenige Daten senden möchte, von einem Client ausgebremst wird, der sehr viele Daten sendet. Deshalb wird zur Implementierung des ECHO-Servers ein verbindungsorientierter, paralleler, statusloser Ansatz gewählt. Nachfolgend ist eine beispielhafte Implementierung des ECHO-Servers dargestellt.

Programm 4.4: *verbindungsorientierter, paralleler ECHO-Server*

```java
import java.net.*;
import java.io.*;

public class EchoServer_v1
{
  private int port;                     // lokaler Port
  private ServerSocket serverSocket;    // passiver Socket
  private Socket socket;                // Socket für Verbindung

  /* Konstruktor */
  public EchoServer_v1(int port)
  {
    this.port = port;
  }

  /* in Endlosschleife: auf Verbindung warten, Thread erzeugen
   * um Verbindung abzuarbeiten
   */
  public void startServer()
  {
    try
    {
      // passiven Socket erzeugen und an lokalen Port binden
      serverSocket = new ServerSocket(port);
      while(true)
      {
        System.out.println("Warte auf Verbindung an Port " +
          port + "...");
        socket = serverSocket.accept();
        System.out.println("  Verbindungswunsch von " +
          socket.getInetAddress().getHostName() +
          " - starte EchoThread");
        (new Thread(new EchoServer_v1.EchoThread(socket))).start();
      }
    }
    catch(IOException e)
    {
      e.printStackTrace();
      System.exit(-1);
    }
  }
```

```java
/* innere Klasse: erbringt ECHO-Dienst */
private class EchoThread implements Runnable
{
  private Socket socket;        // Socket für Verbindung
  private InputStream in;       // Lesen von socket
  private OutputStream out;     // Schreiben auf socket

  /* Konstruktor */
  public EchoThread(Socket socket)
  {
    this.socket = socket;
  }

  /* parallel ausgeführte Anweisungen: Daten byte-weise
   * lesen und senden
   */
  public void run()
  {
    try
    {
      in  = socket.getInputStream();
      out = socket.getOutputStream();

      int data;
      while((data = in.read()) != -1)
      {
        out.write(data);
        out.flush();
      }
      in.close();
      out.close();
      socket.close();
    }
    catch(IOException e)
    {
    }
  }
}

/*** Einstiegspunkt ***/
public static void main(String args[])
{
  switch(args.length)
  {
    case 1:
      try
      {
        (new EchoServer_v1(
           Integer.parseInt(args[0]))).startServer();
      }
      catch(NumberFormatException e)
      {
        e.printStackTrace();
        System.exit(-1);
      }
      break;
```

```
        default:
           System.err.println("\nSyntax: java EchoServer_v1 <Port>\n");
           System.exit(-1);
           break;
      }
   }
}
```

Die `main()`-Methode dient als Einstiegspunkt in die Programmsausführung. Es wird die Anzahl der übergebenen Kommandozeilenparameter geprüft. Vom Benutzer wird genau ein Parameter – der Port, auf dem der Server auf Verbindungen warten soll – benötigt. Übergibt der Benutzer keine oder zu viele Parameter, wird eine Fehlermeldung ausgegeben und das Programm beendet. Hat der Benutzer die richtige Anzahl von Argumenten übergeben, wird ein Objekt der Klasse `EchoServer_v1` erzeugt und dessen `startServer()`-Methode aufgerufen. In dieser Methode wird zunächst ein Objekt der Klasse `ServerSocket` erzeugt und an den übergebenen Port gebunden. In einer Endlosschleife wird mit `accept()` auf das Eintreffen eines neuen Verbindungswunsches gewartet. Für jede Verbindung wird ein neuer Thread erzeugt, der als `Runnable` ein Objekt der Klasse `EchoThread` übergeben bekommt. Die Klasse `EchoThread` ist eine innere Klasse von `EchoServer_v1` und implementiert die eigentliche Dienstfunktionalität, d.h. den ECHO-Dienst. Beim Instantiieren erwartet die Klasse `EchoThread` ein `Socket`-Objekt, das es zur Kommunikation mit dem Client nutzen kann. In der `run()`-Methode werden vom `Socket`-Objekt zunächst ein `InputStream` und ein `OutputStream` besorgt. Der `InputStream` dient zum Lesen von Daten vom Socket bzw. zum Empfangen von Daten über das Netzwerk. Der `OutputStream` dient hingegen zum Schreiben von Daten auf den Socket, bzw. zum Senden von Daten über das Netzwerk. Der eigentliche ECHO-Dienst wird durch folgende Schleife realisiert:

```
int data;
while((data = in.read()) != -1)
{
   out.write(data);
   out.flush();
}
```

***Programm 4.5:**
Kern des ECHO-Servers*

Die `read()`-Methode liest das nächste Byte vom Eingabestrom und gibt es in Form eines `int`-Werts zurück. Sollten keine Daten mehr vom Eingabestrom gelesen werden können, – beispielsweise weil dieser geschlossen wurde – gibt `read()` den Wert -1 zurück. Von einem Eingabestrom kann man also so lange lesen, bis man eine -1 als Rückgabewert bekommt. Konnte ein Byte vom Eingabestrom gelesen werden, wird es direkt durch die `write()`-Methode auf den Ausgabestrom geschrieben. Um sicherzustellen, dass die Daten auch wirklich über das Netzwerk versendet werden, muss man anschließend die Methode flush() aufrufen.

Hat der Client die Verbindung geschlossen, liefert die read()-Methode eine -1 zurück und die while()-Schleife terminiert. Der EchoThread kann nun Eingabestrom, Ausgabestrom und Socket wieder freigeben, indem der die Methode close() auf den Objekten aufruft. Damit sind alle Anweisungen der run()-Methode ausgeführt und der Thread wird beendet.

Die Funktionsweise des ECHO-Clients ist in Programm 4.6 dargestellt.

Programm 4.6: *verbindungsorientierter, iterativer ECHO-Client*

```java
import java.net.*;
import java.io.*;

public class EchoClient_v1
{
  private String host;   // Host-Name des ECHO-Servers
  private int port;      // Port-Nummer des ECHO-Servers

  /* Konstruktor */
  public EchoClient_v1(String host, int port)
  {
    this.host = host;
    this.port = port;
  }

  /* Daten von Tastatur lesen, an ECHO-Server senden,
   * Antwort empfangen und auf Konsole ausgeben
   */
  public void startClient()
  {
    try
    {
      System.out.print("Verbindung mit " + host +
        ":" + port + " herstellen...");
      Socket socket = new Socket(host, port);
      System.out.println("Verbindung hergestellt");
      OutputStream out = socket.getOutputStream();
      InputStream  in  = socket.getInputStream();

      int data;
      while((data = System.in.read()) != -1)
      {
        out.write((byte) data);
        out.flush();
        System.out.print((char) in.read());
      }
      in.close();
      out.close();
      socket.close();
    }
```

```
    catch(IOException e)
    {
      e.printStackTrace();
      System.exit(-1);
    }
  }

  /*** Einstiegspunkt ***/
  public static void main(String args[])
  {
    switch(args.length)
    {
      case 2:
        try
        {
          (new EchoClient_v1(args[0],
            Integer.parseInt(args[1]))).startClient();
        }
        catch(NumberFormatException e)
        {
          e.printStackTrace();
          System.exit(-1);
        }
        break;
      default:
        System.err.println(
          "\nSyntax: java EchoClient_v1 <Host> <Port>\n");
        System.exit(-1);
        break;
    }
  }
}
```

In der main()-Methode werden ebenfalls die übergebenen Kommandozeilenparameter geprüft. Hier werden jedoch zwei Argumente – der Host-Name des ECHO-Servers und die Port-Nummer – benötigt. War die Prüfung der Parameter erfolgreich, wird ein neues Objekt der Klasse EchoClient_v1 instantiiert und davon die Methode startClient() aufgerufen. In der Methode startClient() wird versucht eine Verbindung zum angegebenen ECHO-Server aufzubauen. War der Verbindungsaufbau erfolgreich, werden vom Socket ein InputStream und OutputStream über getInputStream() und getOutputStream() angefordert. Jetzt können Eingaben von der Tastatur gelesen und an den entfernten ECHO-Server geschickt werden. Das empfangene Echo wird wieder auf die Konsole (stdout) ausgegeben. Der beschriebene Ablauf wird durch folgende Schleife implementiert:

Programm 4.7:
Kern des ECHO-Clients

```
int data;
while((data = System.in.read()) != -1)
{
  out.write((byte) data);
  out.flush();
  System.out.print((char) in.read());
}
```

Um etwas von der Tastatur zu lesen, kann der Eingabestrom System.in verwendet werden, der von Java immer geöffnet wird. System.in erlaubt mit Hilfe der Methode read() das nächste Byte der Daten zu lesen, die im Tastaturpuffer gespeichert sind. Solange Daten verfügbar sind, werden sie byteweise an den ECHO-Server gesendet und dessen Antwort byteweise eingelesen.

Die vorgestellte Implementierung von ECHO-Client und ECHO-Server hat zwei wesentliche Nachteile (vgl. Aufgaben am Ende des Kapitels):

1. In ECHO-Client und -Server werden die Daten immer byteweise gelesen und geschrieben. Das führt zu vielen überflüssigen Ein-/Ausgabeoperationen, zumal die Ein- und Ausgabeströme auch Methoden anbieten um mehrere Bytes auf einmal zu lesen.

2. Der ECHO-Client bietet dem Benutzer keine Möglichkeit das Programm auf definierte Weise zu beenden. Alle Eingaben werden als Daten interpretiert. Eine spezielle Eingabe zum Beenden des Clients ist wünschenswert.

3. Der ECHO-Server elaubt den Zugriff durch beliebig viele ECHO-Clients. Dadurch wird ein Denial-of-Service[1] Angriff möglich.

4.3.3 FILE

Als letztes Beispiel wird die Implementierung des FILE-Services vorgestellt. Dieser Dienst ist – jedenfalls in dieser Form – in keinem RFC beschrieben, sondern wurde speziell für dieses Beispiel entwickelt. Die Intention war, eine Client-/Server-Anwendung zu finden, die gleichzeitig verbindungsorientiert, parallel und statusbehaftet arbeitet, aber dennoch einfach zu implementieren ist. Deshalb bieten FILE-Client und -Server nur rudimentäre Funktionalität, um das Prinzip zu zeigen. FILE-Client und -Server erlauben es – wie der Name andeuten soll – mit Dateien zu arbeiten. Der FILE-Server erlaubt es einem FILE-Client über das Netzwerk auf eine Datei zuzugreifen und diese zu bearbeiten. Der Client kann die Datei **zeilenweise auslesen** und in die Datei **schrei-**

---

[1] Bei einem Denial-of-Service Angriff sendet ein Client (Angreifer) so viele Dienstanforderungen an den Server, bis dieser unter der Last zusammenbricht.

Fallbeispiele

ben. Neue Einträge werden immer ans Ende der Datei angehängt, unabhängig davon, wo der Client gerade in der Datei liest. Dass Lesen und Schreiben unabhängig voneinander erfolgen, wird in Bild 4.9 nochmals dargestellt.

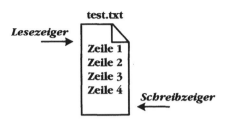

Bild 4.9: Lesen und Schreiben einer Datei

In der Datei test.txt sind insgesamt vier Zeilen an Text gespeichert. Will der Client lesen, beginnt er immer in Zeile 1 und liest sukzessive alle Zeilen ein (der Lesezeiger „wandert nach unten"). Möchte er neue Daten schreiben, werden diese immer am Ende der Datei angehängt (der Schreibzeiger „wandert nach unten").

Damit Client und Server einfach miteinander kommunizieren können, werden zwischen Ihnen nur Zeichenketten ausgetauscht. Der Client sendet an den Server ein **Kommando**, der Server wertet das Kommando aus, erbringt die gewünscht Operation und liefert das Ergebnis zurück. Insgesamt versteht der Server fünf verschiedene Kommandos, die in Tabelle 4.1 erläutert werden.

Kommando	Bedeutung
OPEN Dateiname	Öffnet die Datei mit dem Namen Dateiname.
READ	Liest die nächste Zeile aus der zuvor geöffneten Datei.
WRITE Zeile	Schreibt eine neue Zeile an das Ende der Datei.
CLOSE	Schließt die zuvor geöffnete Datei.
SHUTDOWN	Der Client beendet die Kommunikation mit dem Server.

Tabelle 4.1: Übersicht der Server-Kommandos

Der Server kann sich in **zwei** verschiedenen Zuständen befinden:

Zustände des Servers

1. Es ist keine Datei geöffnet, weil der Client noch keine Datei öffnen wollte oder er die bisher geöffnete Datei wieder geschlossen hat (FILE_NOT_OPEN).
2. Der Server hat aktuell eine Datei zum Lesen und Schreiben geöffnet (FILE_OPEN).

Die Reaktion des Servers auf ein Lese- bzw. Schreibkommando hängt von diesen beiden Zuständen ab. Ist noch keine Datei geöffnet, führen Lese- und Schreiboperationen zu einer Fehlermeldung. Ansonsten wird aus der geöffneten Datei gelesen.

FileServer

Der FILE-Server ist in der Klasse FileServer implementiert, die eine innere Klasse FileThread besitzt. Die Klasse FileServer wartet blockierend auf neue Verbindungswünsche, erzeugt bei eingehendem Verbindungswunsch einen neuen FileThread und delegiert die Bearbeitung der Verbindung an diesen. Der FileThread implementiert die Auswertung der Kommandos und die daraus resultierenden Dateioperationen. Doch beginnen wir bei der main()-Methode, die in Programm 4.8 dargestellt ist.

***Programm 4.8:**
main()-Methode
von FileServer*

```
/*** Einstiegspunkt ***/
public static void main(String args[])
{
  switch(args.length)
  {
    case 2:
      try
      {
        (new FileServer(Integer.parseInt(args[0]),
          args[1])).startServer();
      }
      catch(NumberFormatException e)
      {
        System.err.println(e.toString());
        System.exit(-1);
      }
      break;
    default:
      System.err.println(
        "\nSyntax: java FileServer <Port> <Pfad>\n");
      System.exit(-1);
      break;
  }
}
```

Die main()-Methode erwartet vom Benutzer zwei Argumente: den Port, an dem der Server laufen soll und der Pfad zu einem lokalen ***Arbeitsverzeichnis***. In diesem Verzeichnis liegen alle Dateien, mit denen Client und Server arbeiten können. Sollte der Benutzer die falsche Anzahl von Parametern angeben, wird eine

Fehlermeldung ausgegeben und der Prozess beendet. Sind die übergebenen Argumente in Ordnung, wird ein neues `FileServer`-Objekt erzeugt und von diesem die `startServer()`-Methode aufgerufen, die in Programm 4.9 gezeigt ist.

```
public void startServer()
{
  ServerSocket serverSocket = null;  // passiver Socket
  Socket socket = null;              // Socket für Verbindung

  try
  {
    serverSocket = new ServerSocket(port);

    while(true)
    {
      System.out.println("Warte auf Verbindung an Port " +
        port + "...");
      socket = serverSocket.accept();
      System.out.println("Verbindungswunsch durch " +
        socket.getInetAddress().getHostName() +
        " - starte FileThread");
      (new Thread(
        new FileServer.FileThread(socket, path))).start();
    }
  }
  catch(IOException e)
  {
    System.err.println(e.toString());
    System.exit(-1);
  }
}
```

Programm 4.9: *Methode start-Server() von FileServer*

Zunächst wird unter dem angegebenen Port ein passiver Socket erzeugt. In einer Endlosschleife wartet der Server mit `accept()` blockierend auf das Eintreffen einer Verbindung. Sobald `accept()` zurückkehrt und einen neuen `Socket` für die Verbindung liefert, wird ein neuer `FileThread` gestartet, um die Verbindung abzuarbeiten. Der `FileThread` bekommt den `Socket` für die aktuelle Verbindung und den Pfad zum Arbeitsverzeichnis übergeben. Die `run()`-Methode von `FileThread` zeigt Programm 4.10.

```
public void run()
{
  boolean running = true;   // Flag um Thread zu beenden

  try
  {
    reader = new BufferedReader(
      new InputStreamReader(socket.getInputStream()));
    writer = new PrintWriter(socket.getOutputStream(), true);
```

Programm 4.10: *run()-Methode von FileThread*

```
    // Kommandos lesen und auswerten
    while(running)
    {
      String command = reader.readLine();

      // Reaktion auf Kommando
      if(command.startsWith("OPEN"))
      {
        open(command);
        continue;
      }
      if(command.equals("CLOSE"))
      {
        close();
        continue;
      }
      if(command.equals("READ"))
      {
        read();
        continue;
      }
      if(command.startsWith("WRITE"))
      {
        write(command);
        continue;
      }
      if(command.equals("SHUTDOWN"))
      {
        shutdown();
        running = false;
        continue;
      }
      // Reaktion auf ungültiges Kommando
      writer.println("Falsches Kommando: " + command);
    }
  }
  catch(IOException e)
  {
    System.err.println(e.toString());
  }
}
```

BufferedReader und PrintWriter

Um lesend und schreibend auf den Socket zuzugreifen, wird wieder mittels `getInputStream()` und `getOutputStream()` ein Eingabestrom bzw. Ausgabestrom vom `Socket` geholt. Um Strings komfortabel lesen und schreiben zu können, schachtelt man die Ströme in einen `BufferedReader` und einen `PrintWriter`. Der `BufferedReader` erwartet im Konstruktor einen `InputStreamReader`, dem man wiederum den `InputStream` vom `Socket` übergibt. Jetzt kann man mit der Methode `readLine()` eine Zeile vom `Socket` einlesen. Der `PrintWriter` erwartet im Konstruktor einen `OutputStream`. Zusätzlich kann man einen Wahrheitswert übergeben, der `Auto-flush` aktiviert bzw. deaktiviert. `Auto-flush` bedeutet, dass nach Aufruf der `println()`-Methode eines `PrintWriter`-Objekts automatisch die Methode `flush()` aufgerufen wird. Die `flush()`-Methode sorgt für das Versenden der Daten im Sendepuffer. Es ist empfehlenswert immer einen `PrintWriter` mit `Auto-flush` zu erzeugen, um unnötige Tipparbeit und Fehler zu vermeiden. In Programm 4.11 und Programm 4.12 sind Anweisungen gezeigt, die zum gleichen Ergebnis führen, jedoch einmal mit `Auto-flush` und einmal ohne implementiert sind.

```
PrintWriter autoFlusher = new PrintWriter(outputStream, true);
autoFlusher.println("Hallo Welt!");
```

Programm 4.11:
PrintWriter mit Auto-flush

```
PrintWriter noAutoFlusher = new PrintWriter(outputStream);
noAutoFlusher.println("Hallo Welt!");
noAutoFlusher.flush();
```

Programm 4.12:
PrintWriter ohne Auto-flush

Nachdem Ein- bzw. Ausgabestrom erzeugt wurden, tritt der `File-Thread` in eine `while()`-Schleife ein, die erst wieder verlassen wird, falls das Flag `running` auf `false` gesetzt wurde. In dieser `while()`-Schleife wird mit `readLine()` das nächste Kommando vom `Socket` gelesen und untersucht, ob es sich um ein richtiges Kommando handelt (`OPEN`, `READ`, `WRITE`, `CLOSE`, `SHUTDOWN`). Wurde ein korrektes Kommando empfangen, wird die zugehörige Methode aufgerufen und nach deren Rückkehr zum Schleifenanfang zurückgesprungen. Ist das empfangene Kommando nicht korrekt, wird eine Fehlermeldung über den `Socket` an den Client gesendet und die Schleife beginnt von vorne.

Kommandos lesen und reagieren

Das Öffnen einer Datei wird durch die Methode `open()` implementiert, die in Programm 4.13 gezeigt wird. Weil das `OPEN`-Kommando aus dem Schlüsselwort `OPEN` und einem Dateinamen besteht, muss es zunächst auf Vollständigkeit geprüft werden. Die weitere Arbeitsweise der `open()`-Methode hängt davon ab, ob bereits eine Datei geöffnet wurde oder nicht. Ist noch keine Datei geöffnet, wird ein neues Objekt der Klasse `RandomAccessFile` erzeugt. Diese Klasse ermöglicht den wahlfreien Lese- und Schreibzugriff auf beliebige Dateien. Nachdem die Datei geöffnet wurde, wird versucht eine exklusive Sperre für diese Datei zu holen. Dazu ruft man auf dem Objekt der Klasse `RandomAccessFile` die Methode `getChannel()` und auf dem zurückgegebenen Kanal die Methode `tryLock()` auf. Diese Methode versucht eine Sperre für diese Datei zu holen. Ist dies nicht möglich, kehrt `tryLock()` sofort zurück, d.h. `tryLock()` arbeitet nicht blockierend. Konnte keine Sperre geholt werden, wird eine Fehlermeldung über den Socket versendet, ansonsten eine Meldung über das erfolgreiche Öffnen der Datei. Wurde bereits eine Datei geöffnet, wird diese geschlossen und analog zu oben versucht, die neue Datei zu öffnen und eine Sperre zu holen.

Öffnen einer Datei

Programm 4.13:
open()-Methode von FileThread

```java
private void open(String command)
{
  // Kommando zerlegen
  int index = command.indexOf(' ');
  if((index == -1) || (index == (command.length() - 1)))
  {
    writer.println(
      "Falsches Kommando! Syntax: OPEN <Dateiname>");
    return;
  }

  if(status == FileThread.FILE_NOT_OPEN)
  {
    try
    {
      file = new RandomAccessFile(
        path + command.substring(index + 1), "rw");
      // Dateisperre holen, wenn möglich
      if(file.getChannel().tryLock() == null)
      {
        writer.println("Datei wird bereits verwendet");
        return;
      }
      lastFilename = currentFilename;
      // Dateiname konstruieren
      currentFilename = path + command.substring(index + 1);
      writer.println(currentFilename +
        " wurde geöffnet");
    }
    catch(IOException e)
    {
      System.err.println(e.toString());
    }
    status = FileThread.FILE_OPEN;
  }
  else
  {
    try
    {
      file.close();
      file = new RandomAccessFile(
        path + command.substring(index + 1), "rw");
      // Dateisperre holen, wenn möglich
      if(file.getChannel().tryLock() == null)
      {
        writer.println("Datei wird bereits verwendet");
        return;
      }
      lastFilename = currentFilename;
      // Dateiname konstruieren
      currentFilename = path + command.substring(index + 1);
      writer.println(lastFilename +
        " wurde geschlossen, " + currentFilename +
        " wurde geöffnet");
    }
```

```
      catch(IOException e)
      {
        System.err.println(e.toString());
      }
    }
  }
}
```

Die Methode `read()` liest aus der geöffneten Datei (siehe Programm 4.14). Dazu prüft die Methode, ob bereits eine Datei geöffnet wurde, d.h., ob sich der `FileThread` nicht im Zustand `FILE_NOT_OPEN` befindet. Wurde noch keine Datei geöffnet, sendet die Methode eine Fehlermeldung über den Socket, ansonsten liest sie die nächste Zeile aus der Datei und schickt diese an den Client. Sollte das Lesen aus der Datei fehlschlagen, weil bereits das Dateiende erreicht ist, sendet die `read()`-Methode eine Fehlermeldung an den Client zurück.

Lesen einer Datei

```
private void read()
{
  if(status == FileThread.FILE_NOT_OPEN)
  {
    writer.println("Keine Datei geöffnet");
  }
  else
  {
    String line = null;
    try
    {
      line = file.readLine();
      if(line != null)
      {
        writer.println(line);
      }
      else
      {
        writer.println("Ende der Datei erreicht");
      }
    }
    catch(IOException e)
    {
      System.err.println(e.toString());
    }
  }
}
```

***Programm 4.14:**
read()-Methode von
FileThread*

Falls bereits eine Datei geöffnet wurde, schreibt die `write()`-Methode (vgl. Programm 4.15) eine Zeile an das Ende dieser Datei, ansonsten schickt sie eine Fehlermeldung an den Client zurück. Um festzustellen, ob bereits eine Datei geöffnet wurde, wird geprüft, ob sich der `FileThread` nicht im Zustand `FILE_NOT_OPEN` befindet. Weil das `WRITE`-Kommando aus dem Schlüsselwort `WRITE` und der zu schreibenden Information besteht, muss es analog

Schreiben in eine Datei

zum OPEN-Kommando geprüft werden. Ist das Kommando korrekt, wird die Information als neue Zeile ans Ende der Datei eingetragen. Dazu sind folgende Schritte notwendig.

1. Mit file.getFilePointer() wird sich die aktuelle Position in der Datei gemerkt.

2. Der Methodenaufruf file.seek(file.length()) verschiebt den Dateizeiger an das Ende der Datei.

3. Um die Information als neue Zeile einzutragen, wird die Methode file.writeBytes() aufgerufen.

4. Schließlich muss man noch mit Hilfe von file.seek() zur vorherigen Dateiposition zurückspringen.

Programm 4.15:
write()-Methode von FileThread

```
private void write(String command)
{
  if(status == FileThread.FILE_NOT_OPEN)
  {
    writer.println("Keine Datei geöffnet");
  }
  else
  {
    int index = command.indexOf(' ');
    String line = command.substring(index + 1);
    if((index == -1) || (index == (command.length() - 1)))
    {
      writer.println(
        "Falsches Kommando! Syntax: WRITE <Zeile>");
      return;
    }

    try
    {
      // aktuelle Position in Datei merken
      long filePointer = file.getFilePointer();
      // ans Ende der Datei springen
      file.seek(file.length());
      // Zeile an Dateiende schreiben
      file.writeBytes(line +
        System.getProperty("line.separator"));
      // an vorherige Position springen
      file.seek(filePointer);
      writer.println(line + " in " + currentFilename +
        " geschrieben");
    }
    catch(IOException e)
    {
      System.err.println(e.toString());
    }
  }
}
```

Fallbeispiele

Die Methode close() schließt eine bereits geöffnete Datei und versetzt den FileThread in den Zustand FILE_NOT_OPEN zurück. Sie ist in Programm 4.16 dargestellt.

```java
private void close()
{
  if(status == FileThread.FILE_NOT_OPEN)
  {
    writer.println("Keine Datei geoffnet");
  }
  else
  {
    try
    {
      file.close();
      writer.println(currentFilename + " wurde geschlossen");
    }
    catch(IOException e)
    {
      System.err.println(e.toString());
      System.exit(-1);
    }
    status = FileThread.FILE_NOT_OPEN;
  }
}
```

Programm 4.16:
close()-Methode von FileThread

Sendet ein Client das Kommando SHUTDOWN möchte er die Kommunikation mit dem FileServer beenden. Auf Seite des Servers wird durch das SHUTDOWN-Kommando die Methode shutdown() aufgerufen. In dieser Methode wird eine evtl. geöffnete Datei sowie der Ein- und Ausgabestrom des Sockets und der Socket selbst geschlossen.

```java
private void shutdown()
{
  if(status == FileThread.FILE_OPEN)
  {
    try
    {
      file.close();
    }
    catch(IOException e)
    {
      System.err.println(e.toString());
    }
  }
  try
  {
    // Ein- / Ausgabestrom für Socket schliessen
    reader.close();
    writer.println("Kommunikation wird beendet");
    writer.close();
```

Programm 4.17:
shutdown() von FileThread

```
    // Socket schliessen
    socket.close();
  }
  catch(IOException e)
  {
    System.err.println(e.toString());
  }
}
```

FileClient

Der FILE-Client ist in der relativ kurzen Klassen `FileClient` implementiert. Die `main()`-Methode prüft zunächst die übergebenen Argumente. Es werden genau zwei Argumente – der Host-Name des Servers und die Port-Nummer, unter der der FILE-Dienst erreichbar ist, erwartet. Anschließend wird ein neues Objekt der Klasse `FileClient` erzeugt und von diesem die Methode `startClient()` aufgerufen. In dieser Methode wird eine neue Verbindung zum `FileServer` geöffnet und ein Ein- bzw. Ausgabestrom von dieser Verbindung besorgt. In einer Schleife wird versucht ein Kommando von Tastatur einzulesen und dieses an den Server zu senden. Sollte die Antwort des Servers `null` sein, werden alle Ein- und Ausgabeströme sowie der Socket geschlossen und der Client beendet sich. Der gesamte `FileClient` ist in Programm 4.18 dargestellt.

Programm 4.18:
FileClient

```java
import java.io.*;
import java.net.*;

public class FileClient
{
  private String host;   // Host-Name des Servers
  private int port;      // Port-Nummer des FILE-Dienstes

  /* Konstruktor */
  public FileClient(String host, int port)
  {
    this.host = host;
    this.port = port;
  }

  /* in Schleife: Kommando einlesen, Kommando an Server senden,
   * Antwort des Servers lesen, Antwort ausgeben
   */
  public void startClient()
  {
    boolean running = true; // Flag um Client zu beenden

    Socket socket;
    BufferedReader reader;  // zeilenweise von Socket lesen
    PrintWriter writer;     // zeilenweise auf Socket schreiben
    BufferedReader stdIn;   // zeilenweise von Tastatur lesen
```

Fallbeispiele

```java
try
{
  System.out.print("Verbindung herstellen mit " + host +
    ":" + port + "...");
  socket = new Socket(host, port);
  System.out.println("Verbindung hergestellt");

  reader = new BufferedReader(
    new InputStreamReader(socket.getInputStream()));
  writer = new PrintWriter(
    new OutputStreamWriter(socket.getOutputStream()), true);
  stdIn = new BufferedReader(new InputStreamReader(System.in));

  String command = null;
  String response = null;
  while(running)
  {
    // Kommando einlesen
    System.out.print("Kommando: ");
    command = stdIn.readLine();

    // Kommando an Server senden
    writer.println(command);

    // auf Antwort vom Server warten
    response = reader.readLine();

    if(response != null)
    {
      System.out.println(response);
    }
    else
    {
      try
      {
        writer.close();
        reader.close();
        socket.close();
        stdIn.close();
        running = false;
      }
      catch(IOException e)
      {
        System.err.println(e.toString());
        System.exit(-1);
      }
    }
  }
}
catch(IOException e)
{
  System.err.println(e.toString());
  System.exit(-1);
}
}
```

```
/*** Einstiegspunkt ***/
public static void main(String args[])
{
  switch(args.length)
  {
    case 2:
      try
      {
        (new FileClient(args[0],
          Integer.parseInt(args[1]))).startClient();
      }
      catch(NumberFormatException e)
      {
        System.err.println(e.toString());
        System.exit(-1);
      }
      break;
    default:
      System.err.println("\njava FileClient <Host> <Port>\n");
      break;
  }
}
```

4.4 Aufgaben zu Client/Server-Software

Wiederholung

W1. Definieren Sie die Begriffe Client und Server. Was sind die Vor- und Nachteile des Client/Server-Modells? Nennen Sie einige Beispiele für Clients und für Server. Was versteht man unter dem Rendezvous-Problem?

W2. Warum ist die Entwicklung eines Servers oftmals schwieriger und komplexer als die Entwicklung eines Clients?

W3. Was ist der Unterschied zwischen einem nicht frei parametrisierbaren Client und einem frei parametrisierbaren Client? Nennen Sie ein Beispiel für einen nicht frei parametrisierbaren Client und ein Beispiel für einen frei parametrisierbaren Client.

W4. Erläutern Sie den Unterschied zwischen einem iterativen und parallelen Server. In welchem Zusammenhang steht ein iterativer bzw. paralleler Entwurf zur Antwort- und Bearbeitungszeit?

W5. Wie unterscheiden sich ein statusloser und ein statusbehafteter Server?

W6. Was ist das Master/Slave-Prinzip? Wann kann es eingesetzt werden und welche Vorteile bringt es?

W7. Ein Server kann verbindungslos oder verbindungsorientiert implementiert werden. Worin besteht der Unterschied der beiden Ansätze und welche Vor- und Nachteile haben sie?

Aufgaben zu Client/Server-Software

W8. Erläutern Sie die Begriffe "Multiprotokoll-Server", "Multiservice-Server" und "Super-Server". Welche Vor- und Nachteile haben diese Server-Varianten?

W9. In welchen Schritten läuft eine verbindungslose bzw. verbindungsorientierte Kommunikation über Sockets ab?

Vertiefung

V1. Handelt es sich bei einem Webbrowser um einen iterativen oder parallelen Client und warum?

V2. Es wurde erläutert, dass ein verbindungsorientierter Server statuslos implementiert werden kann. Diskutieren Sie, ob diese Aussage einen Widerspruch in sich birgt.

V3. Informieren Sie sich über Parallelität durch asynchrone Ein- und Ausgabe. Wann und wie kann man diese Parallelität ein- bzw. umsetzen?

Implementierung

I1. Implementieren Sie ein Programm, das zu einer gegeben IP-Adresse den zugehörigen Host-Namen ermittelt. Die IP-Adresse soll über Kommandozeilenparameter in der Form w.x.y.z eingegeben werden.

I2. Modifizieren Sie Programm 4.1 dahingehend, dass alle IP-Adressen eines bestimmten Rechners ermittelt werden. Überprüfen Sie, ob es sich bei den Adressen um IPv4 oder IPv6 Adressen handelt.

I3. Implementieren Sie einen verbindungsorientierten DAYTIME-Dienst. Orientieren Sie sich am RFC 867.

I4. Implementieren Sie einen erweiterten DAYTIME-Client und -Server. Der DAYTIME-Client soll dem DAYTIME-Server mitteilen, in welchem Format die aktuelle Zeit angegeben werden soll.

I5. Modifizieren Sie den vorgestellten ECHO-Client und -Server so, dass Daten nicht mehr Byte pro Byte gelesen werden. Definieren Sie ein spezielles Kommando (z.B. QUIT), über das der Client definiert beendet werden kann.

I6. Implementieren Sie auf Basis von FILE-Client bzw. FILE-Server eine neue Client/Server-Anwendung, die das Point-to-Point-Protokoll (PPP) simuliert.

Kapitel 5: Serialisierung

Unter **Serialisierung** versteht man die Zerlegung des Status' eines Objekts in ein Bytearray [Heinzl/Mathes 2003]. Dadurch ist es möglich, Objekte (als Bytearray) über einen Stream zu verarbeiten. Beispielsweise kann der Status eines Objekts in eine Datei geschrieben oder auch über das Netzwerk versendet werden.

Serialisierung: Zerlegung des Objektstatus' in ein Bytearray

Damit die Objekte nach dem Empfang oder dem Einlesen aus einer Datei verarbeitet werden können, müssen aus dem Bytestream die einzelnen Zustände der Objekte wieder zusammengesetzt werden. Dieser Prozess wird **Deserialisierung** genannt.

Deserialisierung: Rekonstruktion des Objektstatus' aus einem Bytearray

Im Programm 5.1 wird ein Objekt der Klasse Date in eine Datei geschrieben und wieder gelesen.

```
try
{
  // schreibe Date-Object
  FileOutputStream fos = new FileOutputStream("c:/Test.txt");
  ObjectOutputStream oos = new ObjectOutputStream(fos);
  Date d = new Date();
  oos.writeObject(d);
  // lese Date-Object
  FileInputStream fis = new FileInputStream("c:/Test.txt");
  ObjectInputStream ois = new ObjectInputStream(fis);
  Date date;
  date = (Date) ois.readObject();
  System.out.println(date);
}
catch(FileNotFoundException e)
{
  e.printStackTrace();
}
catch(IOException e)
{
  e.printStackTrace();
}
catch(ClassNotFoundException e)
{
  e.printStackTrace();
}
```

Programm 5.1: Schreiben und Lesen von Objekten

Der FileOutputStream gibt an, in welche Datei geschrieben werden soll. Der ObjectOutputStream wird um den FileOutputStream gelegt, damit die Methoden des ObjectOutputStream-Objekts zum Schreiben in die Datei verwendet werden können. Durch die Methode writeObject() wird dann die Serialisierung vorgenommen und der Status des Date-Objekts in die Datei geschrieben.

Der Einlesevorgang erfolgt analog zum Schreiben mit dem einzigen Unterschied, dass der Rückgabewert der Methode `readObject()` in die Klasse des einzulesenden Objekts (per cast) umgewandelt werden muss, weil die Methode `readObject()` standardmäßig ein Objekt vom Typ `Object` zurückgibt.

Auf die genaue Arbeitsweise der beiden Methoden `writeObject()` und `readObject()` wird im Folgenden detailliert eingegangen. Das eben vorgestellte Programm zeigt, wie (einfache) Objekte in einen Stream geschrieben und wieder aus einem Stream gelesen werden können.

5.1 Serialisierungsprozess

Instantiierung von ObjectOutputStream und ObjectInputStream

Nach der Instantiierung eines `ObjectOutputStream`-Objekts ist es möglich Daten in den Stream zu schreiben. Jedoch ist zu beachten, dass bei der Kommunikation über Sockets zunächst eine Antwort des `ObjectInputStream`-Objekts des Kommunikationspartners erwartet wird. Diese Antwort wird automatisch bei der Instantiierung des `ObjectInputStream`-Objekts gesendet. Wird der `ObjectInputSream` nicht instantiiert, **blockiert der Sender**.

write-Methoden für primitive Datentypen und Objekte

Nach der Instantiierung können Daten in den Stream geschrieben werden. Hierfür gibt es `write()`-Methoden für alle primitiven Datentypen sowie für spezielle Stringrepräsentationen und natürlich auch für Objekte. Neben der genannten Methode `writeObject()`, gibt es zum Schreiben von Objekten zusätzlich die Methode `writeUnshared()`, die dem geschriebenen Objekt eine eindeutige Referenz zuweist, so dass auf das Objekt, falls es im Stream schon einmal aufgetreten ist, kein Bezug genommen werden kann (siehe 5.1.3 Aufbau des Streams). Handelt es sich bei den Daten um Objekte, wird eine Serialisierung vorgenommen. Allerdings ist nicht jedes Objekt serialisierbar.

5.1.1 Serialisierbarkeitsbedingungen

Ein Objekt ist *serialisierbar*, wenn dessen Klasse folgende Bedingungen erfüllt [Sun/Serialization]:

- Die Klasse implementiert das Interface `java.io.Serializable`.
- Die Klasse muss auf den Standardkonstruktor[1] der ersten nicht-serialisierbaren Oberklasse zugreifen können.

Das Interface java.io.Serializable

Die Implementierung des Interfaces `Serializable` erweist sich als besonders einfach, da das Interface leer ist. Es wird lediglich

---

[1] Unter Standardkonstruktor wird ein Konstruktor ohne Argumente verstanden.

verwendet, um eine Klasse als serialisierbare Klasse zu identifizieren und dient damit als **Markierungsschnittstelle**.

```
import java.io.Serializable;

public class MySerializableObject implements Serializable
{
}
```

Implementierung des Interfaces Serializable

Wenn die Serialisierbarkeit so einfach umgesetzt wird, stellt sich die Frage, warum nicht einfach alle Klassen als serialisierbar markiert werden. Die Antwort lautet: Es gibt Objekte, wie Threads oder Images, die plattformabhängige Informationen (nach [Zukowski 2001]) enthalten. Diese Informationen würden auf einer anderen Plattform keinen Sinn ergeben. Auch Objekte mit sicherheitsrelevanten Informationen (wie Passwörter, u. ä.) sollten nicht unverschlüsselt über das Netzwerk übertragen werden und daher nicht in jedem Fall serialisiert werden können.

Objekte wie Threads oder Images enthalten plattformabhängige Informationen

Da es allerdings wenig Sinn macht, eine leere Klasse zu serialisieren, wird im nächsten Schritt betrachtet, wie Attribute in eine serialisierbare Klasse untergebracht werden.

Kennzeichnung von Attributen

Damit die Serialisierung erfolgreich ist, müssen alle Attribute einer serialisierbaren Klasse entweder primitive Datentypen oder wiederum serialisierbar sein. Arrays und Enums sind serialisierbar, so dass nur die Objekte näher betrachtet werden müssen. Methoden und statische Variablen werden nicht serialisiert, weil sie klassen- und nicht objektspezifisch sind, d.h. sie lassen sich anhand des Klassennamens wiederherstellen.

Standardmäßig werden alle Attribute eines Objekts serialisiert. Falls der Wunsch bestehen sollte, nicht alle Attribute zu serialisieren, können Attribute durch das Schlüsselwort transient als nicht-persistent (also transient) deklariert werden. Damit werden sie von der Serialisierung ausgeschlossen.

Alle Attribute eines Objekts werden standardmäßig serialisiert

```
import java.io.Serializable;

public class MySerializableObject implements Serializable
{
  int integer;
  transient Thread thread = new Thread();
}
```

Anwendung des transient-Schlüsselworts

Umgekehrt kann durch das Array serialPersistentFields angegeben werden, welche Felder serialisiert werden sollen. Durch die

Deklaration dieses Attributs wird die standardmäßige Serialisierung aller Attribute überschrieben.

Anwendung des Attributs serialPersistentFields

```
public class MySerializableClass implements Serializable
{
  int first;
  long second;
  double third;
  Thread thread = new Thread();
  private static final ObjectStreamField[] serialPersistentFields =
  {
    new ObjectStreamField("first", int.class),
    new ObjectStreamField("third", double.class)
  };
}
```

In obigem Beispiel werden die beiden Attribute first und third serialisiert. Die anderen beiden Attribute werden nicht in den Serialisierungsprozess einbezogen. Falls ein Attribut nicht serialisierbar ist, wird eine NotSerializableException ausgelöst.

Doch was passiert, wenn Attribute aus einer Oberklasse dazukommen, wenn Objekte aus eine Vererbungshierarchie serialisiert werden sollen?

Die Rolle der Oberklasse

Sobald die zu serialisierende Klasse von einer anderen Klasse erbt, entstehen für den Serialisierungsprozess mehrere Konstellationen.

Tabelle 5.1: Beziehung zwischen Ober- und Unterklasse bei der Serialisierung

Interface Serializable implementiert von		Konsequenz
Unterklasse	Oberklasse	
x	—	Es werden nur die Attribute der Unterklasse serialisiert. Die Oberklasse wird bei der Deserialisierung durch den Standardkonstruktor wiederhergestellt. Wenn die Oberklasse über keinen Standardkonstruktor verfügt, meldet der Compiler beim Übersetzungsvorgang einen Fehler.

Interface Serializable implementiert von		Konsequenz
Unterklasse	Oberklasse	
x	x	Es werden die Attribute der Unter- und der Oberklasse serialisiert. Falls die Oberklasse eine weitere Oberklasse hat, wird wiederum überprüft, ob die Oberklasse das Interface implementiert. Auf diesem Weg kann es sein, dass die gesamte Vererbungshierarchie durchlaufen wird. Mit der Klasse Object wird spätestens die erste nicht-serialisierbare Oberklasse gefunden und der Serialisierungsprozess für dieses Objekt abgebrochen. Bei der Deserialisierung wird ein Objekt der ersten nicht-serialisierbaren Oberklasse durch den Standardkonstruktor erstellt. Falls es von dieser Klasse keinen Standardkonstruktor gibt, ist eine Deserialisierung nicht möglich. Der Compiler gibt beim Übersetzungsvorgang einen Fehler.
–	x	Die Implementierung des Interfaces wird mitgeerbt, so dass kein Unterschied zu der Konstellation besteht, in der **beide** Klassen das Interface implementieren.
–	–	Die Unterklasse kann nur serialisiert werden, falls die Oberklasse die Implementierung des Interfaces von einer weiteren Oberklasse in der Vererbungshierarchie erbt. Die Oberklasse der Klasse, die das Interface Serializable implementiert, benötigt – wie in den vorherigen Fällen – einen Standardkonstruktor, ansonsten ist keine Serialisierung möglich.

In obiger Tabelle bedeutet ein „x", dass die Klasse das Interface Serializable implementiert. Ein „–" hingegen bedeutet, dass die Klasse das Interface Serializable nicht implementiert.

Zur Veranschaulichung betrachten wir den ersten Fall anhand eines kleinen Beispiels.

Unterklasse implementiert das Interface Serializable, die Oberklasse nicht

```
public class MyUpperClass
{
  int uppInteger;

  public MyUpperClass()
  {
    ...
  }
}

public class MySerializableClass extends MyUpperClass
  implements Serializable
{
  int first;
  long second;
}
```

Falls in der Klasse `MyUpperClass` kein Standardkonstruktor vorhanden sein sollte, wird eine Fehlermeldung beim Schreiben eines `MySerializableClass`-Objekt durch `writeObject()` ausgegeben.

5.1.2 Repräsentation der Elemente

Die JVM repräsentiert die zu serialisierenden Objekte, indem sie alle wichtigen Daten der Objekte, nämlich die Klasse und die Attribute, in speziellen Objekten abspeichert. Die Werte können über deren Felder abgefragt werden.

Klassen

Klassen werden durch ihren Class Descriptor repräsentiert. In der JVM wird zur Repräsentation jedes Class Descriptors ein `ObjectStreamClass`-Objekt angelegt. Die `ObjectStreamClass` enthält:

- Die serialisierbaren Attribute der Klasse und eine Methode `getFields()`, die die serialisierbaren Attribute der Klasse in einem Array zurückgibt.
- Den Stream Unique Identifier (SUID), der einem serialisierten Objekt eindeutig eine Klasse zuordnet.
- Eine statische Methode `lookup()`, die zu einer übergebenen Klasse die entsprechende `ObjectStreamClass` zurückgibt.
- Eine Methode `forClass()`, die die Klasse zu dem `ObjectStreamClass`-Objekt zurückgibt.
- Eine Methode `getName()`, die den vollqualifizierten Klassennamen als `String` zurückgibt.

Attribute

Ein Attribut wird durch ein `ObjectStreamField`-Objekt repräsentiert. Ein `ObjectStreamField` enthält:

- Eine Methode `getName()`, die den Namen des serialisierbaren Attributs als `String` zurückgibt.
- Eine Methode `getType()`, die die Klasse des Attributs zurückgibt.
- Eine Methode `getTypeCode()`, die ein Zeichen – je nach Feldtyp – zurückgibt.

Rückgabewert	Bedeutung
B	byte
C	char
D	double
F	float
I	int
J	long
L	nicht-Array Objekte
S	short
Z	boolean
[	Arrays

- Eine Methode `getTypeString()`, die den Type Code und die Klasse des Attributs als `String` zurückgibt.
- Eine Methode `isPrimitve()`, die `true` zurückgibt, falls es sich bei dem Attribut um einen primitiven Datentypen handelt.
- Eine Methode `isUnshared()`, die `true` zurückgibt, falls das Attribut als „unshared"-Objekt geschrieben werden soll (siehe Kapitel 5.1.3, Abschnitt Referenz).

5.1.3 Aufbau des Streams

Die Serialisierung erfolgt standardmäßig nach dem von Sun Microsystems entworfenen ***Object Serialization Stream Protocol*** (siehe [Sun/Serialization]). Eine Übersicht über den Aufbau des Streams stellt Bild 5.1 dar. Tabelle 5.2 beschreibt, welche Bedeutung die Schriftarten in der Graphik haben.

Tabelle 5.2:
Legende

Formatierung	Bedeutung
normal	Bezeichnung für den folgenden Inhalt
kursiv	Daten, die in den Stream geschrieben werden
unterstrichen	Aktion, die ausgeführt wird
*	(rekursiver) Aufruf

Da nahezu jedes Objekt über einen Class Descriptor identifiziert wird, besprechen wir den Class Descriptor separat.

Stream Magic und Stream Version

Die ersten Daten zur Identifikation des Streams und des Übertragungsprotokolls werden in den Stream geschrieben, sobald das ObjectOutputStream-Objekt erstellt wird. Dabei handelt es sich um die Konstanten STREAM_MAGIC und STREAM_VERSION.

Die Konstantenwerte (in Großbuchstaben) finden sich in der Klasse java.io.ObjectStreamConstants und haben folgende Werte.

Ausschnitt aus java.io.ObjectStreamConstants

```
final static short STREAM_MAGIC =        (short)0xaced;
final static short STREAM_VERSION =      5;
final static byte  TC_BASE =             0x70;
final static byte  TC_NULL =             (byte)0x70;
final static byte  TC_REFERENCE =        (byte)0x71;
final static byte  TC_CLASSDESC =        (byte)0x72;
final static byte  TC_OBJECT =           (byte)0x73;
final static byte  TC_STRING =           (byte)0x74;
final static byte  TC_ARRAY =            (byte)0x75;
final static byte  TC_CLASS =            (byte)0x76;
final static byte  TC_BLOCKDATA =        (byte)0x77;
final static byte  TC_ENDBLOCKDATA =     (byte)0x78;
final static byte  TC_RESET =            (byte)0x79;
final static byte  TC_BLOCKDATALONG=     (byte)0x7A;
final static byte  TC_EXCEPTION =        (byte)0x7B;
final static byte  TC_LONGSTRING =       (byte)0x7C;
final static byte  TC_PROXYCLASSDESC =   (byte)0x7D;
final static byte  TC_ENUM =             (byte)0x7E;
final static byte  TC_MAX =              (byte)0x7E;
final static int   baseWireHandle =      0x7e0000;
```

Content

Nach den Stream- und Protokollidentifikatoren folgt ein Content-Feld, welches beliebige Objekte oder primitive Daten enthalten kann.

Serialisierungsprozess

Bild 5.1: *Aufbau des Streams*

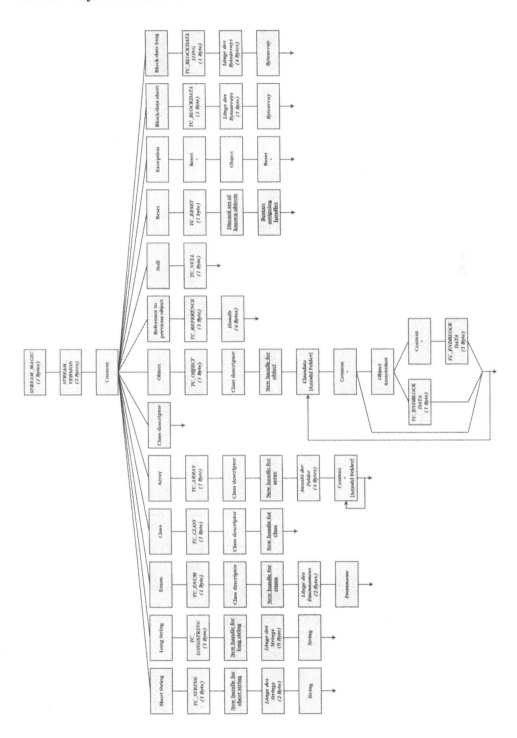

Class Descriptor

Ein Class Descriptor beinhaltet den Klassennamen, den Stream Unique Identifier (SUID), über die eine serialisierbare Klasse identifiziert wird, Informationen für den Serialisierungsprozess (Class Descriptor Flags) und die Felder der Klasse. Der konkrete Aufbau wird in Bild 5.2 dargestellt.

Klassenname

Beim ersten Schreiben eines Class Descriptors wird die Konstante TC_CLASSDESC in den Stream geschrieben. Danach folgen zwei Bytes, die die Länge des Klassennamens in Byte angeben.

Stream Unique Identifier, SUID

Nach dem Klassennamen folgt der acht Bytes lange SUID, der – wenn nicht explizit in der Klasse angegeben – bei der Serialisierung berechnet wird. Der SUID für eine serialisierbare Klasse lässt sich von dem in der J2SE enthaltenen Tool serialver berechnen. Wenn die Variable static final long serialVersionUID explizit in einer Klasse angegeben wird, muss die Berechnung der SUID nicht bei jedem Senden eines Objekts dieser Klasse berechnet werden, so dass auf diesem Wege die Serialisierung beschleunigt werden kann (siehe Abschnitt 5.7).

Handle als Referenz auf Objekte

Nach dem Schreiben des SUIDs wird ein neues Handle für den Class Descriptor erzeugt. Jedem im Stream vorkommenden Objekt wird ein Handle zugewiesen. Handles werden für wiederholt vorkommende Objekte im Stream verwendet und sequentiell durchnummeriert beginnend bei dem baseWireHandle (0x7E0000). Nach einem Reset des Streams beginnt die Nummerierung der Handles von vorne.

Nach der Erzeugung des Handles folgt das Class Descriptor Flag. Die verschiedenen Ausprägungen finden sich wiederum in der Klasse java.io.ObjectStreamConstants:

Mögliche Class Descriptor Flags

```
final static byte SC_SERIALIZABLE = 0x02;
final static byte SC_WRITE_METHOD = 0x01;
final static byte SC_ENUM = 0x10;
final static byte SC_EXTERNALIZABLE = 0x04;
final static byte SC_BLOCK_DATA = 0x08;
```

Bild 5.2: Aufbau des Class Descriptors

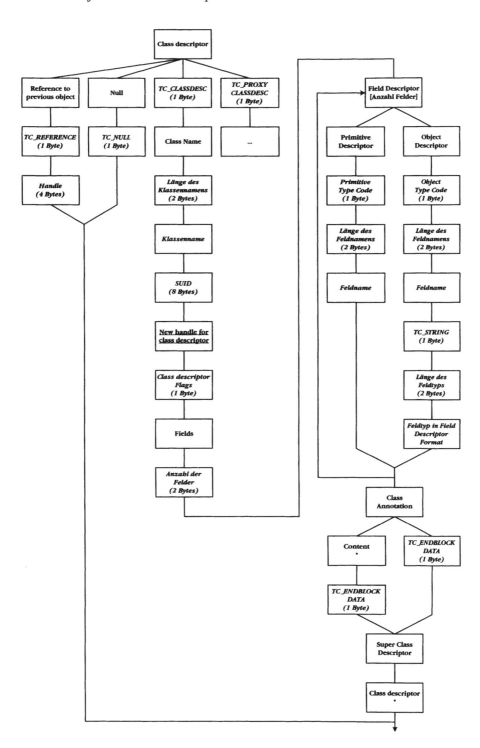

- Die Konstante SC_SERIALIZABLE markiert, dass die zum Class Descriptor zugehörige Klasse serialisierbar ist.
- Die Konstante SC_WRITE_METHOD markiert, dass die zum Class Descriptor zughörige Klasse über eine eigene writeObject()-Methode verfügt (siehe Abschnitt 5.5).
- Die Konstante SC_ENUM markiert, dass die zum Class Descriptor zugehörige Klasse ein Enum ist.
- Die Konstante SC_EXTERNALIZABLE markiert, dass statt des Interfaces Serializable die java.io.Externalizable-Schnittstelle implementiert wird (siehe Abschnitt 5.7).
- Die Konstante SC_BLOCK_DATA wird verwendet, wenn die Externalizable-Klasse durch das STREAM_PROTOCOL_2 geschrieben wird, welches von JDK-Versionen neuer als Version 1.2 verwendet wird. Bei Version 1.2 und 1.1 wird das STREAM_PROTOCOL_1 verwendet [Sun/Serialization] S. 68.

Falls mehrere der oben genannten Bedingungen eintreten, werden die Konstanten durch ein bitweises OR verknüpft. Bei JDK-Versionen neuer als 1.2 wird beispielsweise bei einer Klasse, die das Interface Externalizable implementiert, der Wert 0x0C angenommen. Dieser Wert setzt sich zusammen aus 0x04 OR 0x08.

Attribute der Klasse

Nach dem Schreiben der Class Descriptor Flag werden die Attribute der Klasse geschrieben. Zunächst werden zwei Bytes, die die Anzahl der Attribute angeben, in den Stream geschrieben. Danach folgen die Attribute selbst. Für jedes Attribut wird entschieden, ob es ein Objekt oder ein primitiver Datentyp ist. Bei beiden Typen wird zunächst der Type Code geschrieben (über die Methode getTypeCode()). Danach werden zwei Bytes für die Länge des Feldnamen und daraufhin der Feldname geschrieben. Für ein Objekt werden nach dem Feldnamen die Konstante TC_STRING, zwei Bytes für die Länge des Feldtypen und der Feldtyp geschrieben.

Class Annotation

Nach den Attributen folgt die Class Annotation. Diese kann durch die Methode annotateClass() des ObjectOutputStream-Objekts geschrieben werden [Sun/Serialization]. Die Class Annotation wird in jedem Fall durch das Schreiben der Konstante TC_ENDBLOCKDATA abgeschlossen.

Super Class Descriptor

Falls die, dem Class Descriptor zugehörige Klasse, über eine Oberklasse verfügt, wird für die Oberklasse rekursiv wiederum ein Class Descriptor geschrieben, d.h. der eben beschriebene Prozess wird für die Oberklasse wiederholt.

Object

Falls ein Objekt geschrieben wird, welches kein String, keine Klasse, kein Enum, kein Array und keine Exception ist, wird zunächst die Konstante TC_OBJECT in den Stream geschrieben.

Danach folgt der Class Descriptor wie im vorherigen Abschnitt beschrieben. Für das Objekt wird ein neues Handle erstellt, welches bei mehrmaligem Auftauchen des Objekts anstelle des Objekts in den Stream geschrieben wird. Darauf folgt ein Array der einzelnen Attribute des Objekts. Ein Attribut besteht aus einem Content-Feld und aus der Object Annotation. Die Object Annotation **kann** wiederum ein Content-Feld umfassen und wird in jedem Fall mit dem Schreiben der Konstanten TC_ENDBLOCKDATA beendet. Wenn alle Attribute hintereinander geschrieben wurden, ist die Behandlung des Objekts fertig.

Array

Falls es sich bei dem zu schreibenden Objekt um ein Array hadelt, wird in den Stream die Konstante TC_ARRAY geschrieben, gefolgt von einem Class Descriptor. Daraufhin wird ein neues Handle erzeugt.

Strings

Falls es sich bei dem zu schreibenden Objekt, um einen String handelt, wird der String anhand seiner Länge klassifiziert. Ein String der weniger als 65.536 Bytes umfasst, wird als **Short String** bezeichnet, ein String der 65.536 Bytes oder mehr umfasst als **Long String**.

Short String

Bei einem Short String wird zunächst die Konstante TC_STRING in den Stream geschrieben. Daraufhin wird ein neues Handle für den String erzeugt. Danach werden **zwei** Bytes in den Stream geschrieben, die die Länge des Strings angeben, gefolgt von dem String selbst, der in modifiziertem UTF-8 Format[1] geschrieben wird.

Long String

Bei einem Long String wird zunächst die Konstante TC_LONGSTRING in den Stream geschrieben. Statt der zwei Bytes werden für die Länge des Strings allerdings **acht** Bytes geschrieben. Ansonsten verhält sich alles wie beim Short String.

Enum

Falls es sich bei dem zu schreibenden Objekt um ein Enum handelt, wird die Konstante TC_ENUM in den Stream geschrieben, gefolgt von einem Class Descriptor. Danach wird ein Handle für das Enum erzeugt. Abschließend werden zwei Bytes für die Län-

---

[1] Genauere Informationen zum modifizierten UTF-8 Format findet sich in [Kazama].

ge des Enum-Namens und der Enum-Name selbst in den Stream geschrieben.

Class

Falls es sich bei dem zu schreibenden Objekt um eine Klasse handelt, wird die Konstante TC_CLASS, gefolgt von einem Class Descriptor, in den Stream geschrieben. Danach wird noch ein Handle für das Class-Objekt erzeugt.

Programm 5.2:
Schreiben einer Klasse

```
try
{
  ByteArrayOutputStream o = new ByteArrayOutputStream();
  ObjectOutputStream oos = new ObjectOutputStream(o);
  oos.writeObject(oos.getClass());
  oos.flush();
  Serialization.Print.printStream(o);
}
catch(IOException e)
{
  e.printStackTrace();
}
```

Programm 5.2 serialisiert die Klasse des ObjectOutputStream-Objekts und schreibt diese in den Stream. Die Ausgabe von printStream()[1] sieht wie folgt aus:

```
AC ED 00 05 76 72 00 1A 6A 61 76 61 2E 69 6F 2E 4F 62 6A 65 63 74 4F
         v  r        j  a  v  a  .  i  o  .  O  b  j  e  c  t  O
75 74 70 75 74 53 74 72 65 61 6D 00 00 00 00 00 00 00 00 00 00 00 78
 u  t  p  u  t  S  t  r  e  a  m                                  x
70
 p
```

Initialisierung des Streams
  AC ED: STREAM_MAGIC
  00 05: STREAM_VERSION
Erstes Content-Feld
  76: TC_CLASS
    72: TC_CLASSDESC
    Klassenname
      00 1A: Länge des Klassennamens
      6A 61 76 61 2E 69 6F 2E 4F 62 6A 65 63 74 4F 75 74 70 75 74 53
      74 72 65 61 6D: Klassenname
    SUID
      00 00 00 00 00 00 00 00

---

[1] Bei printStream() handelt es sich um eine Methode, die ein Bytearray sowohl in Hexadezimal (oben) als auch als darstellbare ASCII-Zeichen (unten) ausgibt. Die Methode ist im Anhang A beschrieben.

Neues Handle für Class Descriptor (00 7E 00 00)
Class Descriptor Flag
  00: No flag
Anzahl der Felder
  00 00: Keine Felder
Class Annotation
  78: TC_ENDBLOCKDATA
Super Class Descriptor
  70: TC_NULL
Neues Handle für Class-Objekt (00 7E 00 01)

Referenz

Falls das zu schreibende Objekt schon einmal im Stream aufgetreten ist und nicht als unshared-Objekt geschrieben wurde, wird die Konstante TC_REFERENCE geschrieben, gefolgt von dem Handle, das dem entsprechenden Objekt zugeordnet wurde.

Wenn beispielsweise die Klasse von ObjectOutputStream anstatt einmal – wie in Programm 5.2 – zweimal in den Stream geschrieben wird, wird an den Stream das Handle des Klassenobjekts angehängt.

```
try
{
  ByteArrayOutputStream o = new ByteArrayOutputStream();
  ObjectOutputStream oos = new ObjectOutputStream(o);
  oos.writeObject(oos.getClass());
  oos.writeObject(oos.getClass());
  oos.flush();
  Serialization.Print.printStream(o);
}
catch(IOException e)
{
  e.printStackTrace();
}
```

Programm 5.3:
Mehrfaches
Schreiben desselben
Objekts durch
writeObject()

Der Stream sieht wie folgt aus:

```
AC ED 00 05 76 72 00 1A 6A 61 76 61 2E 69 6F 2E 4F 62 6A 65 63 74 4F
            v  r        j  a  v  a  .  i  o  .  O  b  j  e  c  t  O

75 74 70 75 74 53 74 72 65 61 6D 00 00 00 00 00 00 00 00 00 00 00 78
u  t  p  u  t  S  t  r  e  a  m                                   x

70 71 00 7E 00 01
p  q     ~
```

Der Stream gleicht dem Stream aus Programm 5.2 außer, dass er eine Referenz angehängt bekommen hat:

71: TC_REFERENCE
00 7E 00 01: Handle für Klassenobjekt

Bei der Verwendung der Methode writeUnshared() wird kein Handle für das geschriebene Objekt verwendet. Daher wird auch keine Referenz für das geschriebene Objekt in den Stream geschrieben. Auch wenn dem writeUnshared()-Aufruf ein Aufruf der Methode writeObject() mit demselben Objekt folgt, wird keine Referenz geschrieben. Auf Unterobjekte des geschriebenen Objekts (z.B. auf dessen Class Descriptor) wirkt sich writeUnshared() nicht aus, wie die Ausgabe von Programm 5.4 zeigt.

Programm 5.4:
Schreiben von Objekten durch writeUnshared()

```
try
{
  ByteArrayOutputStream o = new ByteArrayOutputStream();
  ObjectOutputStream oos = new ObjectOutputStream(o);
  oos.writeObject(oos.getClass());
  oos.writeUnshared(oos.getClass());
  oos.flush();
  Serialization.Print.printStream(o);
}
catch(IOException e)
{
  e.printStackTrace();
}
```

Die Ausgabe von printStream() sieht folgendermaßen aus:

```
AC ED 00 05 76 72 00 1A 6A 61 76 61 2E 69 6F 2E 4F 62 6A 65 63 74 4F
          v  r     j  a  v  a  .  i  o  .  O  b  j  e  c  t  O
75 74 70 75 74 53 74 72 65 61 6D 00 00 00 00 00 00 00 00 00 00 00 78
 u  t  p  u  t  S  t  r  e  a  m                                  x
70 76 71 00 7E 00 00
 p  v  q     ~
```

Auch dieser Stream gleicht dem Stream aus Programm 5.2 bis auf die Tatsache, dass an diesen Stream das Klassenobjekt nochmals angefügt wurde:

76: TC_CLASS
71: TC_REFERENCE
00 7E 00 00: Referenz auf den Class Descriptor

Das Klassenobjekt wird an dieser Stelle mit dem Schreiben von TC_CLASS begonnen. Da der Class Descriptor ein Unterobjekt von der mit writeUnshared() geschriebenen Klasse ist und schon einmal aufgetreten ist, wird er als Referenz in den Stream geschrieben.

Null

Falls ein zu schreibendes Objekt null ist, wird die Konstante TC_NULL in den Stream geschrieben. Dies ist beispielsweise beim

Schreiben des Super Class Descriptors der Fall, falls keine Oberklasse existiert.

Reset

Ein Reset löscht alle Handles auf Objekte, die während des Serialisierungprozesses angelegt wurden und sendet die Konstante TC_RESET in den Stream. Auf der Empfängerseite werden durch den Empfang von TC_RESET auch alle Handles auf Objekte gelöscht.

Exception

Falls eine Exception beim Schreiben in den Stream auftritt, wird die Konstante TC_EXCEPTION in den Stream geschrieben. Daraufhin wird ein Reset durchgeführt, das Throwable-Objekt in den Stream geschrieben und noch ein Reset durchgeführt.

Block-Data

Der ObjectOutputStream stellt – neben der Methode writeObject(), mit der Objekte in den Stream geschrieben werden können, – die Methode write() zum Schreiben von Bytearrays und die Methoden writeBoolean(), writeByte(), writeBytes(), writeChar(), writeChars(), writeDouble(), writeFloat(), writeInt(), writeLong(), writeShort() und writeUTF(), die primitive Daten und Strings vor dem Schreiben in den Stream in ein Bytearray umwandeln, zur Verfügung. Man unterscheidet – analog zu Strings – zwischen Blockdata short und Blockdata long.

Blockdata short

Bei Blockdata short handelt es sich um ein Bytearray dessen Länge maximal 255 Bytes beträgt. Wenn ein solches Bytearray in den Stream geschrieben wird, wird zunächst die Konstante TC_BLOCKDATA in den Stream geschrieben, gefolgt von einem Byte für die Länge des Bytearrays und dem Bytearray selbst.

```
try
{
  ByteArrayOutputStream o = new ByteArrayOutputStream();
  ObjectOutputStream oos = new ObjectOutputStream(o);
  // max: byte[] b = new byte[255];
  byte[] b = {1,3,5,7};
  oos.write(b);
  oos.flush();
  Serialization.Print.printStream(o);
}
catch(IOException e)
{
  e.printStackTrace();
}
```

Programm 5.5:
Schreiben eines
Bytearrays

Die Ausgabe von printStream() sieht wie folgt aus:

AC ED 00 05 77 04 01 03 05 07

Initialisierung des Streams
  AC ED: STREAM_MAGIC
  00 05: STREAM_VERSION
Erstes Content-Feld
  77: TC_BLOCKDATA
    04: Länge des Bytearrays beträgt 4 Bytes
    01 03 05 07: Inhalt des Bytearrays

Blockdata long

Bei Blockdata long handelt es sich um ein Bytearray, welches länger als 255 Bytes ist. Bei einem solchen Bytearray wird zunächst die Konstante TC_BLOCKDATALONG in den Stream geschrieben, gefolgt von vier Bytes für die Länge des Bytearrays und dem Bytearray selbst.

5.1.4 Beispiel-Stream

An dieser Stelle folgt ein Beispiel, welches einige der oben vorgestellten Datentypen enthält. Programm 5.6 erzeugt einen einfachen Stream.

Programm 5.6: Schreiben eines Object-Objekts

```
List list1 = new List();
List list2 = new List();
list1.hallo = "HALLO";
list1.next = list2;

try
{
  ByteArrayOutputStream o = new ByteArrayOutputStream();
  ObjectOutputStream out = new ObjectOutputStream(o);
  out.writeObject(list1);
  out.flush();
  Serialization.Print.printStream(o);
}
catch (IOException e)
{
  e.printStackTrace();
}
```

Mit der Methode writeObject() wird das Objekt list1 geschrieben. Bei list1 handelt es sich um ein Objekt von einer einfachen Klasse, die als Attribute den String hallo und das Objekt List next hat und das Interface Serializable implementiert:

Serialisierungsprozess

```
class List implements java.io.Serializable
{
  String hallo;
  List next;
}
```

Klasse List

Das Programm 5.6 erzeugt folgenden Stream, der über die Methode printStream() ausgegeben wird.

```
AC ED 00 05 73 72 00 04 4C 69 73 74 B1 70 77 A1 14 55 FC 51 02 00 02
            s  r        L  i  s  t        p  w     U  Q

4C 00 05 68 61 6C 6C 6F 74 00 12 4C 6A 61 76 61 2F 6C 61 6E 67 2F 53
L        h  a  l  l  o  t        L  j  a  v  a  /  l  a  n  g  /  S

74 72 69 6E 67 3B 4C 00 04 6E 65 78 74 74 00 06 4C 4C 69 73 74 3B 78
t  r  i  n  g  ;  L        n  e  x  t  t        L  L  i  s  t  ;  x

70 74 00 05 48 41 4C 4C 4F 73 71 00 7E 00 00 70 70
p  t        H  A  L  L  O  s  q     ~           p  p
```

Initialisierung des Streams
  AC ED: STREAM_MAGIC
  00 05: STREAM_VERSION
Erstes Content-Feld
  73: TC_OBJECT
    72: TC_CLASSDESC
      Klassenname
        00 04: Länge des Klassennamens
        4C 69 73 74: Klassenname
      SUID
        B1 70 77 A1 14 55 FC 51
      Class Descriptor Flag
        02: SC_SERIALIZABLE
      Anzahl der Felder
        00 02: Feldanzahl ist 2
      Erstes Feld
        Object Descriptor
          4C: Object Type Code „L"
          00 05: Länge des Feldnamens
          68 61 6C 6C 6F: Feldname
          74: TC_STRING
            00 12: Länge des Strings
          String
            4C: Objekttypcode
            6A 61 76 61 2F 6C 61 6E 67 2F 53 74 72 69 6E 67: Objektname
            3B: abschließendes „;"
      Zweites Feld
        Object Descriptor
          4C: Object Type Code „L"
          00 04: Länge des Feldnamens
          6E 65 78 74: Feldname
          74: TC_STRING

```
                    00 06: Länge des Strings
                  String
                    4C: Objekttypcode
                    4C 69 73 74: Objektname
                    3B: abschließendes „:"
                Class Annotation
                  78: TC_ENDLOCKDATA, d.h. keine Class Annotation
                Super Class Descriptor
                  70: TC_NULL, d.h. Super Class Descriptor ist null
              Klassendaten von Objekt list1
                String hallo
                  74: TC_STRING
                    00 05: Länge des Strings
                    48 41 4C 4C 4F: Inhalt des Strings
                List next
                  73: Objekt
                    71: Referenz
                      00 7E 00 00: Handle für den Klassendeskriptor „List"
              Klassendaten von Objekt list2
                String hallo
                  70: TC_NULL, keinen Wert für String hallo
                List next
                  70: TC_NULL, keinen Wert für List next
```

5.2 Deserialisierungsprozess

Anhand des Streams, der durch den Serialisierungsprozess entsteht, können durch Aufrufe der korrespondierenden read()-Methoden des ObjectInputStream-Objekts Objekte aus dem Stream deserialisiert werden. Der ObjectInputStream stellt dabei zum Lesen aus dem Stream folgende Methoden zur Verfügung: read(), read-Boolean(), readByte(), readChar(), readDouble(), readFloat(), read-Fully(), readInt(), readLong(), readObject(), readShort(), read-Unshared(), readUnsignedByte(), readUnsignedShort() und readUTF().

read() und readFully()

Bei den meisten der ebengenannten Methoden handelt es sich jeweils um das Pendant der entsprechenden write()-Methoden. Ausnahmen hierbei sind die Methoden read() und readFully(). Die Methode read() liest immer exakt ein Byte und gibt dieses Byte als int zurück, während die readFully()-Methode solange blockiert bis das an sie übergebene Bytearray „vollgelesen" ist und erst dann zurückkehrt.

Programm 5.7: read()-Methode

```
try
{
  FileOutputStream fos = new FileOutputStream("c:/Test.txt");
  ObjectOutputStream oos = new ObjectOutputStream(fos);
  byte[] b = {1,3,5,7};
  oos.write(b);
  oos.flush();
  FileInputStream fis = new FileInputStream("c:/Test.txt");
  ObjectInputStream ois = new ObjectInputStream(fis);
  int[] in = new int[1000];
```

```
    int i = -1;
    do
    {
      i++;
      in[i] = ois.read();
    }
    while(in[i] != -1);

    for (i = 0; in[i] != -1; i++)
    {
      System.out.println(in[i]);
    }
}
catch(IOException e)
{
  e.printStackTrace();
}
```

5.3 Fallbeispiel: DAYTIME-Server

Wenn ein Objekt erst einmal serialisiert wurde, kann es sehr einfach über **Sockets** übertragen werden. Daher lässt sich mit den bisher vorgestellten Methoden hervorragend eine Client/Server Kommunikation über Objekte realisieren. Dies soll am Beispiel eines parallelen, verbindungsorientierten DAYTIME-Servers gezeigt werden.

```
import java.net.*;
import java.io.*;
import java.util.Date;

public class DaytimeServer_v2
{
  private int          port;          // lokaler Port
  private ServerSocket serverSocket;  // passiver Socket
  private Socket       socket;        // Socket für Verbindung

  /* Konstruktor */
  public DaytimeServer_v2(int port)
  {
    this.port = port;
  }

  /* in Endlosschleife: auf Verbindung warten, Thread erzeugen
   * um Verbindung abzuarbeiten
   */
  public void startServer()
  {
    try
    {
      // passiven Socket erzeugen und an lokalen Port binden
      serverSocket = new ServerSocket(port);
```

Programm 5.8: paralleler, verbindungsorientierter DAYTIME-Server

```java
      while(true)
      {
        System.out.println("Warte auf Verbindung an Port " +
          port + "...");
        socket = serverSocket.accept();
        System.out.println("  Verbindungswunsch von " +
          socket.getInetAddress().getHostName() +
          " - starte DaytimeThread");
        (new Thread(
          new DaytimeServer_v2.DaytimeThread(socket))).start();
      }
    }
    catch(IOException e)
    {
      e.printStackTrace();
      System.exit(-1);
    }
  }

  /* innere Klasse: erbringt DAYTIME-Dienst */
  private class DaytimeThread implements Runnable
  {
    private Socket socket;         // Socket für Verbindung
    private InputStream in;        // Lesen von socket
    private OutputStream out;      // Schreiben auf socket

    /* Konstruktor */
    public DaytimeThread(Socket socket)
    {
      this.socket = socket;
    }

    /* parallel ausgeführte Anweisungen: Objekt lesen und ignorieren,
     * Datum senden
     */
    public void run()
    {
      try
      {
        in = socket.getInputStream();
        ObjectInputStream ois = new ObjectInputStream(in);
        out = socket.getOutputStream();
        ObjectOutputStream oos = new ObjectOutputStream(out);

        // lese und ignoriere gelesene Daten
        Object o = (Object) ois.readObject();

        // sende Datum
        oos.writeObject(new Date());
        oos.flush();

        in.close();
        out.close();
        socket.close();
      }
```

```
      catch(IOException e)
      {
        e.printStackTrace();
      }
      catch(ClassNotFoundException e)
      {
        e.printStackTrace();
      }
    }
  }

  /* Einstiegspunkt */
  public static void main(String args[])
  {
    switch(args.length)
    {
      case 1:
        try
        {
          (new DaytimeServer_v2(
             Integer.parseInt(args[0]))).startServer();
        }
        catch(NumberFormatException e)
        {
          e.printStackTrace();
          System.exit(-1);
        }
        break;
      default:
        System.err.println("\nSyntax:" +
          " java DaytimeServer_v2 <Port>\n");
        System.exit(-1);
        break;
    }
  }
}
```

In der run()-Methode des DaytimeThread-Objekts erfolgen die Bearbeitung der Anforderung und die Formulierung der Antwort. Zunächst wird von dem Socket ein InputStream und ein OuputStream angefordert, um welche ein ObjectInputStream bzw. ObjectOutputStream gelegt wird, um das Lesen und Schreiben von Objekten zu ermöglichen. Mit der Zeile Object o = (Object) ois.readObject(); wird ein beliebiges Objekt vom Stream gelesen. Da der DAYTIME-Server die gelesenen Daten nicht weiter verarbeitet, schreibt er als nächstes mit der Anweisung oos.writeObject(new Date()); das aktuelle Datum in den ObjectOutputStream, schließt die Streams und beendet den Thread.

5.4 Nachrichtenkonzept

Ein Problem bei der Kommunikation zwischen Client und Server ist, dass der Server wissen muss, welche Daten der Client als nächstes sendet. Führt der Server beispielsweise die Methode read() aus, aber der Client hat ein Objekt über writeObject() geschickt, dann kann es zu Verarbeitungsfehlern kommen oder der Server blockiert bis er das Endezeichen des Streams liest. Dieses Problem kann aber gelöst werden, indem ein einfaches Nachrichtensystem entworfen wird [Heinzl/Mathes 2003].

Kommunikation ausschließlich über Objekte

Das Nachrichtensystem legt zugrunde, dass nur über das Versenden von Objekten kommuniziert wird. Jede Nachricht entspricht dabei einem Objekt, welches die zu sendenden Daten (Objekte oder primitive Daten) kapselt und wird dabei von derselben Oberklasse abgeleitet.

Bild 5.3:
Nachrichtensystem

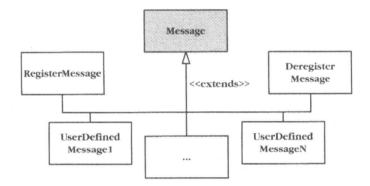

Beispielsweise könnte eine Nachricht zum Anmelden (RegisterMessage) und eine Nachricht zum Abmelden des Clients (DeregisterMessage) entworfen werden[1]. Weiterhin gibt es mehrere benutzerdefinierte Nachrichten (UserDefinedMessage), die z.B. einen Text, ein Bild oder ein Archiv übertragen können.

Die Frage, die sich nun stellt, ist: Wie erkennt der Server, um welche Nachricht es sich handelt? Zur Lösung dieses Problems ergeben sich zwei Ansätze:

1. Die Oberklasse Message enthält ein Attribut, welches eine Konstante zur Identifikation der gesendeten Nachricht zugewiesen bekommt.
2. Die Nachricht wird über die Java Reflection-API identifiziert.

5.4.1 Message-ID

Im Folgenden wird zunächst der Rahmen für ein einfaches, erweiterbares Nachrichtensystem vorgestellt. Falls die Reflection-API verwendet wird, kann auf das Attribut messageType verzichtet werden und die Klasse Message zunächst leer gelassen werden.

---

[1] Die An- und Abmeldung kann – je nach Komplexität – natürlich auch in einen Nachrichtentyp gepackt werden.

```java
public class Message implements java.io.Serializable
{
  protected String messageType;

  public Message()
  {
  }

  public String getMessageType()
  {
    return messageType;
  }
}
```
Oberklasse Message

Die Klasse Message wird als serialisierbar deklariert und dient im Wesentlichen dazu als Oberklasse für die anderen Nachrichtenklassen zu fungieren.

Eine RegisterMessage-Klasse könnte wie folgt aussehen:

```java
public class RegisterMessage extends Message
{
  ClientData clientData;

  public RegisterMessage(String host, int port)
  {
    this.messageType = MessageConstants.REGISTER;
    clientData = new ClientData(host, port);
  }

  public RegisterMessage(ClientData clientData)
  {
    this.clientData = clientData;
  }

  public ClientData getClientData()
  {
    return clientData;
  }

  public void setHost(String host)
  {
    clientData.setHost(host);
  }

  public void setPort(int port)
  {
    clientData.setPort(port);
  }
}
```
Klasse RegisterMessage

Die Klasse RegisterMessage sammelt die für den Server wichtigen Daten über den Client und kapselt diese in einem ClientData-Objekt.

Klasse ClientData

```
public class ClientData implements java.io.Serializable
{
  int clientID;    // eindeutige Client-ID
  int port;        // Port des Clients
  String host;     // Client-Rechner

  public ClientData(String host, int port)
  {
    this.host = host;
    this.port = port;
  }

  public ClientData(int ClientID, String host, int port)
  {
    this.clientID = clientID;
    this.host = host;
    this.port = port;
  }

  // get- und set-Methoden
  ...
}
```

Der Nachrichtentyp der RegisterMessage wird im Konstruktor der Nachricht festgelegt und stammt aus der Klasse MessageConstants:

Klasse MessageConstants

```
public class MessageConstants
{
  public static final String REGISTER   = "Register";
  public static final String DEREGISTER = "Deregister";
  ...
}
```

Falls die Reflection-API zur Identifikation der Nachrichten verwendet wird, wird die Klasse MessageConstants nicht benötigt.

Im Gegensatz zur RegisterMessage markiert eine DeregisterMessage nur, dass der Client sich vom Server abmelden möchte. Daten des Clients werden nicht benötigt.

Klasse DeregisterMessage

```
public class DeregisterMessage extends Message
{
  public DeregisterMessage()
  {
    this.messageType = MessageConstants.DEREGISTER;
  }
}
```

Neben den eben vorgestellten Nachrichten können beliebig weitere Nachrichten definiert werden, die die zu übertragenden Daten kapseln, z.B. eine TextMessage:

Nachrichtenkonzept

```java
public class TextMessage extends Message
{
  String text;

  public TextMessage(String text)
  {
    this.messageType = MessageConstants.TEXT;
    this.text = text;
  }

  public String getText()
  {
    return this.text;
  }
}
```

benutzerdefinierte Klasse TextMessage

Die `TextMessage` kapselt einen String, der die eigentlichen Nutzdaten enthält und stellt eine `get()`-Methode zur Verfügung, um den gesendeten Text lesen zu können. Weitere Nachrichten können nach Bedarf definiert werden.

Nach der Vorstellung des Nachrichtenkonzepts soll betrachtet werden, wie der Client die Nachrichten versendet und der Server anhand des Nachrichtentyps unterscheidet, welche Nachricht eingetroffen ist.

Ein paralleler, verbindungsorientierter auf Nachrichten basierender Server, könnte wie folgt implementiert werden:

```java
import java.net.*;
import java.io.*;
import java.util.Date;

public class MessageServer_v1
{
  private int port;                              // lokaler Port
  private ServerSocket serverSocket;             // passiver Socket
  private Socket socket;                         // Socket für Verbindung
  private static int connectionCounter = 0;     // ID für Verbindung

  /* Konstruktor */
  public MessageServer_v1(int port)
  {
    this.port = port;
  }

  /* in Endlosschleife: auf Verbindung warten, Thread erzeugen
   * um Verbindung abzuarbeiten
   */
  public void startServer()
  {
    try
    {
      // passiven Socket erzeugen und an lokalen Port binden
      serverSocket = new ServerSocket(port);
```

Programm 5.9: *MessageServer_v1*

```java
      while(true)
      {
        System.out.println("Warte auf Verbindung an Port " +
          port + "...");
        socket = serverSocket.accept();
        System.out.println("  Verbindungswunsch von " +
          socket.getInetAddress().getHostName() +
          " - starte MessageThread");
        (new Thread(
          new MessageServer_v1.MessageThread(
            socket, connectionCounter++))).start();
      }
    }
    catch(IOException e)
    {
      e.printStackTrace();
      System.exit(-1);
    }
  }

  private class MessageThread implements Runnable
  {
    private Socket socket;         // Socket für Verbindung
    private InputStream in;        // Lesen von socket
    private OutputStream out;      // Schreiben auf socket
    private ClientData clientData;
    private int connectionID;      // ID für Verbindung

    /* Konstruktor */
    public MessageThread(Socket socket, int connectionID)
    {
      this.socket = socket;
      this.connectionID = connectionID;
    }

    /* parallel ausgeführte Anweisungen: Message-Objekt lesen und
     * entsprechend darauf reagieren
     */
    public void run()
    {
      try
      {
        in  = socket.getInputStream();
        ObjectInputStream ois = new ObjectInputStream(in);
        out = socket.getOutputStream();
        ObjectOutputStream oos = new ObjectOutputStream(out);

        Message msg;
        do
        {
          // lese eingegangene Nachricht
          msg = (Message) ois.readObject();
```

```java
          if ((msg.getMessageType().equals(
            MessageConstants.DEREGISTER)))
          {
            // verlasse Endlosschleife
            break;
          }
          else if (msg.getMessageType().equals(
            MessageConstants.REGISTER))
          {
            RegisterMessage regMsg = (RegisterMessage) msg;
            // Client-Daten aus Nachricht ermitteln
            clientData = regMsg.getClientData();
            // ID für Sender vergeben
            clientData.setClientID(connectionID);
          }
          else if (msg.getMessageType().equals(MessageConstants.TEXT))
          {
            TextMessage textMsg = (TextMessage) msg;
            // Text aus Nachricht anzeigen
            System.out.println(textMsg.getText());
          }
        }
        while(true);

        in.close();
        out.close();
        socket.close();
      }
      catch(IOException e)
      {
      }
      catch(ClassNotFoundException e)
      {
        e.printStackTrace();
      }
    }
  }

  /*** Einstiegspunkt ***/
  public static void main(String args[])
  {
    switch(args.length)
    {
      case 1:
        try
        {
          (new MessageServer_v1(
            Integer.parseInt(args[0]))).startServer();
        }
        catch(NumberFormatException e)
        {
          e.printStackTrace();
          System.exit(-1);
        }
        break;
```

```
            default:
                System.err.println("\nSyntax: java " +
                    "MessageServer_v1 <Port>\n");
                System.exit(-1);
                break;
        }
    }
}
```

Von der ankommenden Nachricht wird der Nachrichtentyp mit der Anweisung `if((msg.getMessageType().equals(…)))` bestimmt. Für jeden Nachrichtentyp kann daraufhin festgelegt werden, wie er bearbeitet werden soll. Dazu wird die eingetroffene Nachricht, die vom Typ `Message` ist, in die entsprechende Unterklasse umgewandelt, z.B. durch `RegisterMessage regMsg = (RegisterMessage) msg;`.

5.4.2 Reflection-API

Der obige Server kann sehr ähnlich implementiert werden unter Zuhilfenahme der Reflection-API. Anstatt der Abfrage des Nachrichtentyps kann die Klasse des eingetroffenen Objekts abgefragt werden. Der `MessageThread` des `MessageServer_v2` sieht folgendermaßen aus:

Programm 5.10:
MessageThread des MessageServer_v2

```
private class MessageThread implements Runnable
{
    private Socket socket;           // Socket für Verbindung
    private InputStream in;          // Lesen von socket
    private OutputStream out;        // Schreiben auf socket
    private ClientData clientData;
    private int connectionID;        //ID für Verbindung

    /* Konstruktor */
    public MessageThread(Socket socket, int connectionID)
    {
        this.socket = socket;
        this.connectionID = connectionID;
    }

    /* parallel ausgeführte Anweisungen: Message-Objekt lesen und
     * entsprechend darauf reagieren
     */
    public void run()
    {
        try
        {
            in = socket.getInputStream();
            ObjectInputStream ois = new ObjectInputStream(in);
            out = socket.getOutputStream();
            ObjectOutputStream oos = new ObjectOutputStream(out);

            Message msg;
```

```
    do
    {
      // lese eingegangene Nachricht
      msg = (Message) ois.readObject();
      if (msg.getClass() == DeregisterMessage.class)
      {
        // verlasse Endlosschleife
        break;
      }
      else if (msg.getClass() == RegisterMessage.class)
      {
        RegisterMessage regMsg = (RegisterMessage) msg;
        // Client-Daten aus Nachricht ermitteln
        clientData = regMsg.getClientData();
        // ID für Sender vergeben
        clientData.setClientID(connectionID);
      }
      else if (msg.getClass() == TextMessage.class)
      {
        TextMessage textMsg = (TextMessage) msg;
        // Text aus Nachricht anzeigen
        System.out.println(textMsg.getText());
      }
    }
    while(true);

    in.close();
    out.close();
    socket.close();
  }
  catch(IOException e)
  {
  }
  catch(ClassNotFoundException e)
  {
    e.printStackTrace();
  }
 }
}
```

Mit Hilfe der Reflection-API[1] wird unterschieden, welcher Nachrichtentyp eingetroffen ist. Durch die Anweisung msg.getClass() wird die Klasse der Nachricht abgefragt und anhand derer entschieden, wie auf die Nachricht reagiert wird. An die Daten der Nachricht gelangt man wie beim MessageServer_v1 durch den Cast in die richtige Unterklasse.

5.5 Erweiterung der Standardserialisierung

Falls es notwendig wird, detailliertere Informationen zu den Objekten und Attributen im Stream zu ergänzen, kann die Stan-

Anpassung von Serialisierung möglich

---

[1] Näheres zur Reflection-API findet sich in Anhang B

dardserialisierung erweitert werden, indem in der zu serialisierenden Klasse die Methoden

- `private void writeObject(ObjectOutputStream oos)`
  `throws IOException`

- `private void readObject(ObjectInputStream ois)`
  `throws IOException, ClassNotFoundException`

ergänzt werden, wie Programm 5.11 zeigt.

Programm 5.11:
Erweiterung der Standardserialisierung

```java
public class CustomizedClass implements Serializable
{
  int integer;
  transient String str;

  private void writeObject(ObjectOutputStream oos) throws IOException
  {
    oos.defaultWriteObject();
    oos.writeObject("Hallo");
  }

  private void readObject(ObjectInputStream ois)
    throws IOException, ClassNotFoundException
  {
    ois.defaultReadObject();
    str = (String) ois.readObject();

    if (str.equals("Hallo"))
    {
      // mache irgendetwas
    }
    else if (...)
    ...
  }

  public static void main(String[] args)
  {
    try
    {
      // schreibe Objekt
      FileOutputStream fos = new FileOutputStream("c:/Test.txt");
      ObjectOutputStream oos = new ObjectOutputStream(fos);
      oos.writeObject(new CustomizedClass());
      oos.flush();

      // lese Objekt
      FileInputStream fis = new FileInputStream("c:/Test.txt");
      ObjectInputStream ois = new ObjectInputStream(fis);
      CustomizedClass c = (CustomizedClass) ois.readObject();
    }
    catch(IOException e)
    {
      e.printStackTrace();
    }
```

```
      catch(ClassNotFoundException e)
      {
        e.printStackTrace();
      }
    }
  }
}
```

Wenn die privaten Methoden writeObject() und readObject() definiert wurden, werden diese automatisch während des Serialisierungsprozesses aufgerufen. Weil die Methoden private sind, wird von der JVM die Reflection-API verwendet.

Die Methode writeObject() ruft zunächst die Methode defaultWriteObject() auf und setzt damit die Standardserialisierung in Gang. Anschließend wird noch der String "Hallo" serialisiert und in den Stream geschrieben. In der gleichen Reihenfolge, wie die Daten abgesendet worden sind, müssen sie auch wieder gelesen werden. Daher werden zuerst mit der Methode defaultReadObject() die Daten der Standardserialisierung gelesen und daraufhin noch der String. Anhand der Zusatzdaten können beispielsweise Entscheidungen über den Fortlauf des Programms getroffen, Initialisierungen vorgenommen werden, usw.

Zusatzinformationen über die Standardserialisierung hinaus

Die Ausgabe des Streams sieht folgendermaßen aus:

```
AC ED 00 05 73 72 00 0F 43 75 73 74 6F 6D 69 7A 65 64 43 6C 61 73 73
            s  r     C  u  s  t  o  m  i  z  e  d  C  l  a  s  s

A3 FC 1F 27 35 5E 9B 95 03 00 01 49 00 07 69 6E 74 65 67 65 72 78 70
 '        5  ^                I           i  n  t  e  g  e  r  x  p

00 00 00 00 74 00 05 48 61 6C 6C 6F 78
            t        H  a  l  l  o  x
```

Besonderes Augenmerk sollte auf das Byte nach dem Klassennamen und dem SUID, nämlich der Class Descriptor Flag (0x03), gerichtet werden. Dieses Byte setzt sich aus der Verknüpfung der beiden Konstanten SC_SERIALIZABLE (0x02) und SC_WRITE_METHOD (0x01) zusammen, d.h. die serialisierte Klasse implementiert das Interface Serializable und verfügt über eine eigene writeObject()-Methode.

Wenn man nun die geschriebenen Attributwerte betrachtet, erkennt man zunächst vier Bytes für den Wert des Integers (00 00 00 00). Der Wert ist 0 wegen der automatischen Initialisierung[1] in Java.

---

[1] Einer int-Variablen wird bei der Objekterstellung der Wert 0 zugewiesen.

Durch den Aufruf `oos.writeObject("Hallo")`: werden die letzten neun Bytes geschrieben:

74: TC_STRING
  00 05: Länge des Strings
  48 61 6C 6C 6F: Inhalt des Strings
Class Annotation
  78: TC_ENDLOCKDATA, d.h. keine Class Annotation

Die Attributwerte, die in den Stream geschrieben werden, können auch durch Manipulation des `ObjectOutputStream.PutField`-Objekts geändert werden, wie Programm 5.12 zeigt.

Programm 5.12:
Schreiben der Attribute durch Manipulation von ObjectOutputStream.PutField

```
public class PutGetFields implements Serializable
{
  int integer = 0;
  String str = "ugh";

  private void writeObject(ObjectOutputStream oos) throws IOException
  {
    ObjectOutputStream.PutField p = oos.putFields();
    p.put("str", "Hallo");
    oos.writeFields();
  }

  private void readObject(ObjectInputStream ois)
    throws IOException, ClassNotFoundException
  {
    ObjectInputStream.GetField g = ois.readFields();
    Object obj = g.get("str", str);
    str = (String) obj;
    // str == hallo == obj
    System.out.println(str);
  }

  public static void main(String[] args)
  {
    try
    {
      // schreibe Objekt
      FileOutputStream fos = new FileOutputStream("c:/Test.txt");
      ObjectOutputStream oos = new ObjectOutputStream(fos);
      oos.writeObject(new PutGetFields());
      oos.flush();

      // lese Objekt
      FileInputStream fis = new FileInputStream("c:/Test.txt");
      ObjectInputStream ois = new ObjectInputStream(fis);
      PutGetFields p = (PutGetFields) ois.readObject();
    }
    catch(IOException e)
    {
      e.printStackTrace();
    }
```

Erweiterung der Standardserialisierung

```
      catch(ClassNotFoundException e)
      {
        e.printStackTrace();
      }
    }
  }
}
```

Mit der Methode `putFields()` erhält man das `ObjectOutputStream.PutField`-Objekt. Hier können direkt die **Werte der Attribute**, die in den Stream geschrieben werden sollen, über die verschiedenen `put()`-Methoden manipuliert werden. In das `PutField`-Objekt müssen alle zu serialisierenden Werte geschrieben werden. Ohne Manipulation des `PutField`-Objekts werden standardmäßig keine Attributwerte in den Stream geschrieben. Der Schreibvorgang in den Stream wird tatsächlich durchgeführt durch den Aufruf der Methode `writeFields()`.

Manipulation der Attributwerte

Zum Lesen der Attributwerte kann in der Methode `readObject()` mit der Methode `readFields()` ein `ObjectInputStream.GetField` angefordert werden. Mit der Methode `get()` des `GetField`-Objekts können dann die einzelnen Attribute gelesen werden. `get()` nimmt dabei zwei Parameter. Der erste Parameter gibt den Namen des Attributs als String an. Der zweite Parameter ist der Wert, der standardmäßig genommen werden soll, falls der erste Parameter keinen Wert enthält.

Falls mehrere Klassen innerhalb einer Vererbungshierachie die Methode `writeObject()` implementieren, beginnt die Ausführungsreihenfolge während des Serialisierungsprozesses bei der `writeObject()`-Methode der obersten Klasse.

Daher kann durch das Werfen einer `NotSerializableException` innerhalb der Methoden `writeObject()` und `readObject()` eine Klasse als **nicht serialisierbar** deklariert werden, wie Programm 5.13 zeigt, falls dies gewünscht wird.

```
import java.io.*;

public class NotSerializable
{
  private void readObject(ObjectInputStream stream)
    throws IOException, ClassNotFoundException
  {
    throw new NotSerializableException();
  }

  private void writeObject(ObjectOutputStream stream)
    throws IOException
  {
    throw new NotSerializableException();
  }
}
```

Programm 5.13: Klasse als nicht serialisierbar deklarieren

Obwohl die Klasse `NotSerializable` das Interface `Serializable` implementiert, kann sie nicht serialisiert werden. Selbst wenn von dieser Klasse geerbt wird und die Methoden überschrieben werden, ist dennoch eine Serialisierung unmöglich, weil bei dieser Klasse die Serialisierung durch den Aufruf von `writeObject()` beginnt.

5.6 Substitution von Objekten

Während des Serialisierungsprozesses ist es möglich (evt. auch notwendig) zu schreibende oder zu lesende Objekte durch andere zu ersetzen. Entweder kümmert sich um diesen Austausch

1. die Klasse selbst oder
2. der Output- und/oder Inputstream.

Indem einer Klasse die Methode `private Object writeReplace()` hinzugefügt wird, wird anstatt des in der `writeObject()`-Methode (des `ObjectOutputStream`-Objekts) spezifizierten Objekts der Rückgabewert von der `writeReplace()`-Methode in den Stream geschrieben.

Programm 5.14: Substitution eines Objekts bei der Serialisierung

```java
public class ReplaceObject implements Serializable
{
  String s;

  public ReplaceObject(String s)
  {
    this.s = s;
  }

  public String getString()
  {
    return s;
  }

  private Object writeReplace()
  {
    return new ReplaceObject("substituted");
  }

  public static void main(String[] args)
  {
    try
    {
      // schreibe Objekt
      FileOutputStream fos = new FileOutputStream("c:/Test.txt");
      ObjectOutputStream oos = new ObjectOutputStream(fos);
      oos.writeObject(new ReplaceObject("Hallo"));
      oos.flush();

      // lese Objekt
      FileInputStream fis = new FileInputStream("c:/Test.txt");
      ObjectInputStream ois = new ObjectInputStream(fis);
```

Substitution von Objekten

```
    ReplaceObject c = (ReplaceObject) ois.readObject();
    System.out.println(c.getString());
  }
  catch(IOException e)
  {
    e.printStackTrace();
  }
  catch(ClassNotFoundException e)
  {
    e.printStackTrace();
  }
  }
}
```

Im Programm 5.14 tauscht sich das ReplaceObject selbst durch ein neu generiertes ReplaceObject aus, welches einen anderen String beinhaltet. Es ist auch möglich ein Objekt einer Unterklasse von ReplaceObject zurückzugeben.

Das gleiche Ergebnis lässt sich erzielen, wenn statt der Methode writeReplace(), die Methode private Object readResolve() eingefügt wird. Allerdings findet dann die Ersetzung während des Deserialisierungsprozesses statt.

```
private Object readResolve()
{
  return new ReplaceObject("substituted");
}
```

readResolve()

Die andere Möglichkeit ist, die Ersetzung durch den Stream vorzunehmen. Auch hierbei ist es nur möglich Objekte durch Objekte vom gleichen Typ oder von dessen Unterklasse auszutauschen. Um die Ersetzung zu ermöglichen, wird der ObjectOutputStream durch Vererbung erweitert. Die Klasse ReplaceObjectOutputStream zeigt, welche Veränderung im Einzelnen vorgenommen werden müssen.

```
public class ReplaceObjectOutputStream extends ObjectOutputStream
{
  static int id = 0;

  public ReplaceObjectOutputStream(FileOutputStream fos)
    throws IOException
  {
    super(fos);
    enableReplaceObject(true);
  }

  protected Object replaceObject(Object obj) throws IOException
  {
    if(obj instanceof String)
    {
```

Klasse Replace-ObjectOutputStream

```
          id++;
          String s = (String) obj;
          return s + id;
        }
        return obj;
      }
    }
```

Der verwendete Konstruktor muss den übergebenen Stream an die Oberklasse weiterleiten. Weiterhin muss durch `enableReplaceObject(true);` aktiviert werden, dass die Ersetzung von Objekten gestattet ist. Die Methode `protected Object replaceObject(Object obj) throws IOException` wird für jedes einzelne zu übertragende Objekt aufgerufen, d.h. es können beliebige Objekte ersetzt werden. In diesem Beispiel wird jedem String eine Identifikationsnummer hinzugefügt. Ein einfaches Testprogramm sieht wie folgt aus:

Programm 5.15:
Ersetzen von Objekten durch den Stream

```
try
{
  // schreibe Objekte
  FileOutputStream fos = new FileOutputStream("c:/Test.txt");
  ReplaceObjectOutputStream oos = new ReplaceObjectOutputStream(fos);
  oos.writeObject("Hallo ");
  oos.writeObject("Welt!");
  oos.flush();

  // lese Objekte
  FileInputStream fis = new FileInputStream("c:/Test.txt");
  ObjectInputStream ois = new ObjectInputStream(fis);
  String obj = (String) ois.readObject();
  System.out.print(obj);
  obj = (String) ois.readObject();
  System.out.println(obj);
}
catch(Exception e)
{
  e.printStackTrace();
}
```

Zunächst wird der `ReplaceObjectOutputStream` erstellt. Daraufhin werden die beiden Strings `"Hallo "` und `"Welt"` gesendet. Die Gegenseite liest mit einem einfachen `ObjectInputStream` und gibt die Strings aus. Die Ausgabe ist `"Hallo 1Welt!2"`, da jedem String eine laufende Nummer angehängt wird.

Ähnlich wie der `ReplaceObjectOutputStream` lässt sich ein `ReplaceObjectInputStream` gestalten.

Klasse Replace-
ObjectInputStream

```
public class ReplaceObjectInputStream extends ObjectInputStream
{
  static int countMsg = 0;
```

Substitution von Objekten

```
  public ReplaceObjectInputStream(InputStream is) throws IOException
  {
    super(is);
    enableResolveObject(true);
  }

  protected Object resolveObject(Object obj) throws IOException
  {
    if(obj instanceof Message)
    {
      countMsg++;
    }
    return obj;
  }
}
```

Auch hier muss der Konstruktor den Stream weiter an die Oberklasse leiten. Durch den Aufruf von enableResolveObject(true) wird für jedes gelesene Objekt die Methode resolveObject() aufgerufen und das Objekt wird gegebenenfalls ersetzt. In diesem Beispiel werden nur alle eintreffenden Nachrichten gezählt, eine Ersetzung wird nicht vorgenommen.

Ein einfaches Testprogramm wird in Programm 5.16 gezeigt:

```
try
{
  // schreibe Objekte
  OutputStream fos = new FileOutputStream("c:/Test.txt");
  ObjectOutputStream oos = new ObjectOutputStream(fos);
  oos.writeObject(new TextMessage("Hallo"));
  oos.flush();

  // lese Objekte
  InputStream fis = new FileInputStream("c:/Test.txt");
  ReplaceObjectInputStream ois = new ReplaceObjectInputStream(fis);
  Message msg = (Message) ois.readObject();
  if (msg.getClass() == TextMessage.class)
  {
    TextMessage textMsg = (TextMessage) msg;
    // Text aus Nachricht anzeigen
    System.out.println(textMsg.getText());
  }
  ...
}
catch(Exception e)
{
  e.printStackTrace();
}
```

Programm 5.16:
Ersetzen von Objekten durch einen Stream

5.7 Beschleunigung der Serialisierung

SUID fest in Klasse kodieren

Für manche Anwendungen ist der Serialisierungsprozess evtl. zu langsam. Der einfachste Weg diesen zu beschleunigen, ist den SUID fest in die zu serialisierende Klasse zu integrieren. Über das in der J2SE enthaltene Tool `serialver` lässt sich der SUID einer Klasse berechnen. Die Eingabe `serialver List` auf Kommandozeilenebene ergibt folgende Ausgabe:

```
List:    static final long serialVersionUID = -5660893197890093999L;
```

Der berechnete Wert muss daraufhin nur noch in die Klasse eingefügt werden:

```
class List implements java.io.Serializable
{
  static final long serialVersionUID = -5660893197890093999L;
  String hallo;
  List next;
}
```

Sobald die Variable in der Klasse ergänzt wurde, muss der SUID nicht mehr bei der Serialisierung von Objekten der Klasse `List` neu berechnet werden.

Verwendung von transient

Eine zweite Möglichkeit die Serialisierung zu beschleunigen, ist – falls nicht schon geschehen – alle nicht benötigten Attribute mit dem Schlüsselwort `transient` von der Serialisierung zu entbinden.

Verwendung von Externalizable

Eine dritte Möglichkeit besteht darin, das Interface **Externalizable** anstelle von `Serializable` zu implementieren. Die Klasse ist dann selbst dafür verantwortlich, welche Daten geschrieben (und gelesen) werden und muss die beiden Methoden

- `void readExternal(ObjectInput in)`
- `void writeExternal(ObjectOutput out)`

implementieren. Durch die Verwendung des Interfaces `Externalizable` werden nahezu alle Aufrufe der Reflection-API umgangen und somit Zeit eingespart [Grosso 2001]. Die Klasse, die das Interface `Externalizable` implementiert, benötigt Zugriff auf ihren Standardkonstruktor, da sie während des Deserialisierungsprozesses erstellt werden muss, bevor durch `readExternal()` die Daten gelesen werden.

Wie sich die Schnittstelle `Externalizable` im Vergleich zu `Serializable` verhält, erkennt man am besten an einem Beispielprogramm. Programm 5.17 zeigt eine Klasse, die die Serialisierung über das Interface `Serializable` vornimmt.

Beschleunigung der Serialisierung

```java
public class MySerializableClass extends MyUpperClass
  implements Serializable
{
  int first;
  long second;

  public MySerializableClass(int first, long second)
  {
    this.first = first;
    this.second = second;
  }

  public static void main(String[] args)
  {
    try
    {
      ByteArrayOutputStream o = new ByteArrayOutputStream();
      ObjectOutputStream oos = new ObjectOutputStream(o);
      MySerializableClass m = new MySerializableClass(1, 2);
      oos.writeObject(m);
      oos.flush();
      Serialization.Print.printStream(o);
    }
    catch(IOException e)
    {
      e.printStackTrace();
    }
  }
}
```

Programm 5.17:
Serialisierung über Serializable

Programm 5.18 zeigt die gleiche Klasse, die die Serialisierung über das Interface Externalizable vornimmt.

```java
public class MyExternalizableClass extends MyUpperClass
  implements Externalizable
{
  int first;
  long second;

  public MyExternalizableClass(int first, long second)
  {
    this.first = first;
    this.second = second;
  }

  public void readExternal(java.io.ObjectInput in)
    throws IOException, ClassNotFoundException
  {
    first = in.readInt();
    second = in.readInt();
  }
```

Programm 5.18:
Serialisierung über Externalizable

```
      public void writeExternal(java.io.ObjectOutput out)
        throws IOException
      {
        out.writeInt(first);
        out.writeLong(second);
      }

      public static void main(String[] args)
      {
        try
        {
          ByteArrayOutputStream o = new ByteArrayOutputStream();
          ObjectOutputStream oos = new ObjectOutputStream(o);
          MyExternalizableClass m = new MyExternalizableClass(1, 2);
          oos.writeObject(m);
          oos.flush();
          Serialization.Print.printStream(o);
        }
        catch(IOException e)
        {
          e.printStackTrace();
        }
      }
    }
```

Dabei erben beide Klassen von der Klasse `MyUpperClass`.

Klasse MyUpperClass

```
public class MyUpperClass
{
  int uppInteger = 4;

  public MyUpperClass()
  {
  }
}
```

Die Frage, die sich jetzt stellt, ist, welche Daten werden bei der Serialisierung über `Serializable` in den Stream geschrieben, welche bei `Externalizable`.

Stream, der bei Serializable entsteht

```
AC ED 00 05 73 72 00 2A 53 65 72 69 61 6C 69 7A 61 74 69 6F 6E 2E 45
          s  r     *  S  e  r  i  a  l  i  z  a  t  i  o  n  .  E

78 74 65 72 6E 61 6C 2E 4D 79 53 65 72 69 61 6C 69 7A 61 62 6C 65 43
 x  t  e  r  n  a  l  .  M  y  S  e  r  i  a  l  i  z  a  b  l  e  C

6C 61 73 73 DB 06 12 26 52 58 70 5F 02 00 02 49 00 05 66 69 72 73 74
 l  a  s  s           &  R  X  p  _         I        f  i  r  s  t
```

```
4A 00 06 73 65 63 6F 6E 64 78 70 00 00 00 01 00 00 00 00 00 00 00 00 02
J     s  e  c  o  n  d  x  p
```

```
AC ED 00 05 73 72 00 2C 53 65 72 69 61 6C 69 7A 61 74 69 6F 6E 2E 45
         s  r     ,  S  e  r  i  a  l  i  z  a  t  i  o  n  .  E
```
Stream, der bei Externalizable entsteht

```
78 74 65 72 6E 61 6C 2E 4D 79 45 78 74 65 72 6E 61 6C 69 7A 61 62 6C
x  t  e  r  n  a  l  .  M  y  E  x  t  e  r  n  a  l  i  z  a  b  l
```

```
65 43 6C 61 73 73 A4 7B D7 16 46 8F 24 D9 0C 00 00 78 70 77 0C 00 00
e  C  l  a  s  s     {        F     $              x  p  w
```

```
00 01 00 00 00 00 00 00 00 02 78
                              x
```

Man sieht, dass bei der Verwendung von Externalizable weniger Daten übertragen wurden. Doch welche Daten fallen bei der Verwendung von Externalizable weg? Die beiden Attributbezeichnungen first und second wurden nicht in den Stream geschrieben. Das ist auch sinnvoll, da die Klasse sich selbst darum kümmert, welche Werte in welcher Reihenfolge in den Stream geschrieben werden.

Durch die Verwendung von Externalizable lassen sich also sowohl einige Aufrufe der Reflection-API als auch einige Bytes einsparen. Für zeitkritische Anwendungen ist daher durchaus zu überlegen, ob eine Implementierung des Interfaces Externalizable sinnvoll ist. Ansonsten bringt eine Implementierung des Interfaces einiges an Arbeit mit sich und verlangt bei jeder Änderung der Klasse eine Anpassung.

Externalizable für zeitkritische Anwendugen

Falls sicherheitskritische Daten geschrieben werden, sollte dem Anwendungsprogrammierer bewusst sein, dass die Methoden readExternal() und writeExternal() durch den Modifier public deklariert sind und somit an anderen Stellen des Programms aufgerufen werden können.

5.8 Versionsverwaltung

Man stelle sich ein Programm vor, welches auf vielen verschiedenen Rechnern läuft. Auf einigen Rechnern wird eine neue Version des Programms aufgespielt, wobei bei der neuen Version einige Objekte, die über das Netz geschickt werden, um Daten ergänzt wurden. Damit die alte Version des Programms mit

Versionsverwaltung mit Externalizable koppelbar

der neuen kompatibel ist, kann man den SUID eines Objekts überschreiben. Dadurch ist es möglich, Objekte verschiedener Versionen mit dem gleichen SUID zu empfangen.

Um verschiedene Versionen zu unterscheiden, kann beispielsweise zuerst eine Versionsnummer in den Stream geschrieben werden. Weil aber beide Seiten nicht mehr über dieselben Attribute verfügen, die geschrieben und gelesen werden, verlieren die Methoden defaultWriteObject() und defaultReadObject() weitgehend ihren Nutzen. Daher lässt sich eine Versionsverwaltung sehr gut mit dem Einsatz des Interfaces Externalizable koppeln, denn in diesem Zusammenhang werden die beiden Methoden nicht eingesetzt.

Programm 5.19 zeigt die erste Version einer Klasse, die Externalizable implementiert. Objekte dieser Klasse schreiben während der Serialisierung eine Versionsnummer und einen String in den Stream.

***Programm 5.19:** Version 1 des Objekts*

```java
package Serialization.Versioning;

import java.io.*;

public class Version implements Externalizable
{
  final int version = 1;
  static final long serialVersionUID = 1;

  String str;

  public void setString(String str)
  {
    this.str = str;
  }

  public String getString()
  {
    return str;
  }

  public void readExternal(ObjectInput in)
    throws IOException, ClassNotFoundException
  {
    // erste Version der Klasse macht nichts mit Versionsnummer
    int writerVersion = in.readInt();
    str = (String) in.readObject();
  }

  public void writeExternal(ObjectOutput out) throws IOException
  {
    out.writeInt(version);
    out.writeObject(str);
  }
}
```

Versionsverwaltung

Programm 5.20 zeigt eine zweite Version der Klasse. In ihr wird anhand der Versionsnummer des Senders unterschieden, ob sie den gleichen Lesevorgang wie die erste Version der Klasse ausführt oder ob sie die Daten liest, die sie von der neueren Version erwartet.

Programm 5.20: *Version 2 des Objekts*

```java
package Serialization.Versioning;

import java.io.*;

public class Version implements Externalizable
{
  final int version = 2;
  static final long serialVersionUID = 1;

  String str;
  int year;

  public void setString(String str)
  {
    this.str = str;
  }

  public void setYear(int year)
  {
    this.year = year;
  }

  public String getString()
  {
    return str;
  }

  public int getYear()
  {
    return year;
  }

  public void readExternal(ObjectInput in)
    throws IOException, ClassNotFoundException
  {
    int writerVersion = in.readInt();
    switch(writerVersion)
    {
      // Sender hat Version 1: Lese nur den String
      case 1:
        str = (String) in.readObject();
        break;
      default:
        str = (String) in.readObject();
        year = in.readInt();
    }
  }
}
```

```
public void writeExternal(ObjectOutput out) throws IOException
{
  out.writeInt(version);
  out.writeObject(str);
  out.writeInt(year);
}
}
```

Die Versionsunterscheidung ist nur möglich durch die Festsetzung des SUID. Ansonsten würde aufgrund der unterschiedlichen SUIDs eine Exception während der Übertragung auftreten.

Nachdem die wesentlichen Facetten der Objektserialisierung behandelt worden sind, wird im nächsten Kapitel der entfernte Methodenaufruf (Remote Method Invocation, RMI) vorgestellt, der für die Übertragung von Objekten einen Teil der eben vorgestellten Serialisierungsmechanismen verwendet.

5.9 Aufgaben zu Serialisierung

Wiederholung

W1. Was versteht man unter Serialisierung, was unter Deserialisierung (in einem Satz)?

W2. Welche Bedingungen muss eine Klasse erfüllen, damit sie serialisierbar ist?

W3. Mit welchem Modifier werden Attribute gekennzeichnet, um sie von der Serialisierung auszuschließen? Wie können Attribute als serialisierbar deklariert werden?

W4. Wofür steht die Abkürzung SUID? Wofür wird der SUID verwendet? Durch welches Feld wird der SUID in einer Klasse festgesetzt?

W5. Was ist der Vorteil eines Nachrichtenkonzepts?

W6. Auf welche Weise können verschiedene Nachrichtentypen unterschieden werden?

W7. Warum benötigt eine serialisierbare Klasse Zugriff auf den Standardkonstruktor einer Oberklasse?

W8. Was sind die Vor- und Nachteile beim Einsatz von Externalizable im Vergleich zum Einsatz von Serializable?

W9. Warum muss bei der Verwendung des Interfaces Externalizable die zu serialisierende Klasse Zugriff auf den Standardkonstruktor haben?

W10. Warum muss bei der Verwendung des Interfaces Externalizable die Schreibe- und Lesereihenfolge beachtet werden?

Aufgaben zu Serialisierung

V1. Warum wird vor **und** nach dem Schreiben einer Exception *Vertiefung* in den Stream ein Reset ausgeführt?

V2. Analysieren Sie folgenden Stream:

AC ED 00 05 75 72 00 02 5B 49 4D BA 60 26 76 EA B2 A5 02 00 00
            u r   [I M   ` & v

78 70 00 00 00 03 00 00 00 01 00 00 00 03 00 00 00 08
x p

V3. Welche Ausgabe liefert folgendes Programm?

```java
import java.io.*;

public class ReplaceObjectOutputStream extends
  ObjectOutputStream
{
  static int id = 0;

  public ReplaceObjectOutputStream(OutputStream os)
    throws IOException
  {
    super(os);
    enableReplaceObject(true);
  }

  protected Object replaceObject(Object obj) throws IOException
  {
    if(obj instanceof String)
    {
      id++;
      String s = (String) obj;
      return s + id;
    }
    return obj;
  }

  public static void main(String[] args)
  {
    try
    {
      // schreibe Objekte
      OutputStream fos = new FileOutputStream("c:/Test.txt");
      ReplaceObjectOutputStream oos =
        new ReplaceObjectOutputStream(fos);
      oos.writeObject("Hallo");
      oos.writeObject("Hallo");
      oos.flush();

      // lese Objekte
      InputStream fis = new FileInputStream("c:/Test.txt");
      ObjectInputStream ois = new ObjectInputStream(fis);
      String obj = (String) ois.readObject();
      System.out.print(obj);
      obj = (String) ois.readObject();
      System.out.println(obj);
    }
```

```
      catch(Exception e)
      {
        e.printStackTrace();
      }
    }
  }
}
```

Implementierung   I1.   Schreiben Sie ein Programm, welches die `ObjectStreamClass` der Klasse `String` ausgibt.

I2.   Entwerfen Sie eine serialisierbare Klasse `Person` mit den Attributen `Name` (String), `Vorname` (String), `Beruf` (String), `Gehalt` (int), `Geburtsjahr` (int). Übertragen Sie diese Klasse über eine Socket-Verbindung.

I3.   Es stellt sich heraus, dass eine `int`-Variable nicht ausreicht, um Manager-Gehälter zu speichern. Entwickeln Sie eine zweite Version der Klasse `Person`, die Gehalt als `long` speichert und kompatibel mit der ersten ist. Führen Sie eine Kommunikation zwischen dem Server aus Aufgabe I2 und dem Client aus Aufgabe I3 durch und umgekehrt.

Kapitel 6: Verteilte Objekte durch RMI

In diesem Kapitel beschreiben wir einen alternativen Ansatz zur Entwicklung verteilter Anwendungen, der auf der Verteilung von Objekten beruht und eng an die Programmiersprache Java geknüpft ist. Die Rede ist vom **entfernten Methodenaufruf (Remote Method Invocation, RMI)**, der eine Verteilung von Objekten auf mehrere Rechner bzw. auf mehrere virtuelle Maschinen erlaubt. Man unterteilt Objekte dann in so genannte **lokale** und **entfernte Objekte** und unterscheidet entsprechend den Aufruf einer lokalen und entfernten Methode. Lokale und entfernte Objekte können vom Client jedoch nicht unterschieden werden und realisieren dadurch **Ortstransparenz**. Ein Client kann mit entfernten Objekten genau wie mit lokalen arbeiten. Ein Methodenaufruf auf einem entfernten Objekt verhält sich identisch zum Aufruf einer Methode auf einem lokalen Objekt.

Überblick

Durch den Einsatz von RMI ergeben sich folgende Vorteile bei der Entwicklung verteilter Anwendungen:

Vorteile von RMI

- RMI versteckt die gesamten Details der Netzwerkkommunikation vor dem Entwickler und erzielt dadurch ein hohes Maß an Verteilungstransparenz. Der Entwickler muss sich weder Gedanken um ein anwendungsspezifisches Kommunikationsprotokoll noch um einen Datenaustausch über Sockets machen.

- RMI unterstützt die Verteilung von Objekten durch einen Namensdienst, der RMI-Registry genannt wird.

- RMI ermöglicht das dynamische Laden von Code und damit Funktionalität unter Berücksichtigung der Sicherheitsmechanismen von Java.

- In der Standardedition von Java sind bereits sämtliche notwendigen Klassen, Interfaces, usw. enthalten, um mit der Entwicklung verteilter Anwendungen beginnen zu können. Zusätzlich beinhaltet die Standardedition einen RMI-Compiler und eine einfache RMI-Registry.

- Interaktionen zwischen einem Client und einem Server laufen klar geordnet ab. Entfernte Objekte warten blockierend auf den Aufruf eine ihrer Methoden durch den Client. Die Kommunikation zwischen Client und Server ist deshalb synchron.

- Die RMI-Spezifikation ist von Sun Microsystems offen gelegt und kann unter [Sun/RMISpec 2004] heruntergeladen werden.

Nachteile von RMI

Die Entwicklung einer verteilten Anwendung mit RMI hat aber auch Nachteile:

- RMI basiert auf den objektorientierten Konzepten der Sprache Java. Demzufolge ist eine Integration von RMI mit anderen Verteilungstechniken – insbesondere anderen Programmiersprachen – nur schwierig möglich wenn nicht unmöglich.

- RMI verwendet einen Namensdienst. Der mitgelieferte Namensdienst ist sehr einfach strukturiert – für manche Anwendungen evtl. zu einfach – und realisiert eine flache Abbildung von Dienstnamen auf entfernte Objekte.

- Greifen mehrere Clients gleichzeitig auf dasselbe entfernte Objekt zu, müssen die konkurrierenden Zugriffe synchronisiert werden. Diese Synchronisation liegt im Verantwortungsbereich des Entwicklers und wird nicht automatisch von RMI realisiert.

- Der Aufruf einer entfernten Methode dauert systembedingt länger als der Aufruf einer lokalen Methode, weil der Methodenaufruf zunächst über das Verbindungsnetz übertragen werden muss. Eine unüberlegte Verteilung von Funktionalität kann schnell zu Performanceeinbußen führen.

- Tritt bei der Kommunikation mit dem entfernten Rechner ein Fehler auf, kann der Aufruf einer entfernten Methode auch fehlschlagen. Dies ist bei lokalen Methoden nicht der Fall.

6.1 Struktur einer RMI-Anwendung

Eine verteilte Anwendung basierend auf RMI besteht aus folgenden Komponenten (siehe Bild 6.1):

- **RMI-Client**
- **Stub (-Objekte)**
- **Skeleton (-Objekte)**
- **RMI-Registry**
- **RMI-Server und entfernte Objekte**

RMI-Client

Es können ein oder mehrere RMI-Clients in einer verteilten Anwendung vorkommen. Ein RMI-Client holt sich eine Referenz auf ein entferntes Objekt und benutzt es fortan wie ein lokales Objekt. RMI-Clients senden **keine** Anfragen (requests) mehr an den RMI-Server. Die request/reply-Kommunikation wird vollständig durch den Aufruf von Methoden ersetzt.

Stub

Ein Stub-Objekt ist ein **(client-seitiger) Stellvertreter** für das entfernte Objekt beim RMI-Server. Ruft ein RMI-Client eine Methode auf einem entfernten Objekt auf, wird der Aufruf an das Stub-Objekt delegiert. Die Aufgabe des Stub-Objekts liegt in der

Weiterleitung des Methodenaufrufs an das entfernte Objekt. Dazu muss das Stub-Objekt die übergebenen Parameter in eine übertragbare Form bringen *(marshalling)* und sie an das entfernte Objekt übertragen. Ebenso muss das Stub-Objekt Rückgabewerte wieder in eine sinnvolle Form umwandeln *(unmarshalling)*.

Ein Skeleton-Objekt ist ein *(server-seitiger) Stellvertreter* für das aufrufende Objekt. Es realisiert ebenfalls marshalling und unmarshalling und ruft die gewünschte entfernte Methode auf.
Skeleton

Die RMI-Registry implementiert einen **Namensdienst** der eine Abbildung von Dienstnamen auf entfernte Objekte realisiert. Ein RMI-Client, der einen bestimmten Dienst aufrufen möchte, fragt also zunächst bei der RMI-Registry nach, welches entfernte Objekt für ihn das richtige ist und ruft anschließend eine Methode auf dem entfernten Objekt auf.
RMI-Registry

Ein entferntes Objekt bietet Methoden an, die von einem RMI-Client aufgerufen werden können. Jedes entfernte Objekt muss bei der RMI-Registry bekannt gemacht werden. Der RMI-Server instantiiert ein entferntes Objekt und registriert es unter einem bestimmten Dienstnamen bei der RMI-Registry. Er wartet passiv auf den Aufruf einer Methode durch einen RMI-Client.
RMI-Server

6.2   Ablauf eines entfernten Methodenaufrufs

Um das Zusammenwirken der Komponenten einer RMI-Anwendung besser zu verstehen, analysieren wir den schematischen Ablauf eines entfernten Methodenaufrufs. Betrachten wir dazu das Bild 6.1. Es zeigt zwölf Schritte bei der Durchführung eines entfernten Methodenaufrufs:

1. Der RMI-Server macht die entfernten Objekte bei der RMI-Registry bekannt, d.h. er bindet einen bestimmten Dienstnamen an ein entferntes Objekt.

2. Der RMI-Client möchte ein entferntes Objekt benutzen. Dazu erfragt er bei der RMI-Registry, welches entfernte Objekt für den gewünschten Dienst verantwortlich ist. Ist der Dienst in der RMI-Registry bekannt, gibt es zwei verschiedene Vorgehensweisen:

    a) Die benötigte Stub-Klasse wird zum RMI-Client übertragen, damit dieser sie für einen entfernten Methodenaufruf benutzen kann. Es wird ein neues Stub-Objekt aus der übergebenen Stub-Klasse erzeugt. Dieses Stub-Objekt verwendet der RMI-Client zum Aufruf einer entfernten Methode. Dieser Ansatz hat den Vorteil, dass ein RMI-Client dynamisch diejenigen Stub-Klassen anfordern kann, die er tatsächlich benötigt. Leider ermöglicht dieser Ansatz evtl. auch das einschleusen schädlichen Codes in den RMI-Client.

b) Die Stub-Klassen befinden sich bereits im Arbeitsverzeichnis des RMI-Clients. Die RMI-Registry sagt dem RMI-Client nur noch, welche Stub-Klasse für das entfernte Objekt genutzt werden muss. Dazu liefert die RMI-Registry eine Referenz auf das entfernte Objekt zurück. Die Entwicklung eines RMI-Client wird einfacher, wenn man alle notwendigen Stub-Klassen in dessen Arbeitsverzeichnis zur Verfügung stellt. Leider werden dadurch auch Stub-Klassen bereitgestellt, die der RMI-Client evtl. nicht benötigt.

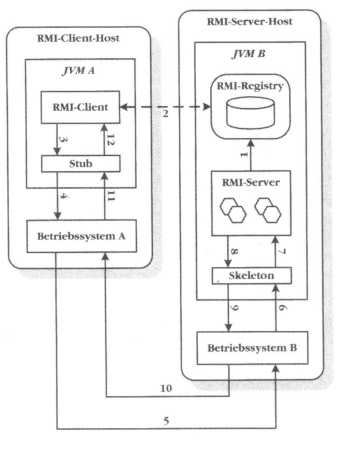

Bild 6.1: *Struktur einer RMI-Kommunikation*

3. Steht eine Referenz auf ein entferntes Objekt in Form eines Stub-Objekts zur Verfügung, kann der RMI-Client eine Methode von diesem Objekt aufrufen.

4. Das Stub-Objekt verpackt die übergebenen Parameter (marshalling) und sendet den Methodenaufruf an den RMI-Server. Dazu ruft das Stub-Objekt Funktionen des zugrunde liegen-

den Betriebssystems auf und wartet blockierend auf eine Antwort.

5. Das Betriebssystem überträgt die Daten über das physikalische Netzwerk zum entfernten Host. Dazu müssen beide Hosts durch ein Netzwerk miteinander verbunden sein und einen kompatiblen Protokollstack besitzen.

6. Das entfernte Betriebssystem nimmt die Anfrage entgegen und übergibt sie an das Skeleton-Objekt in der JVM.

7. Das Skeleton-Objekt generiert aus der erhaltenen Anfrage und den Parametern wieder einen Methodenaufruf (unmarshalling) und ruft die gewünschte entfernte Methode auf.

8. Die entfernte Methode erbringt ihren Dienst und liefert das Ergebnis an die aufrufende Methode zurück. Die aufrufende Methode befindet sich innerhalb des Skeleton-Objekts.

9. Das Skeleton-Objekt nimmt den Rückgabewert entgegen, verpackt ihn für die Übertragung (marshalling) und gibt die Antwortnachricht an das Betriebssystem.

10. Das entfernte Betriebssystem sendet die Antwort an das lokale Betriebssystem über das eingesetzte Verbindungsnetzwerk.

11. Das lokale Betriebssystem nimmt die Antwort entgegen und gibt sie an das Stub-Objekt weiter.

12. Das Stub-Objekt entpackt den erhaltenen Rückgabewert (unmarshalling) und gibt das Ergebnis an den RMI-Client zurück.

Der RMI-Client erhält den Rückgabewert der entfernten Methode und kann ihn verarbeiten. Die notwendige Netzwerkkommunikation ist für den RMI-Client verborgen geblieben.

Offen ist noch die Frage, wie der RMI-Client eine Anfrage an die RMI-Registry senden kann. Dazu gibt es spezielle Klassen bzw. Methoden, die das Nachschlagen eines Dienstes erlauben. Der RMI-Client muss lediglich wissen auf welchem Rechner und an welchem Port die RMI-Registry ausgeführt wird. Die RMI-Spezifikation legt den Port 1099 als well-known Port für die RMI-Registry auf einem Rechner fest.

RMI-Registry arbeitet an well-known Port

6.3 Parameterübergabe und das RMI Wire-Protocol

In Java wird jede Methode mit einer (evtl. leeren) Menge von Parametern aufgerufen und liefert genau ein oder kein Ergebnis zurück. Als Parameter und als Rückgabewert kommen primitive Datentypen oder Objekte in Frage. Die Objekte können Instanzen von Klassen sein, die aus den Standardpaketen von Java stammen oder von einem Programmierer selbst entwickelt worden sein. Diese Eigenschaften treffen nicht nur für konventionelle (nicht-verteilte) Anwendungen zu, sondern auch für verteilte

Methodenaufrufe in Java

Anwendung, die auf RMI basieren. Deshalb stellt sich die Frage, wie eine Parameterübergabe an eine entfernte Methode realisiert wird. Erwartet eine Methode keine Parameter und liefert auch kein Ergebnis zurück, erübrigt sich das Problem. Andernfalls muss man sich Gedanken über die Übertragung von primitiven Datentypen und Objekten machen.

Übertragung von Objekten

Damit Objekte bei einem entfernten Methodenaufruf als Parameter oder Rückgabewert übergeben werden können, müssen ihre Klassen serialisierbar (vgl. Kapitel 5) sein. Die Objekte werden dann bei einem entfernten Methodenaufruf vom RMI-Client auf den RMI-Server kopiert, d.h. ein Objekt mit identischen Eigenschaften wird auf dem RMI-Server erzeugt. Analoges gilt, falls der Rückgabewert ein Objekt ist.

Übertragung von primitiven Datentypen

Handelt es sich bei den Parametern um primitive Datentypen – wie beispielsweise boolean, int, float, ... – können sie wie Objekte übertragen werden. Zu jedem primitiven Datentyp existiert eine **Wrapper-Klasse**, die serialisierbar ist und deshalb zur Übertragung genutzt werden kann. Beispielsweise existiert zum primitiven Typ int eine Wrapper-Klasse Integer, die serialisierbar ist und demnach zur Übertragung von int-Werten benutzt werden kann.

RMI Wire-Protocol

Um eine entfernte Methode aufrufen zu können, müssen neben der Übergabe von Parametern und Rückgabewerten, die ausgetauschten Nachrichten zwischen RMI-Client und RMI-Server definiert werden. Diese Nachrichten werden in [Sun/RMISpec 2004] definiert und als RMI Wire-Protocol bezeichnet. Das RMI Wire-Protocol benutzt – wie oben erläutert – die Serialisierung zur Übertragung von Parametern und Rückgabewerten. Die Kommunikation zwischen einem RMI-Client und einem RMI-Server erfolgt – analog zur Sprechweise in Java – über einen so genannten Strom (stream). Dabei fließt der Ausgabestrom (output stream) vom RMI-Client zum RMI-Server und der Eingabestrom (input stream) in umgekehrter Richtung.

output stream

Über einen Ausgabestrom können zwei verschiedene Anfragen gesendet werden: eine **einfache Anfrage** und die **HTTP-Anfrage**. Die HTTP-Anfrage wird hier nicht näher betrachtet. Der Aufbau einer einfachen Anfrage ist in Bild 6.2 dargestellt.

Parameterübergabe und das RMI Wire-Protocol

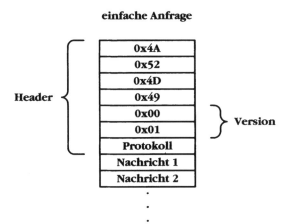

Bild 6.2: *Aufbau einer einfachen Anfrage*

Eine einfache Anfrage setzt sich aus einem **Header** und einer nicht-leeren **Menge von Nachrichten** zusammen. Der Header beinhaltet neben der Versions- eine Protokollnummer. Die Protokollnummer definiert, wie die Nachrichten aufgebaut sind. RMI unterstützt drei verschiedene Protokolle:

- StreamProtcol (0x4B)
- SingleOpProtocol (0x4C)
- MultiplexProtocol (0x4D)

Laut [Sun/RMISpec 2004] kann eine (Anfrage-)Nachricht entweder ein Call (0x50), Ping (0x52) oder DgcAck (0x54) sein. Die Ping-Nachricht prüft die Erreichbarkeit der entfernten JVM, d.h. ob die entfernte JVM auf Anfragen reagiert. Die Call-Nachricht beinhaltet einen entfernten Methodenaufruf. DgcAck ist eine Benachrichtigung an den verteilten Garbage Collector des RMI-Servers.

Call, Ping und DgcAck

Über einen Eingabestrom kann ein RMI-Client drei verschiedene Antworten empfangen:

input stream

- Die Anfrage war erfolgreich. Die Antwort beinhaltet die Rückgabewerte.
- Die Anfrage war nicht erfolgreich.
- Die Antwort gehört zu einer HTTP-Anfrage.

In Bild 6.3 ist die Struktur der ersten beiden Antworten dargestellt. Die HTTP-Antwort betrachten wir an dieser Stelle nicht näher.

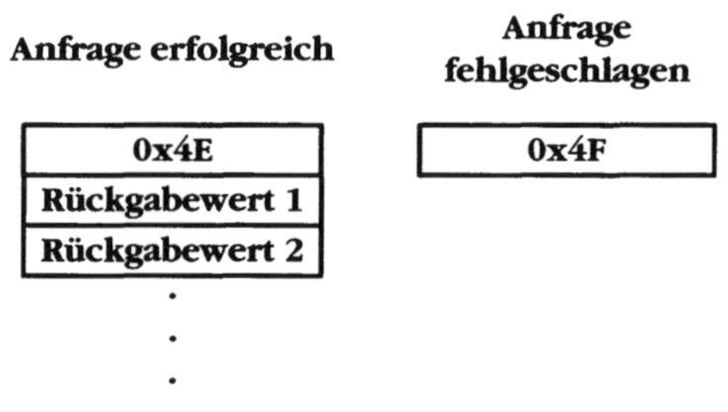

Bild 6.3: *Antwortnachrichten*

Anfrage erfolgreich

0x4E
Rückgabewert 1
Rückgabewert 2
.
.
.

Anfrage fehlgeschlagen

0x4F

Bei den Rückgabewerten handelt es sich entweder um ein Ping-Ack (0x53) oder um einen tatsächlichen Rückgabewert (0x51), der durch einen Tripel identifiziert wird. Weil ein entfernter Methodenaufruf erfolgreich sein oder fehlschlagen kann, gibt es zwei verschiedene Tripel zur Identifikation eines tatsächlichen Rückgabewerts:

- 0x01 UniqueIdentifier [Value] ist der Rückgabewert eines erfolgreichen Aufrufs einer entfernten Methode.
- 0x02 UniqueIdentifier Exception ist der Rückgabewert eines fehlgeschlagenen entfernten Methodenaufrufs und liefert die aufgetretene Ausnahme zurück.

Glücklicherweise muss sich ein Entwickler nicht mit dem RMI Wire-Protocol auseinandersetzen. Die Details der Kommunikation werden vollständig durch das Paket java.rmi gekapselt. Es sollte an dieser Stelle nur deutlich werden, dass eine Kommunikation über RMI eine Abstraktion einer einfachen Socket-Kommunikation darstellt und durch ein spezifisches Anwendungsprotokoll (RMI Wire-Protocol) implementiert wird.

6.4 Werkzeuge

Generator und Namensdienst

Um eine verteilte Anwendung basierend auf RMI zu implementieren, benötigen wir einen Namensdienst, Stub-Klassen und Skeleton-Klassen. Um die Arbeit des Entwicklers zu minimieren, liefert Java einen einfachen Namensdienst und ein Werkzeug zur Erzeugung von Stubs und Skeletons mit. Diese Werkzeuge sollen kurz vorgestellt werden, um die Arbeit mit ihnen zu erleichtern.

Der Stub- und Skeleton-Generator rmic

Mit Hilfe von rmic lassen sich Stubs und Skeletons automatisch aus Klassendateien generieren. Dazu genügt der Aufruf rmic <Optionen> <Klassen>. Als Optionen sind unter anderen möglich:

- -keep / -keepgenerated

  Die Quelldateien (*.java) der Stubs und Skeletons werden nach Erzeugung der Klassendateien (*.class) nicht gelöscht.

Werkzeuge

- -v1.1 / -vcompat / -v1.2

  RMI existiert in mehreren Versionen. Durch den Schalter -v1.1 wird Code für das RMI-Protokoll der Version 1.1 erzeugt. Analog erzeugt -v1.2 Code für das RMI-Protokoll der Version 1.2. -vcompat erzeugt Code, der mit beiden Protokollversionen kompatibel ist. Die Option -v1.2 ist die Standardeinstellung, falls nichts angegeben wird.

- -iiop / -idl

  Mit -iiop werden auch Stubs für das Internet Inter-ORB Protocol (IIOP) erzeugt. Dadurch wird eine Kommunikation auf Basis von CORBA (siehe Kapitel 7) möglich. Die Option -idl erzeugt eine Interface Definition Language (IDL) Datei für CORBA.

- -g / -nowarn / -verbose

  Durch die Option -g werden Debugging-Informationen auf Konsole ausgegeben. -nowarn unterdrückt die Ausgabe von Warnungen durch rmic. Durch -verbose wird rmic angewiesen, möglichst viele Informationen über die aktuelle Arbeit auf Konsole auszugeben.

- -nowrite

  Diese Option verhindert, dass erzeugte Klassendateien auch geschrieben werden und ist für Testzwecke interessant.

- -classpath <Pfad>

  Mit dieser Option kann der Pfad zu den .class-Dateien angegeben werden, für die Stubs und Skeletons generiert werden sollen.

- -bootclasspath <Pfad>

  Um einen anderen Pfad zu den Klassendateien der RMI-Registry zu definieren, kann diese Option verwendet werden. Dadurch lässt sich beispielsweise eine alternative Implementierung der Registry testen.

- -d <Verzeichnis>

  Standardmäßig werden die erzeugten Stubs and Skeletons in demselben Verzeichnis abgelegt, wie die zugrunde liegenden Klassendateien. Mit dieser Option lässt sich aber auch ein anderes Verzeichnis angeben.

Der Namensdienst rmiregistry

Java liefert einen einfachen, flachen Namensdienst zur Abbildung von Dienstnamen auf entfernte Objekte mit. Dieser Namensdienst wird durch die Anwendung rmiregistry implementiert. Um den Namendienst an dem Standardport 1099 zu starten, genügt der Aufruf rmiregistry. Soll der Namensdienst an einem anderen Port ausgeführt werden, muss man rmiregistry <Port> eingeben.

6.5 Fallbeispiel: Entwicklung eines Multiservice-Servers

Zielsetzung

Nachdem die theoretischen Hintergründe des entfernten Methodenaufrufs vorgestellt wurden, wollen wir nun eine verteilte Anwendung auf Basis von RMI schrittweise entwickeln. Dazu implementieren wir einen **Multiservice-Server**, d.h. einen Server, der ***mehrere Dienste*** gleichzeitig anbieten kann. Dieser Multiservice-Server soll dynamisch rekonfigurierbar sein, d.h. zur Laufzeit des Servers sollen neue Dienste hinzugefügt bzw. bestehende Dienste beendet werden können. Um das Fallbeispiel übersichtlich zu halten, werden wir nur die bekannten Dienste TIME, DAYTIME und ECHO anbieten. Weitere Dienste werden analog zum Fallbeispiel entwickelt. Die implementierten Klassen werden in dem Package RMIExamples.MultiserviceServer zusammengefasst.

6.5.1 Implementierung einer Dienstauskunft

Bevor wir mit der Implementierung des eigentlichen Multiservice-Servers beginnen, entwickeln wir ein kleines Hilfsprogramm, welches uns den Test des Multiservice-Servers erleichtern wird. Die Rede ist von dem Programm ServiceList, das eine Liste aller entfernten Objekte ausgibt, die in einer Registrierung hinterlegt wurden. Programm 6.1 zeigt die Implementierung von ServiceList.

Programm 6.1: ServiceList

```
package RMIExamples;

import java.rmi.*;
import java.net.*;

public class ServiceList
{
  public static void main(String args[])
  {
    try
    {
      switch(args.length)
      {
        case 1:
          String services[] = null;
          // Service-Liste von Registrierung anfordern
          services = Naming.list(args[0]);
          System.out.println(services.length +
            " Dienst(e) registriert:");
```

Fallbeispiel: Entwicklung eines Multiservice-Servers

```
              for(int i = 0; i < services.length; i++)
              {
                System.out.println("  " + services[i]);
              }
              break;
           default:
              System.err.println("Syntax:");
              System.err.println("  java ServiceList <Registry-URL>");
              System.err.println("Beispiel: ");
              System.err.println("  java ServiceList " +
                "//localhost:1099\n");
              System.exit(-1);
              break;
         }
      }
      catch(RemoteException e)
      {
        System.err.println(e.toString());
        System.exit(-1);
      }
      catch(MalformedURLException e)
      {
        System.err.println(e.toString());
        System.exit(-1);
      }
   }
}
```

Das Programm besteht im Wesentlichen aus einer Überprüfung der Kommandozeilenparameter und – falls diese korrekt sind – einer Abfrage der angebotenen Dienste. Es wird genau ein Parameter erwartet: die Lokation einer Registrierung in Form einer URL. Beispielsweise ist `//localhost:1099` eine korrekte URL, die eine Anfrage an den Namensdienst auf dem lokalen Rechner am Port 1099 veranlasst. Hat der Benutzer einen Parameter übergeben, wird er zum Aufruf der statischen Methode `list()` der Klasse `java.rmi.Naming` verwendet. Die Methode `list()` liefert ein Array von `String`-Objekten zurück, die auf Konsole ausgegeben werden. Gibt der Benutzer eine falsche Anzahl von Parametern ein, wird ein Hilfetext auf Konsole ausgegeben und das Programm beendet sich.

Beim Aufruf der Methode `list()` können zwei Ausnahmen auftreten:

Ausnahmen von list()

- `RemoteException` aus dem Package `java.rmi`
- `MalformedURLException` aus dem Package `java.net`

Die `RemoteException` wird ausgelöst, falls der Namendienst nicht angesprochen werden kann bzw. nicht reagiert. Die `MalformedURLException` tritt auf, falls die angegebene Lokation keine korrekte URL ist.

java.rmi.Naming

Durch dieses einfache Beispiel haben wir bereits eine wichtige Klasse bzw. Exception aus dem Package `java.rmi` kennen gelernt. Die Klasse `Naming` erlaubt uns entfernte Objekte beim Namensdienst zu registrieren bzw. zu deregistrieren, eine Referenz auf entfernte Objekte zu bekommen und eine Liste der registrierten entfernten Objekte auszugeben. Dazu bietet `Naming` neben der bereits eingesetzten `list()`-Methode die folgenden Methoden an:

- `static void bind(String name, Remote remObj)` verknüpft den Dienstnamen `name` mit dem entfernten Objekt `remObj`. Durch `bind()` wird ein neuer Eintrag im Namensdienst angelegt.

- `static void rebind(String name, Remote remObj)` ermöglicht einen bereits existierenden Eintrag für `name` im Namensdienst zu überschreiben.

- `static void unbind(String name)` löscht den Eintrag für `name` aus dem Namensdienst.

- `static Remote lookup(String name)` ermöglicht das Nachschlagen eines Dienstes in der RMI-Registry. Der Rückgabewert ist eine Referenz – genauer gesagt ein Stub – auf das entfernte Objekt und kann zum Zugriff auf selbiges benutzt werden.

Die Ausnahme `RemoteException` ist die Superklasse der Ausnahmen, die im Package `java.rmi` auftreten können. Unter anderen existieren folgende Ausnahmen:

- `ConnectException` (Die Verbindung zum entfernten Rechner konnte nicht aufgebaut werden.)

- `StubNotFoundException` (Für ein entferntes Objekt wurde keine Stub-Klasse gefunden.)

- `UnknownHostException` (Es trat eine `UnknownHostException` aus dem Paket `java.net` während des Verbindungsaufbaus zum entfernten Rechner auf.)

- `MarshalException` (Beim Verpacken des entfernten Methodenaufrufs ist ein Fehler aufgetreten.)

- `UnmarshalException` (Beim Entpacken des Ergebnisses eines entfernten Methodenaufrufs ist ein Fehler aufgetreten.)

6.5.2 Definition der Schnittstellen entfernter Objekte

Interface java.rmi.Remote

Unser Multiservice-Server soll einen DAYTIME-, ECHO- und TIME-Dienst anbieten können. Ein RMI-Client kann also drei entfernte Methoden aufrufen, die ihm die aktuelle Zeit in lesbarer Form, die aktuelle Zeit in Millisekunden sowie seine Eingabe zurückgeben. [Sun/RMISpec 2004] schreibt vor, dass alle entfernt aufrufbaren Methoden zunächst in einem Interface definiert werden müssen, das von dem Interface `Remote` erbt. Das Interface `Remote` selbst ist leer und dient nur zur Markierung von so genannten **Remote-Interfaces**. Um den TIME-, DAYTIME- und

Fallbeispiel: Entwicklung eines Multiservice-Servers

ECHO-Dienst anbieten zu können, benötigen wir also zunächst drei Remote-Interfaces, die wir Daytime, Time und Echo nennen. Das Remote-Interface für DAYTIME ist in Programm 6.2 dargestellt.

```
package RMIExamples.MultiserviceServer;

import java.rmi.*;

public interface Daytime extends Remote
{
  /* Semantik: Liefert Systemzeit in lesbarer Form */
  public String getDaytime() throws RemoteException;
}
```

Programm 6.2:
Remote-Interface
Daytime

Das Remote-Interface für DAYTIME ist sehr übersichtlich, da nur die Methode getDaytime() definiert wird. Diese erwartet keine Parameter und liefert die aktuelle Zeit in Form eines String-Objekts zurück. An dieser Stelle sind zwei Dinge wichtig:

1. Das Remote-Interface Daytime **muss** das Interface Remote erweitern (...Daytime extends Remote...). Dadurch wird die Methode getDaytime() zu einer entfernt aufrufbaren Methode.

2. Die entfernt aufrufbare Methode getDaytime() muss eine RemoteException werfen, um Kommunikationsfehler anzeigen zu können.

Analog zur Definition des Remote-Interface für DAYTIME sind in Programm 6.3 bzw. Programm 6.4 die Remote-Interfaces für TIME und ECHO definiert.

```
package RMIExamples.MultiserviceServer;

import java.rmi.*;

public interface Time extends Remote
{
  /* Semantik: Systemzeit in Millisekunden */
  public long getTime() throws RemoteException;
}
```

Programm 6.3:
Remote-Interface
Time

Das Remote-Interface von TIME definiert die entfernte Methode getTime(), die keine Parameter erwartet und einen ganzzahligen Wert zurückgibt.

Programm 6.4:
Remote-Interface Echo

```
package RMIExamples.MultiserviceServer;

import java.rmi.*;

public interface Echo extends Remote
{
  /* Semantik: Liest einen String und
   *           gibt ihn unverändert zurück
   */
  public String sendData(String data) throws RemoteException;
}
```

Das Remote-Interface für ECHO definiert nur die Methode sendData(), die als Argument einen String erwartet und als Rückgabewert ebenfalls einen String liefert.

Syntax und Semantik

An diesen drei Beispielen für Remote-Interfaces wird deutlich, dass nur die Aufrufsyntax einer entfernten Methode festgelegt wird, **nicht** aber deren Semantik. Prinzipiell ist es also denkbar, dass eine Klasse ein Remote-Interface implementiert, d.h. Methoden passender Signatur anbietet, deren Semantik aber völlig von der gewünschten Semantik des Remote-Interfaces abweicht. Um dem vorzubeugen, empfehlen wir, wie in den Beispielen, die gewünscht Semantik immer informell als Kommentar über den Methoden anzugeben.

6.5.3 Implementierung der Remote-Interfaces

Nachdem wir die Remote-Interfaces und damit die entfernt aufrufbaren Methoden definiert haben, müssen wir diese noch implementieren. Es hat sich die Konvention durchgesetzt, dass die Implementierung des Remote-Interfaces myInterface in der Klasse myInterfaceImpl realisiert wird. Demzufolge erstellen wir die drei Klassen DaytimeImpl, TimeImpl und EchoImpl, um die Remote-Interfaces Daytime, Time und Echo zu implementieren. Programm 6.5 zeigt die Implementierung von DaytimeImpl.

Programm 6.5:
DaytimeImpl

```
package RMIExamples.MultiserviceServer;

import java.rmi.*;
import java.rmi.server.*;
import java.util.*;
import java.text.*;

public class DaytimeImpl extends UnicastRemoteObject
   implements Daytime
{

  /* Konstruktor */
  public DaytimeImpl() throws RemoteException
  {

  }
```

```
  public String getDaytime() throws RemoteException
  {
    // Zeitformat: Tag, Datum, Zeit
    SimpleDateFormat formatter =
      new SimpleDateFormat("EEE, dd.MM.yyyy, HH:mm:ss:SS");

    return formatter.format(new Date());
  }
}
```

Betrachten wir die Klasse DaytimeImpl etwas genauer, stellen wir fest, dass sie von der Klasse UnicastRemoteObject erbt. Dies ist die empfohlene Vorgehensweise, die in [Sun/RMISpec 2004] beschrieben ist. Durch die Vererbung wird unsere Klasse DaytimeImpl zu einem entfernten Objekt und kann auf entfernte Methodenaufrufe reagieren. DaytimeImpl **muss** einen Standardkonstruktor (Konstruktor ohne Parameter) besitzen, der eine RemoteException wirft, und zusätzlich die in Daytime definierten Methoden implementieren. Dies ist hier sehr einfach, da Daytime nur die Methode getDaytime() definiert. Um die aktuelle Systemzeit zu erfragen, wird einfach ein Objekt der Klasse Date erzeugt. Da der DAYTIME-Dienst die Zeit in einem lesbaren Format ausgeben soll, benutzen wir ein Objekt der Klasse SimpleDateFormat. Es erlaubt uns eine formatierte Darstellung der Systemzeit in einer von uns gewünschten Form. In Programm 6.6 und Programm 6.7 sind die Implementierungen von Echo und Time dargestellt.

UnicastRemoteObject und RemoteException

```
package RMIExamples.MultiserviceServer;

import java.net.*;
import java.rmi.*;
import java.rmi.server.*;

public class EchoImpl extends UnicastRemoteObject implements Echo
{
  /* Konstruktor */
  public EchoImpl() throws RemoteException
  {

  }

  public String sendData(String data) throws RemoteException
  {
    return data;
  }
}
```

Programm 6.6:
EchoImpl

Die Klasse EchoImpl erbt ebenfalls von der Klasse UnicastRemoteObject und implementiert das Remote-Interface Echo. Dazu implementiert sie die Methode sendData(), die die übergebe Zeichenkette unmittelbar an den Aufrufer zurückgibt. Analog dazu ist die Klasse `TimeImpl` implementiert.

Programm 6.7:
TimeImpl

```
package RMIExamples.MultiserviceServer;

import java.rmi.*;
import java.rmi.server.*;
import java.util.*;

public class TimeImpl extends UnicastRemoteObject implements Time
{
  /* Konstruktor */
  public TimeImpl() throws RemoteException
  {

  }


  public long getTime() throws RemoteException
  {
    return (new Date()).getTime();
  }
}
```

Generierung der Stubs

Aus den drei Implementierungen `DaytimeImpl`, `TimeImpl` und `EchoImpl` können wir nun entfernte Objekte erzeugen, die auf einen entfernten Methodenaufruf reagieren. Damit ein RMI-Client die entfernten Methoden aufrufen kann, muss für jede Implementierung ein Stub erzeugt werden. Dazu verwenden wir das bereits vorgestellte Hilfsprogramm `rmic`. `rmic` arbeitet bei einem Aufruf der Form `rmic MyImpl` wie folgt:

1. Für die Datei `MyImpl.class` wird ein Stub `MyImpl_Stub.java` erzeugt.

2. Der Stub `MyImpl_Stub.java` wird mit Hilfe von `javac` übersetzt in `MyImpl_Stub.class`.

3. Die `MyImpl_Stub.java` Datei wird wieder gelöscht, da sie zur Kommunikation nicht benötigt wird.

Da wir einen Blick in die erstellten Stub-Dateien werfen wollen, rufen wir `rmic` mit der Option `-keep` auf und veranlassen den Compiler dadurch, die Java-Dateien nicht zu löschen. Für unsere drei Implementierungen genügen die Aufrufe:

```
rmic -keep RMIExamples.MultiserviceServer.EchoImpl
rmic -keep RMIExamples.MultiserviceServer.DaytimeImpl
rmic -keep RMIExamples.MultiserviceServer.TimeImpl
```

Der Aufruf von `rmic` muss in dem Verzeichnis stattfinden, in dem sich das Verzeichnis `RMIExamples` befindet. Ansonsten kann es zu Fehlern bei der Übersetzung kommen. Außerdem muss das Verzeichnis, in dem sich `rmic` befindet, in den Suchpfad des Be-

Fallbeispiel: Entwicklung eines Multiservice-Servers

triebssystems eingetragen sein. Nach obigem Aufruf finden wir in dem Verzeichnis MultiserviceServer sechs neue Dateien vor:

```
EchoImpl_Stub.java
EchoImpl_Stub.class
DaytimeImpl_Stub.java
DaytimeImpl_Stub.class
TimeImpl_Stub.java
TimeImpl_Stub.class
```

Es fällt auf, dass – obwohl in der Einführung so dargestellt – keine Skeletons erzeugt wurden. Der Grund dafür ist, dass mit der Version 1.2 der Java 2 Plattform ein neues Stub-Protokoll eingeführt wurde, welches **keine** expliziten Skeletons mehr benötigt. Zum besseren Verständnis haben wir in der Einführung Skeletons dennoch erläutert.

Skeletons nicht mehr notwendig

Wir möchten jetzt einen kurzen Blick in die erzeugten Stub-Dateien werfen, um deren Arbeitsweise zu verstehen. Programm 6.8 zeigt den Stub zu DaytimeImpl. Obwohl der Kommentar am Anfang der Klasse das Editieren der Datei verbietet, haben wir dennoch das Format geändert, um die Datei besser darstellen zu können. Inhaltlich hat sich jedoch nichts verändert.

Programm 6.8: DaytimeImpl_Stub

```java
// Stub class generated by rmic, do not edit.
// Contents subject to change without notice.

package RMIExamples.MultiserviceServer;

public final class DaytimeImpl_Stub extends java.rmi.server.RemoteStub
    implements RMIExamples.MultiserviceServer.Daytime, java.rmi.Remote
{
    private static final long serialVersionUID = 2;
    private static java.lang.reflect.Method $method_getDaytime_0;
    
    static
    {
      try
      {
        $method_getDaytime_0 =
          RMIExamples.MultiserviceServer.Daytime.class.
            getMethod("getDaytime", new java.lang.Class[] {});
      }
      catch (java.lang.NoSuchMethodException e)
      {
        throw new java.lang.NoSuchMethodError("stub class " +
          "initialization failed");
      }
    }
```

```java
// constructors
public DaytimeImpl_Stub(java.rmi.server.RemoteRef ref)
{
  super(ref);
}

// methods from remote interfaces

// implementation of getDaytime()
public java.lang.String getDaytime() throws java.rmi.RemoteException
{
  try
  {
    Object $result =
      ref.invoke(this, $method_getDaytime_0,
        null, 6856047024248350588L);
    return ((java.lang.String) $result);
  }
  catch (java.lang.RuntimeException e)
  {
    throw e;
  }
  catch (java.rmi.RemoteException e)
  {
    throw e;
  }
  catch (java.lang.Exception e)
  {
    throw new java.rmi.UnexpectedException("undeclared " +
      "checked exception", e);
  }
 }
}
```

Die Klasse DaytimeImpl_Stub erbt von der Klasse RemoteStub aus dem Paket java.rmi.server, die als Oberklasse für Stubs dient. Im Konstruktor wird lediglich super(ref) aufgerufen, wobei ref ein Objekt der Klasse java.rmi.server.RemoteRef ist. RemoteRef kapselt Informationen, die für den Zugriff auf ein entferntes Objekt benötigt werden und wird deshalb auch als ***entfernte Referenz*** bezeichnet. Beim Erzeugen eines DaytimeImpl_Stub benötigt man also eine Referenz auf ein entferntes Objekt. Außerdem implementiert die Klasse DaytimeImpl_Stub das Remote-Interface Daytime und das Interface Remote.

DaytimeImpl_Stub besitzt zwei (statische) Klassenvariablen namens serialVersionUID vom primitiven Datentyp long und ein Objekt $method_getDaytime_0 der Klasse java.lang.reflect.Method. Die Klassenvariable serialVersionUID wird zur Serialisierung benötigt (vgl. Kapitel 5). Dem Objekt $method_getDaytime_0 wird mittels Reflection eine Referenz auf die entfernte Methode getDaytime() zugewiesen. Hierzu befindet sich in der Klasse DaytimeImpl_Stub ein statischer Anweisungsblock. Dieser statische Anweisungsblock wird ausgeführt, sobald die Klasse in die JVM geladen wird und initialisiert dadurch die Klassenvariable $method_getDaytime_0.

Ruft der RMI-Client die entfernte Methode getDaytime() auf, wird in Wirklichkeit die getDaytime()-Methode des DaytimeImpl_Stub Objekts aufgerufen. In dieser Methode wird mit Hilfe der entfernten Referenz die entfernte Methode aufgerufen. Dazu bietet eine entfernte Referenz folgende Methode an:

```
Object invoke(Remote obj, Method methode,
  Object[] parameter, long opNr)
```

Der Parameter obj ist eine Referenz auf das Remote-Objekt, das die entfernte Referenz beinhaltet (hier: Objekt der Klasse DaytimeImpl_Stub). Die aufzurufende Methode wird mit Hilfe des Parameters methode angegeben (hier: Die per Reflection nachgeschlagene Methode $method_getDaytime_0). Das Array von Objekten parameter wird zur Übergabe der Parameter an die entfernte Methode verwendet (hier: Eine null-Referenz weil getDaytime() keine Parameter erwartet). Die aufzurufende Methode wird zusätzlich durch eine Nummer opNr spezifiziert (hier: von rmic vergebene Nummer 6856047024248350588L). Die Methode invoke() liefert als Rückgabewert ein Object. In diesem Fall handelt es sich bei dem Rückgabewert um einen String. Deshalb wird $result in ein String-Objekt umgewandelt und an den Aufrufer (den RMI-Client) zurückgegeben.

6.5.4 Implementierung des Multiservice-Servers

Die Implementierungen der Remote-Interfaces ermöglichen es uns, entfernte Objekte zu erzeugen, welche auf einen entfernten Methodenaufruf reagieren können. Dazu benötigen wir aber noch einen RMI-Server, der die entfernten Objekte bei der RMI-Registry anmeldet und sie dadurch für RMI-Clients verfügbar macht. Der Multiservice-Server soll dabei nach der in Bild 6.4 dargestellten Logik arbeiten. Es sind folgende Schritte zu unterscheiden:

1. Der Multiservice-Server startet die RMI-Registry.
2. Um die dynamische Rekonfiguration des Servers zu ermöglichen, wird ein spezieller RECONFIG-Dienst bei der RMI-Registry angemeldet.
3. Es wird die Konfigurationsdatei, die alle verfügbaren entfernten Objekte bzw. Dienste auflistet, eingelesen.
4. Für die eingelesenen Dienste werden entfernte Objekte erzeugt und bei der RMI-Registry angemeldet.
5. Der Multiservice-Server ist jetzt bereit und wartet auf einen entfernten Methodenaufruf.

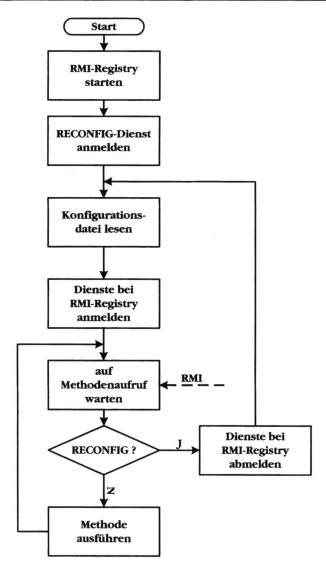

Bild 6.4:
Arbeitsweise des Multiservice-Servers

6. Trifft ein Methodenaufruf ein, wird geprüft, ob sich der Server rekonfigurieren soll. Ist dies der Fall, werden alle bestehenden Dienste bei der RMI-Registry abgemeldet und die Konfigurationsdatei erneut eingelesen. Die neu eingelesenen Dienste werden dann beim Namendienst angemeldet. Wurde nicht der RECONFIG- sondern ein „normaler" Dienst angefordert, wird die zugehörige entfernte Methode aufgerufen.

Der Multiservice-Server ist für eine **permanente** Ausführung ausgelegt, d.h. es gibt keine Funktion, die ein explizites Herunterfahren des Multiservice-Servers erlaubt. Um den Multiservice-Server zu beenden, müssen Funktionen des Betriebssystems

Fallbeispiel: Entwicklung eines Multiservice-Servers

verwendet werden (vgl. Aufgaben zu diesem Kapitel). Programm 6.9 zeigt den implementierten Multiservice-Server:

Programm 6.9: *MultiserviceServer*

```java
package RMIExamples.MultiserviceServer;

import java.lang.reflect.*;
import java.util.*;
import java.net.*;
import java.io.*;
import java.rmi.*;
import java.rmi.server.*;
import java.rmi.registry.*;

public class MultiserviceServer extends UnicastRemoteObject
  implements Reconfigure
{
  private static final String SERVICE_LIST =
    "c:/MultiserviceServer/service.cfg";    // Konfigurationsdatei
  private static final String DELIMETER = ":";   // Trennzeichen
  private static final String COMMENT = "#";     // Kommentarzeichen
  private static final String RECONFIG_URL =
    "//localhost:1099/reconfig";            // RECONFIG-Dienst

  // Liste der angebotenen Dienste
  private Vector serviceVector = new Vector();

  /* Konstruktor
   * Startet die RMI-Registrierung und registriert
   * bei ihr den RECONFIG-Dienst
   */
  public MultiserviceServer() throws RemoteException
  {
    try
    {
      // Registrierung starten
      System.out.print("Starte Registrierung...       ");
      LocateRegistry.createRegistry(Registry.REGISTRY_PORT);
      System.out.println("OK");

      // Dienst zum Rekonfigurieren registrieren
      System.out.print("Registriere RECONFIG-Dienst...  ");
      // RECONFIG-Dienst wird von Multiservice-Server selbst erbracht
      Naming.rebind(RECONFIG_URL, this);
      System.out.println("OK");
    }
    catch(RemoteException e)
    {
      System.err.println(e.toString());
      System.exit(-1);
    }
    catch(MalformedURLException e)
    {
      System.err.println(e.toString());
      System.exit(-1);
    }
  }
```

```java
/* Einlesen der Konfigurationsdatei */
public void readServiceList()
{
  System.out.print("\nService-Liste einlesen...         ");
  // Service-Liste löschen
  serviceVector.clear();

  try
  {
    BufferedReader fileReader =
      new BufferedReader(new FileReader(SERVICE_LIST));

    String line;               // Zeile in Konfigurationsdatei
    StringTokenizer tokenizer; // zerlegte Zeile
    String serviceName;        // z.B.: echo
    String serviceURL;         // z.B.: //localhost:1099/echo
    String serviceProvider;    // z.B.: EchoImpl

    // Konfigurationsdatei zeilenweise lesen
    while((line = fileReader.readLine()) != null)
    {
      // Kommentare ignorieren
      if(!line.startsWith(COMMENT))
      {
        tokenizer = (new StringTokenizer(line, DELIMETER));

        // Zeile an DELIMETER zerlegen
        serviceName = tokenizer.nextToken();
        serviceURL = tokenizer.nextToken();
        serviceProvider = tokenizer.nextToken();

        // neuen Eintrag in Service-Liste
        serviceVector.add(new Service(serviceName,
          serviceURL, serviceProvider));
      }
    }
  }
  catch(FileNotFoundException e)
  {
    System.err.println(e.toString());
    System.exit(-1);
  }
  catch(IOException e)
  {
    System.err.println(e.toString());
    System.exit(-1);
  }
  System.out.println("OK");
}


/* Trägt Dienste aus Konfigurationsdatei in Registrierung ein */
public void registerServices()
{
  try
  {
```

```java
  // Liste der Dienste sequentiell durchlaufen
  Enumeration serviceEnum = serviceVector.elements();
  while(serviceEnum.hasMoreElements())
  {
    Service currentService =
      (Service) serviceEnum.nextElement();
    System.out.println("Registriere " +
      currentService.getServiceName() + ".");

    // per Reflection ein neues Objekt der *Impl Klasse holen
    Class servProv =
      Class.forName("RMIExamples.MultiserviceServer." +
        currentService.getServiceProvider());
    // parameterloser Konstruktor holen
    Class[] paramList = null;
    Constructor constructor = servProv.getConstructor(paramList);
    // mit Konstruktor Remote-Objekt erzeugen
    Object[] arguments = null;
    Remote service = (Remote) constructor.newInstance(arguments);

    // Objekt an Dienst binden
    Naming.rebind(currentService.getServiceURL(), service);
  }
}
catch(RemoteException e)
{
  System.err.println(e.toString());
  System.exit(-1);
}
catch(MalformedURLException e)
{
  System.err.println(e.toString());
  System.exit(-1);
}
catch(ClassNotFoundException e)
{
  System.err.println(e.toString());
  System.exit(-1);
}
catch(NoSuchMethodException e)
{
  System.err.println(e.toString());
  System.exit(-1);
}
catch(InstantiationException e)
{
  System.err.println(e.toString());
  System.exit(-1);
}
catch(IllegalAccessException e)
{
  System.err.println(e.toString());
  System.exit(-1);
}
```

```java
    catch(InvocationTargetException e)
    {
      System.err.println(e.toString());
      System.exit(-1);
    }
}


/* Registrierte Dienste abmelden */
public void unregisterServices()
{
  try
  {
    String services[] = null;
    // Liste der aktuellen Dienste holen
    services = Naming.list("rmi://localhost:1099");

    // alle Dienste ausser RECONFIG beenden
    for(int i = 0; i < services.length; i++)
    {
      if(services[i].indexOf("reconfig") == -1)
      {
        System.out.println("Beende " + services[i]);
        // Dienst in Registrierung abmelden
        Naming.unbind(services[i]);
      }
    }
  }
  catch(NotBoundException e)
  {
    System.err.println(e.toString());
    System.exit(-1);
  }
  catch(RemoteException e)
  {
    System.err.println(e.toString());
    System.exit(-1);
  }
  catch(MalformedURLException e)
  {
    System.err.println(e.toString());
    System.exit(-1);
  }
}


/* Erbringt RECONFIG-Dienst */
public void reconfig() throws RemoteException
{
  System.out.println("\n*** Multiservice-Server wird " +
    "rekonfiguriert ***");
  // bestehende Dienste beenden
  unregisterServices();
```

```
  // Konfigurationsdatei neu einlesen
  readServiceList();
  // neue Dienste registrieren
  registerServices();
}


/*** Einstiegspunkt ***/
public static void main(String args[])
{
  try
  {
    MultiserviceServer server = new MultiserviceServer();
    server.readServiceList();
    server.registerServices();
  }
  catch(RemoteException e)
  {
    System.err.println(e.toString());
    System.exit(-1);
  }
}
}
```

Die Konfigurationsdatei service.cfg

Die aktuelle Konfiguration wird in einer Konfigurationsdatei namens service.cfg im Verzeichnis c:\MultiserviceServer hinterlegt. Diese Konfigurationsdatei ist eine einfache Textdatei folgender Struktur:

```
#
echo;//localhost:1099/echo;EchoImpl
#
daytime;//localhost:1099/daytime;DaytimeImpl
#
time;//localhost:1099/time;TimeImpl
#
```

Format von service.cfg

Als Kommentarzeichen wird ein Hashsymbol (#) verwendet, d.h. jede Zeile, die mit einem # beginnt, wird vom Multiservice-Server ignoriert. Beginnt eine Zeile nicht mit einem #, wird sie als Konfigurationsparameter angesehen. Ein korrekter Eintrag in der Datei service.cfg hat die Form Dienstname;Dienst-URL;Dienstanbieter. Der Dienstname ist eine textuelle (Kurz-)Beschreibung des Dienstes. Die Dienst-URL gibt die Position der RMI-Registry und den Namen, unter dem der Dienst registriert werden soll, an. Der Dienstanbieter ist der Name einer Klasse, die ein Remote-Interface implementiert, d.h. einen Dienst erbringt.

Der Pfad zur verwendeten Konfigurationsdatei wird im Klassenattribute SERVICE_LIST der Klasse MultiserviceServer hinterlegt. Möchte man eine andere Konfigurationsdatei nutzen, muss man dieses Attribut anpassen (vgl. Aufgaben zu diesem Kapitel). Das in der Konfigurationsdatei verwendete Kommentarzeichen (#) und das Zeichen, um die Bestandteile einer Zeile zu trennen (;), sind ebenfalls als Klassenattribute COMMENT und DELIMETER in der Klasse MultiserviceServer festgelegt.

Um die Konfigurationsdatei einzulesen, wird die Methode readServiceList() verwendet. Jede (nicht auskommentierte) Zeile in der Konfigurationsdatei wird in Form eines Service-Objektes in einem Vector namens serviceVector abgespeichert. Die Klasse Service ist eine Wrapper-Klasse, die einen Eintrag in der Konfigurationsdatei kapselt. Sie ist in Programm 6.10 dargestellt.

Programm 6.10:
Wrapper-Klasse Service

```
package RMIExamples.MultiserviceServer;

public class Service
{
  private String serviceName;     // z.B.: echo
  private String serviceURL;      // z.B.: //localhost:1099/echo
  private String serviceProvider; // z.B.: EchoImpl

  /* Konstruktor */
  public Service(String serviceName, String serviceURL,
    String serviceProvider)
  {
    this.serviceName = serviceName;
    this.serviceURL = serviceURL;
    this.serviceProvider = serviceProvider;
  }

  public String getServiceName()
  {
    return serviceName;
  }

  public String getServiceURL()
  {
    return serviceURL;
  }

  public String getServiceProvider()
  {
    return serviceProvider;
  }
}
```

Zum Einlesen der Konfigurationsdatei wird ein BufferedReader, der von einem FileReader liest, benutzt. Mit Hilfe der readLine()-Methode des BufferedReader lesen wir die Konfigurationsdatei zeilenweise ein. Beginnt eine Zeile nicht mit einem #, zerlegen wir sie mit Hilfe eines StringTokenizer. Der StringTokenizer benutzt als Trennzeichen ein Semikolon und bricht jede Zeile in ihre Komponenten auf.

Konfiguration des Servers

Um die eingelesene Konfiguration umzusetzen, wird die Methode registerServices() aufgerufen. In ihr wird mit Hilfe einer Enumeration der serviceVector elementweise durchlaufen. Für jeden Eintrag wird mittels Reflection ein neues entferntes Objekt erzeugt und bei der RMI-Registry angemeldet. Dazu müssen die folgenden Schritte durchgeführt werden:

1. Wir erzeugen mit der statischen Methode Class.forName() ein neues Class-Objekt für den Dienstanbieter namens servProv.
2. Mit der Methode getConstructor() wird von servProv ein neuer Standardkonstruktor angefordert.
3. Wir erzeugen ein neues Objekt des Dienstanbieters mit der newInstance()-Methode des Standardkonstruktors.
4. Durch die statische Methode rebind() der Klasse Naming registrieren wir den Dienstanbieter bei der RMI-Registry.

Analog zur Methode registerServices() besitzt MultiserviceServer eine Methode unregisterServices(). Diese ermöglicht das Entfernen aller in der RMI-Registry registrierten Dienste. Dazu wird von der RMI-Registrierung mit der bekannten Methode Naming.list() eine Liste der angebotenen Dienste erfragt. Anschließend durchlaufen wir diese Liste und entfernen mit der statischen Methode Naming.unbind() alle registrierten Dienste in der RMI-Registry. Es gibt jedoch eine Ausnahme: handelt es sich bei dem Dienst um den RECONFIG-Dienst wird dieser nicht entfernt. Folglich kann er auch niemals beendet werden.

Der RECONFIG-Dienst erlaubt die dynamische Rekonfiguration des Multiservice-Servers. Der RECONFIG-Dienst wird bereits im Konstruktor bei der RMI-Registry angemeldet. Der Anbieter dieses Dienstes ist der MultiserviceServer selbst. Deshalb erweitert er auch die Klasse UnicastRemoteObject und implementiert das Interface Reconfigure, das in Programm 6.11 dargestellt ist.

Programm 6.11:
Remote-Interface Reconfigure

```
package RMIExamples.MultiserviceServer;

import java.rmi.*;

public interface Reconfigure extends Remote
{
  /* Semantik: Multiservice-Server soll sich rekonfigurieren */
  public void reconfig() throws RemoteException;
}
```

Demnach muss die Klasse `MultiserviceServer` die Methode `reconfig()` implementieren. In ihr werden lediglich die bereits vorgestellten Methoden `unregisterServices()`, `readServiceList()` und `registerServices()` aufgerufen.

Zu Beginn der Programmausführung liest der Multiservice-Server seine Konfiguration aus der Datei `service.cfg`. Wurde die Datei modifiziert, muss man den RECONFIG-Dienst aufrufen, um eine Rekonfiguration des Multiservice-Servers zu veranlassen. Dazu erstellen wir ein kleines Hilfsprogramm namens `ReconfigureServer`, das lediglich den RECONFIG-Dienst beim Server aufruft.

Programm 6.12:
Hilfsprogramm
ReconfigureServer

```java
package RMIExamples.MultiserviceServer;

import java.net.*;
import java.rmi.*;
import java.rmi.registry.*;

public class ReconfigureServer
{
  private static final String REMOTE_SERVICE = "/reconfig";
  private static final int REMOTE_PORT = Registry.REGISTRY_PORT;

  /*** Einstiegspunkt ***/
  public static void main(String[] args)
  {
    String serviceURL = null;

    try
    {
      switch(args.length)
      {
        case 1:
          serviceURL =
            "rmi://" + args[0] + ":" + REMOTE_PORT + REMOTE_SERVICE;
          break;
        case 2:
          serviceURL =
            "rmi://" + args[0] + ":" + args[1] + REMOTE_SERVICE;
          break;
        default:
          System.err.println("Syntax:");
          System.err.println("  java ReconfigureServer " +
            "<Host> [Port]");
          System.err.println("Beispiel:");
          System.err.println("  java ReconfigureServer " +
            "localhost 2222");
          System.exit(-1);
          break;
      }

      System.out.println("Sende Multiservice-Server " +
        "RECONFIG-Signal...");
      ((Reconfigure) Naming.lookup(serviceURL)).reconfig();
```

```
      System.out.println("...Multiservice-Server wird " +
        "rekonfiguriert.");
    }
    catch(NotBoundException e)
    {
      System.err.println(e.toString());
      System.exit(-1);
    }
    catch(MalformedURLException e)
    {
      System.err.println(e.toString());
      System.exit(-1);
    }
    catch(RemoteException e)
    {
      System.err.println(e.toString());
      System.exit(-1);
    }
  }
}
```

Der Benutzer kann das Programm entweder mit einem oder zwei Parametern aufrufen. Wird nur ein Parameter – param0 – angegeben, wird dieser als Hostname, auf dem die RMI-Registry ausgeführt, wird, interpretiert. Werden zwei Parameter – param0 und param1 – angegeben, werden sie als Hostname und Port interpretiert, um die RMI-Registry zu erreichen. In Abhängigkeit von der Anzahl der Parameter wird eine der beiden folgenden serviceURL erzeugt:

- rmi://param0:1099/reconfig
- rmi://param0:param1/reconfig

Mit dieser serviceURL wird die statische Methode lookup() der Klasse Naming aufgerufen. lookup() liefert eine Referenz auf ein Remote-Objekt zurück, hinter dem sich der passende Stub verbirgt. Auf dem Stub wird die Methode reconfig() aufgerufen, die einen Aufruf der entfernten reconfig()-Methode bewirkt. Dadurch wird der Multiservice-Server rekonfiguriert.

6.5.5 Entwicklung der RMI-Clients

Nachdem wir den Multiservice-Server entwickelt haben, wollen wir natürlich dessen Funktionalität testen. Wir können bereits die angebotenen Dienste des Multiservice-Servers mit Hilfe des ServiceList Programms abfragen und dadurch testen, ob die Rekonfiguration funktioniert. Aber auch für den DAYTIME-, TIME- und ECHO-Dienst werden wir RMI-Clients entwickeln. Ein RMI-Client arbeitet hier immer nach dem gleichen Schema:

1. Die vom Benutzer eingegebenen Parameter werden geprüft.
2. Es wird eine Referenz auf ein entferntes Objekt (Stub) mit lookup() der Klasse Naming geholt.

3. Der RMI-Client arbeitet mit dem entfernten Objekt wie mit lokalen Objekten.

Bild 6.5:
Arbeitsweise eines RMI-Clients

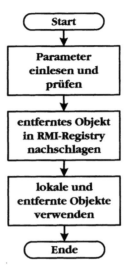

Analog zu obigem Flussdiagramm werden die RMI-Clients des DAYTIME-, TIME- und ECHO-Dienstes implementiert.

Programm 6.13:
DaytimeClient

```
package RMIExamples.MultiserviceServer;

import java.net.*;
import java.rmi.*;
import java.rmi.registry.*;

public class DaytimeClient
{
  private static final String REMOTE_SERVICE = "/daytime";
  private static final int REMOTE_PORT = Registry.REGISTRY_PORT;

  /*** Einstiegspunkt ***/
  public static void main(String[] args)
  {
    String serviceURL = null;
    Daytime daytime = null;

    try
    {
      switch(args.length)
      {
        case 1:
          serviceURL =
            "rmi://" + args[0] + ":" + REMOTE_PORT + REMOTE_SERVICE;
          break;
```

```java
      case 2:
        serviceURL =
          "rmi://" + args[0] + ":" + args[1] + REMOTE_SERVICE;
        break;
      default:
        System.err.println("Syntax:");
        System.err.println("   java DaytimeClient <Host> [Port]");
        System.err.println("Beispiel:");
        System.err.println("   java DaytimeClient localhost 2222\n");
        System.exit(-1);
        break;
      }

      // Referenz auf entferntes Objekt (Stub) holen
      daytime = (Daytime) Naming.lookup(serviceURL);
      System.out.println(daytime.getDaytime());
    }
    catch(RemoteException e)
    {
      System.err.println(e.toString());
      System.exit(-1);
    }
    catch(NotBoundException e)
    {
      System.err.println(e.toString());
      System.exit(-1);
    }
    catch(MalformedURLException e)
    {
      System.err.println(e.toString());
      System.exit(-1);
    }
  }
}

package RMIExamples.MultiserviceServer;

import java.net.*;
import java.rmi.*;
import java.rmi.registry.*;

public class TimeClient
{
  private static final String REMOTE_SERVICE = "/time";
  private static final int REMOTE_PORT = Registry.REGISTRY_PORT;

  /*** Einstiegspunkt ***/
  public static void main(String[] args)
  {
    String serviceURL = null;
    Time time = null;

    try
    {
      switch(args.length)
      {
```

Programm 6.14:
TimeClient

```
              case 1:
                serviceURL =
                  "rmi://" + args[0] + ":" + REMOTE_PORT + REMOTE_SERVICE;
                break;
              case 2:
                serviceURL
                  = "rmi://" + args[0] + ":" + args[1] + REMOTE_SERVICE;
                break;
              default:
                System.err.println("Syntax:");
                System.err.println("   java TimeClient <Host> [Port]");
                System.err.println("Beispiel:");
                System.err.println("   java TimeClient localhost 2222\n");
                System.exit(-1);
                break;
            }

            // Referenz auf entferntes Objekt (Stub) holen
            time = (Time) Naming.lookup(serviceURL);
            System.out.println(time.getTime());
          }
          catch(RemoteException e)
          {
            System.err.println(e.toString());
            System.exit(-1);
          }
          catch(NotBoundException e)
          {
            System.err.println(e.toString());
            System.exit(-1);
          }
          catch(MalformedURLException e)
          {
            System.err.println(e.toString());
            System.exit(-1);
          }
        }
      }
```

Programm 6.15:
EchoClient

```
package RMIExamples.MultiserviceServer;

import java.net.*;
import java.rmi.*;
import java.rmi.registry.*;
import java.io.*;

public class EchoClient
{
  private static final String REMOTE_SERVICE = "/echo";
  private static final int REMOTE_PORT = Registry.REGISTRY_PORT;

  public static void main(String[] args)
  {
    String serviceURL = null;
    Echo echo = null;
```

Fallbeispiel: Entwicklung eines Multiservice-Servers

```java
try
{
  switch(args.length)
  {
    case 1:
      serviceURL =
        "rmi://" + args[0] + ":" + REMOTE_PORT + REMOTE_SERVICE;
      // Referenz auf entferntes Objekt (Stub) holen
      echo = (Echo) Naming.lookup(serviceURL);
      break;
    case 2:
      serviceURL =
        "rmi://" + args[0] + ":" + args[1] + REMOTE_SERVICE;
      // Referenz auf entferntes Objekt (Stub) holen
      echo = (Echo) Naming.lookup(serviceURL);
      break;
    default:
      System.out.print(": ");
      System.err.println("Syntax:");
      System.err.println("   java EchoClient <Host> [Port]");
      System.err.println("Beispiel:");
      System.err.println("   java EchoClient localhost 2222\n");
      System.exit(-1);
      break;
  }
}
catch(RemoteException e)
{
  System.err.println(e.toString());
  System.exit(-1);
}
catch(NotBoundException e)
{
  System.err.println(e.toString());
  System.exit(-1);
}
catch(MalformedURLException e)
{
  System.err.println(e.toString());
  System.exit(-1);
}

try
{
  BufferedReader stdIn =
    new BufferedReader(new InputStreamReader(System.in));
  String input = null;
  do
  {
    System.out.print(": ");
    input = stdIn.readLine();
    System.out.println("   ---> " + input);
    System.out.println("   <--- " + echo.sendData(input));
  }
  while(!input.equalsIgnoreCase("quit"));
}
```

```
      catch(RemoteException e)
      {
        System.err.println(e.toString());
        System.exit(-1);
      }
      catch(IOException e)
      {
        System.err.println(e.toString());
        System.exit(-1);
      }
    }
  }
}
```

Die beiden RMI-Clients für TIME und DAYTIME rufen lediglich die entfernte Methode `getTime()` bzw. `getDaytime()` auf. Der ECHO-Client liest solange Eingaben von Tastatur und ruft damit die entfernte Methode `echo()` auf, bis der Benutzer ein `quit` eingibt.

6.6 Aufgaben zum entfernten Methodenaufruf

Wiederholung

W1. Was sind Vorteile und Nachteile von RMI?

W2. Was ist die Aufgabe der RMI-Registry und wie wird sie gestartet?

W3. Was ist die Aufgabe von `rmic` und wie wird er aufgerufen?

W4. Was sind Stub- und Skeleton-Objekte und worin unterscheiden sie sich? Warum haben Sie in diesem Kapitel kein Skeleton gesehen?

W5. Erklären Sie die Begriffe marshalling und unmarshalling. In welchem Zusammenhang stehen diese Begriffe mit Serialisierung?

Vertiefung

V1. Welches prozedurale Konzept zur Entwicklung verteilter Anwendungen ist der „Vorfahre" von RMI?

V2. Welche Vorteile hat das Erzeugen der entfernten Objekte mit Hilfe von Reflection? Gibt es auch Nachteile? Wenn ja, welche?

V3. Stellen Sie sich ein großes verteiltes System vor, in dem die Kommunikation über RMI erfolgt. Welche Nachteile hat die Erzeugung aller entfernten Objekte beim Systemstart? Gibt es Alternativen zu der hier vorgestellten Vorgehensweise? (Anleitung: Arbeiten Sie mit der RMI-Spezifikation.)

Aufgaben zum entfernten Methodenaufruf

I1. Erweitern Sie den vorgestellten Multiservice-Server um eine Protokollierungsfunktion. Jeder Methodenaufruf durch einen RMI-Client wird in der Form `Client-Host:Methode:Zeit` in einer Protokolldatei festgehalten. *Implementierung*

I2. Der Multiservice-Server bietet keine Möglichkeit zum definierten Beenden des Servers. Implementieren Sie einen Dienst, der alle Dienste bei der RMI-Registrierung abmeldet und den Server beendet.

I3. Der Pfad zur verwendeten Konfigurationsdatei ist im Multiservice-Server fest kodiert. Dieser Ansatz ist unflexibel und erfordert die Modifikation des Multiservice-Servers bei Verwendung einer anderen Konfigurationsdatei. Modifizieren Sie deshalb den Multiservice-Server so, dass der Benutzer eine Konfigurationsdatei angeben kann.

I4. Wird der Multiservice-Server rekonfiguriert, werden zunächst alle angemeldeten Objekte abgemeldet, danach die Konfigurationsdatei neu eingelesen und schließlich die entsprechenden Objekte angemeldet. Dabei kann es vorkommen, dass ein Dienst beendet und anschließend sofort wieder gestartet wird. Diese Vorgehensweise ist ineffektiv. Modifizieren Sie den Multiservice-Server um diesen Nachteil zu beheben.

I5. Ein Unterschied zwischen dem Aufruf einer lokalen und einer entfernten Methode ist die benötigt Zeit. Zeigen Sie, dass der Aufruf einer entfernten Methode deutlich mehr Zeit benötigt, als der Aufruf einer lokalen Methode. Implementieren Sie dazu einen Dienst ihrer Wahl und messen Sie die Zeit für einen lokalen und entfernten Aufruf. Kompensieren Sie Schwankungen in der Übertragungszeit durch Mittelwertberechnung.

I6. Für jeden Dienst des Multiservice-Servers wurde ein eigener RMI-Client implementiert, was sehr umständlich ist. Verbessern Sie die vorgestellte Lösung, indem sie einen RMI-Client implementieren, der alle Dienste aufrufen kann.

Kapitel 7: Einführung in CORBA

Die ***Common Object Request Broker Architecture (CORBA)*** ist ein Standard der Object Management Group (OMG) und definiert eine Kommunikation für verteilte Objekte. Die Struktur von CORBA wird durch das CORBA Referenzmodell verdeutlicht, welches aus folgenden Komponenten besteht (nach [OMG/CORBA] S. xxv):

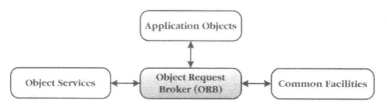

Bild 7.1: *CORBA Reference Model*

- ***Object Request Broker:*** Der Object Request Broker (ORB) ist die zentrale[1] Komponente für die Kommunikation von verteilten Objekten.
- ***Object Services:*** Object Services sind eine Sammlung von Diensten, die gut zur Realisierung verteilter Anwendungen verwendet werden können. Wichtige Dienste sind beispielsweise:
  - ***Naming Service:*** Clients verwenden den Naming Service, um herauszufinden, an welche Rechner sie ihre Anfragen schicken müssen.
  - ***Interface Repository:*** Im Interface Repository werden Interfaces von Objekten hinterlegt, um zur Laufzeit einen dynamischen Zugriff auf diese Objekte zu ermöglichen.
  - ***RootPOA:*** Ein Object Adapter koordiniert serverseitig die Zugriffe auf die Skeletons (siehe Bild 7.3). In älteren CORBA Versionen wurde dafür der Basic Object Adapter (BOA) eingesetzt. Da die Spezifikation allerdings zu ungenau war und verschiedene Hersteller zueinander inkompatible Adapter entworfen hatten, wurde später der Portable Object Adapter (POA) definiert, der mittlerweile (nahezu) ausschließlich eingesetzt wird. Der Standard POA in einem Programm wird RootPOA genannt und setzt einen bestimmten Satz ***Policies*** um (näheres in [OMG/CORBA] S. 11-6). Falls andere Policies realisiert werden sollen, kann

---

[1] Was aber nicht bedeutet, dass der ORB mit all seinen Unterkomponenten nicht verteilt sein kann.

der RootPOA ein Kind erzeugen, welches diese Policies umsetzt.

- **Life Cycle Service:** Legt Konventionen zur Erzeugung, zum Kopieren, Löschen und Verschieben von Objekten fest.
- **Concurrency Service:** Realisiert den **konsistenten** parallelen Zugriff auf ein Objekt.
- ...

• **Common Facilities:** Unter Common Facilities werden Dienste zusammengefasst, die für verschiedene Anwendungen verwendet werden können, aber weniger wichtig sind als Object Services. Es existieren beispielsweise Spezifikationen für eine „Mobile Agents Facility" und für „Internationalization and Time".

• **Application Objects:** Für Application Objects besteht keine Spezifikation, da diese für die eigentliche Funktionalität verantwortlich sind, die verteilt angeboten wird. Der Anwendungsentwickler ist für deren Entwurf verantwortlich.

Es existieren noch viele weitere Dienste, deren Spezifikationen sich in den CORBAservices Specifications und CORBAfacilities Specifications unter http://www.omg.org finden lassen.

CORBA realisiert ähnlich wie RMI eine Kommunikation über verteilte Objekte. Dabei weiß der Client nicht, ob es sich bei einem Methodenaufruf um einen lokalen oder entfernten Aufruf handelt. Auf diese Weise setzt CORBA **Ortstransparenz** um. CORBA kann in allen gängigen Programmiersprachen (C, C++, Java, Smalltalk, Lisp,...) verwendet werden. Um diese Unabhängigkeit von der Programmiersprache umzusetzen, wurde die **Interface Definition Language (IDL)** entworfen, mittels derer Schnittstellenbeschreibungen für Objekte erstellt werden können. Die Schnittstellenbeschreibung wird daraufhin von einem Compiler in die gewünschte Sprache übersetzt. Als Ergebnis der Kompilierung werden (in Java) sowohl Klassen für die in IDL definierten Schnittstellen als auch Klassen, die die entfernte Kommunikation realisieren, erzeugt.

Es existieren sowohl kommerzielle als auch nicht-kommerzielle Implementierungen, die die CORBA Spezifikation umsetzen. J2SE stellt eine ORB-Implementierung zur Verfügung.

7.1 Kommunikation in CORBA

Servant ist Anwendungsobjekt, das Dienste über den ORB anbietet

Ein Client, der einen Dienst von einem entfernten Objekt *(Servant)* anfordern möchte, wendet sich an den ORB. Dieser wiederum ermittelt, wo sich das entfernte Objekt befindet und leitet die Anfrage des Clients an das entsprechende Objekt weiter.

Kommunikation in CORBA

Daher benötigt der Client kein Wissen über den Aufenthaltsort des entfernten Objekts (Ortstransparenz), allerdings muss er wissen, wo sich der ORB befindet.

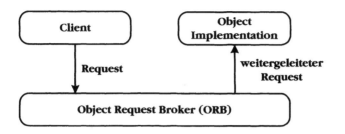

Bild 7.2: Verwendung des ORBs

Aus welchen Komponenten der ORB im Detail besteht, zeigt Bild 7.3.

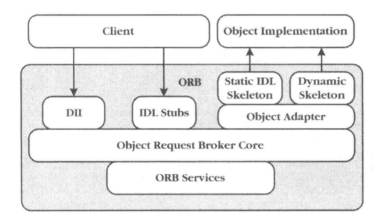

Bild 7.3: Komponenten des ORBs (nach [OMG/CORBA] S. 2-3)

Durch die Interfaces, die der ORB bereitstellt, hat der Client zwei verschiedene Möglichkeiten Anfragen zu stellen:

1. Der Client formuliert eine dynamische Anfrage über das Dynamic Invocation Interface (DII). Dabei muss der Client das Interface des Objekts nicht kennen, sondern kann es beim Interface Repository erfragen.
2. Der Client benutzt den vom IDL Compiler erzeugten Stub.

Ein Stub/Skeleton fungiert dabei als Proxy und nimmt dem Client/Server die Kommunikation mit der Gegenseite ab (vgl. Kapitel 6: Verteilte Objekte durch RMI). Wie die Kommunikation in der jeweiligen Programmiersprache umgesetzt wird, hängt von dem IDL-Compiler ab.

7.2 Interface Definition Language (IDL)

In diesem Abschnitt werden *einige ausgewählte* Schlüsselwörter vorgestellt, die zur Schnittstellenbeschreibung benötigt werden. Um das Verständnis zu erleichtern, starten wir mit einem einfachen Beispiel, das die wichtigsten Elemente von CORBA vorstellt.

Wichtig bei folgender Datei ist, dass der Dateiname (laut [OMG/CORBA] S. 3-2) auf .idl endet.

Datei Hello.idl

```
module Hello
{
  interface HelloWorld
  {
    string getString();
    void setString(in string text);
  };
};
```

module -> package

Zunächst stoßen wir auf das Schlüsselwort module. Ein Modul wird in ein Java package umgewandelt, d.h. wir erhalten einen Unterordner Hello, in dem sich der kompilierte Inhalt des Moduls befinden wird.

Danach betrachten wir das Interface HelloWorld, das in mehrere Java Klassen kompiliert wird. Dieses Interface verfügt über die Methoden getString() und setString(). Da es sich in einer IDL-Definition nur um eine Schnittstellenbeschreibung handelt, wird keine Aussage über die Daten getroffen, auf denen die Methoden operieren.

Der Rückgabetyp string wird auf die Java-Klasse String übertragen. In der Methode setString() wird der Parameter text vom Typ string durch das Parameterattribut in als *Eingabewert* beschrieben. Neben in gibt es noch die Parameterattribute out, um Werte als *Rückgabewerte* zu kennzeichnen und inout um Werte sowohl als Eingabe- als auch Rückgabewert zu deklarieren.

Wie das Mapping der anderen Schlüsselwörter auf Java Konstrukte durch den der J2SE beiliegenden IDL-Compiler idlj erfolgt, zeigt [Sun/LanguageMapping].

Mit dem Befehl idlj -fall Hello.idl wird die Datei Hello.idl in die folgenden Java-Klassen übersetzt. Die Option -fall sorgt dafür, dass der Client-Stub und das Server-Skeleton erzeugt werden.

- *HelloWorldOperations.java:* In der Datei HelloWorldOperations.java wird das (Java) Interface HelloWorldOperations beschrieben, das die Methoden String getString() und void setString(String text) deklariert.

- *HelloWorldHelper.java:* Die Klasse HelloWorldHelper stellt (als wichtigstes) eine statische Methode narrow() zur Verfü-

Interface Definition Language (IDL)

gung, mit der CORBA-Objektreferenzen in Referenzen der Klasse HelloWorld umgewandelt werden können.

- **HelloWorld.java:** Das Interface HelloWorld erbt von den Interfaces HelloWorldOperations, org.omg.CORBA.Object und org.omg.CORBA.portable.IDLEntity. Durch das Interface org.omg.CORBA.Object wird das HelloWorld-Interface als CORBA Objektreferenz markiert. Durch das Interface IDLEntity wird das HelloWorld Interface als serialisierbar und zur Übertragung für RMI over IIOP markiert (worauf an dieser Stelle nicht weiter eingegangen wird).

- **_HelloWorldStub.java:** Die Klasse _HelloWorldStub spiegelt den **Client-Stub** wider und realisiert die Kommunikation mit dem entfernten Objekt.
  - Zunächst wird ein Request zusammengesetzt und über einen Output-Stream an den ORB geschickt.
  - In dem Request wird beispielsweise die aufzurufende Methode festgelegt. Falls Parameter in IDL mit out oder inout bezeichnet wurden, werden die übergebenen Parameter in den Output-Stream geschrieben.
  - Die in IDL mit in oder inout spezifizierten Parameter werden über einen Input-Stream eingelesen und vom Stub zurückgegeben.

- **HelloWorldPOA.java:** Die abstrakte Klasse HelloWorldPOA implementiert unter anderem das Interface HelloWorldOperations und übernimmt die Aufgabe des **Server-Skeletons**. Die Klasse implementiert für jede Methode das exakte Gegenstück zu den Aufrufen des Client-Stubs und ruft den Servant auf. Durch die Deklaration als abstrakte Klasse ist der Anwendungsprogrammierer verpflichtet, eine Klasse zu implementieren, die von dieser Klasse erbt. Dabei muss er nur noch die Methoden implementieren, die durch das Interface HelloWorldOperations vorgegeben werden. Somit hat er eine Klasse entworfen, die zugleich die Skeleton-Funktionalität wie auch die Funktionalität des entfernten Objekts übernommen hat. Eine Implementierung des Skeletons und des HelloWorld-Objekts könnte wie folgt aussehen:

```
public class HelloWorldImp extends Hello.HelloWorldPOA
{
  String text = "Hello World!";

  public HelloWorldImp()
  {
  }
```

Programm 7.1: Implementierung des Skeletons und Servants

```
public String getString()
{
  return text;
}

public void setString(String text)
{
  this.text = text;
}
}
```

- **HelloWorldHolder.java:** Holder-Klassen werden vom Server-Skeleton bzw. Client-Stub verwendet, um Daten zur Verfügung zu stellen bzw. zur Verfügung gestellte Daten zu lesen (nach [Hammerschall2005]).

7.3 ORB Services

Wie oben gesehen, stellt der ORB bestimmte Dienste zur Verfügung, die durch die CORBA-Spezifikation festgelegt sind. Welche Dienste allerdings eine ORB-Implementierung tatsächlich zur Verfügung stellt, kann durch die Methode `list_initial_services()` herausgefunden werden. Bei der Verwendung der J2SE muss vor dem Starten eines Programms, welches den ORB verwenden will, zunächst der Namensdienst des ORBs gestartet werden (oder die Dienste müssen über eine Datei veröffentlicht werden). Dazu wird von Sun Microsystems der **Object Request Broker Daemon (orbd)** zur Verfügung gestellt. Mit dem Befehl `orbd -ORBInitialPort port` wird der `orbd` von Kommandozeile gestartet. Für den Parameter `port` muss eine Portnummer angegeben werden, auf dem der `orbd` läuft.

Programm 7.2 zeigt, wie man die Liste der Dienste des ORBs anfordert:

Programm 7.2:
Auflistung der ORB-Dienste

```
import java.util.Properties;
import org.omg.CORBA.ORB;

public class Main
{
  public static void main(String[] args)
  {
    Properties props = new Properties();
    props.put("org.omg.CORBA.ORBInitialPort", "2000");
    // erzeuge ORB
    ORB orb = ORB.init(args, props);
    String[] s = orb.list_initial_services();
    for (String str : s)
    {
      System.out.println(str);
    }
  }
}
```

Zunächst wird ein Properties-Objekt angelegt, in dem ein Eintrag ergänzt wird, auf welchem Port der Namensdienst zu finden ist. Mit dem Paar **org.omg.CORBA.ORBInitialPort, 2000** wird dem ORB die Lokation seines Namensdienstes (orbd) mitgeteilt, nämlich auf dem lokalen Computer an Port 2000. Falls der Namensdienst sich auf einem anderen Rechner befindet, kann durch das Paar **org.omg.CORBA.ORBInitialHost, hostname** – analog zum Port – der Rechner, auf dem sich der Namensdienst befindet angegeben werden.

Es ist möglich, die Dienste über Kommandozeile beim Start des Programms anzugeben, anstatt ein Properties-Objekt an orb.init() zu übergeben. Folgendes Kommando ist äquivalent zu dem Hinzufügen der beiden Properties: java Main -ORBInitialHost hostname -ORBInitialPort port. Die beiden Optionen ORBInitialHost und ORBInitialPort finden sich nicht in der CORBA-Spezifikation, sondern sind Sun Microsystems eigen.

Programm 7.2 listet bei der JDK-Version 1.5.0_01 folgende Dienste auf, die der ORB von Sun Microsystems bereitstellt:

```
ServerLocator
RootPOA
NameService
TNameService
DynAnyFactory
CodecFactory
ServerActivator
ServerRepository
POACurrent
PICurrent
```

Auch hier finden sich einige Dienste, die nicht in der CORBA Spezifikation vorgesehen sind: ServerLocator, TNameService, ServerActivator, ServerRepository. Umgekehrt fehlen auch einige Dienste.

Sobald man die Namen der angebotenen Dienste kennt, können die Dienste über die Methode resolve_initial_references() des ORBs anhand ihres Namens angefordert werden.

Da ein Server einen Portable Object Adapter benötigt, um die Aufrufe an die entsprechenden Skeletons zu leiten, könnte er beispielsweise die Referenz auf den RootPOA anfordern.

```
import org.omg.PortableServer.POA;
import org.omg.PortableServer.POAHelper;
import org.omg.CORBA.ORB;
...
ORB orb = ORB.init(args, props);
...
org.omg.CORBA.Object ref = orb.resolve_initial_references("RootPOA");
POA rootpoa = POAHelper.narrow(ref);
```

Die Methode `resolve_initial_references()` gibt eine Klasse vom Typ `org.omg.CORBA.Object` zurück. Bei dieser Klasse handelt es sich um eine CORBA Objektreferenz auf ein entferntes Objekt. Da – egal welcher Dienst angefordert wird – immer der am wenigsten spezialisierte Typ zurückgegeben wird, ist eine Umwandlung auf den richtigen Objekttyp notwendig. Dieser Vorgang wird mit **narrowing** bezeichnet und von sogenannten Helper-Klassen durchgeführt (siehe Abschnitt 7.2). Für die Dienste, über die der ORB verfügt, existieren diese Helper-Klassen bereits. Mit der Anweisung `POAHelper.narrow(ref)` wird die allgemeine Objektreferenz, die sich hinter `ref` verbirgt, in eine Referenz auf ein POA-Objekt umgewandelt.

7.3.1 Namensdienst

Der Namensdienst wird in CORBA dazu verwendet, dass Clients verteilte Objekte finden, die von Servern angeboten werden. Ein Server meldet dazu sein Objekt beim ORB an. Der Client-Stub erfragt beim ORB die Lokation des Objekts und führt die Anfrage durch.

Persistenter und transienter Namensdienst

Der Dienst **NameService** stellt einen persistenten Namensdienst bereit, **TNameService** einen transienten. Persistent bedeutet, dass der Dienst, solange er läuft, alle Anwendungsobjekte, die sich bei ihm anmelden, in einer Datei protokolliert. Wird der Dienst heruntergefahren und später neu gestartet, kann er anhand der Datei die bei ihm gemeldeten Anwendungsobjekte rekonstruieren. Ein transienter Namensdienst verliert dagegen alle Informationen über die bei ihm angemeldeten Anwendungsobjekte.

Der persistente Namensdienst wird durch den – bereits weiter oben angesprochenen – **orbd** realisiert. Der transiente Namensdienst durch **tnameserv**. Standardmäßig wird angenommen, dass der Namensdienst auf dem well-known Port 900 läuft.

Interoperable Naming Service (INS)

Binding und Namenskontext

INS ist ein von der OMG spezifizierter Namensdienst (siehe [OMG/INS]). Dieser Namensdienst legt als Struktur einen Verzeichnisbaum zugrunde. In diesem Verzeichnisbaum werden Name-zu-Objekt Zuordnungen eingetragen, so genannte **Bindungen (bindings)**. Jede Bindung wird dabei relativ zu einem **Namenskontext** eingetragen. Der Verzeichnisbaum ähnelt dabei sehr stark dem Verzeichnisaufbau[1] gängiger Betriebssysteme. Beginnend bei einem root-Kontext können auch weitere Kontex-

---

[1] Der Verzeichnisbaum lässt sich beispielsweise unter Windows durch den Explorer, unter DOS durch das tree-Kommando anzeigen.

te eingetragen werden, wodurch ein **naming graph (Verzeichnisbaum)** entsteht (siehe Bild 7.4).

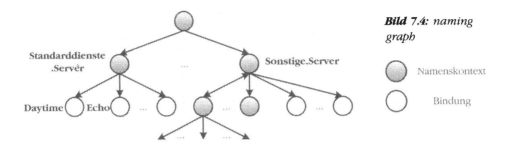

Bild 7.4: naming graph

Namenskontext

Bindung

Die in dem (gerichteten) Graphen eingetragen Bindungen können über **Namen** identifiziert werden. Ein Name besteht aus einer oder mehreren **Namenskomponenten**. Alle, außer der letzten Namenskomponente, geben den Namenskontext an, die letzte Komponente die Zuordnung.

Eine Namenskomponente besteht aus den Feldern id und kind (siehe Bild 7.5).

Bild 7.5: Aufbau Namenskomponente

Der Aufbau einer Namenskomponente entspricht dem einer Datei. Sie beginnt mit einem Bezeichner, über den die Komponente (semantisch) identifiziert werden kann. Danach wird die Art der Komponente angegeben, im obigen Beispiel Server, bei einem Dateisystem beispielsweise pdf. kind wie auch id dürfen leer sein. Falls kind leer ist, entfällt auch „." als Separator.

Vom Namensdienst werden die Namenskomponenten als Ganzes behandelt. Die Aufschlüsselung nach id und kind ist für die Identifikation der Namenskomponenten auf Anwendungsebene gedacht.

Namen werden innerhalb des Namensdienstes als **Interoperable Object References (IOR)** gespeichert. Da dieses Format für einen Menschen nicht ohne weiteres als Klartext lesbar ist, gibt es auch eine Zeichenkettenrepräsentation des Namens, ein so genannter **Stringified Name**. Ein Stringified Name aus obigem Graphen wäre beispielsweise: Standarddienste.Server/Daytime. Dabei symbolisieren sowohl Standarddienste.Server als auch Daytime eine Namenskomponente.

Namen werden durch IOR repräsentiert

Innerhalb eines Stringified Names, gibt es drei reservierte Zeichen, die nicht als Teil der Bezeichnung der Namenskomponente auftreten dürfen: Punkt (.), Slash (/), Backslash (\)

- ' / ' wird als Separator der einzelnen Namenskomponenten verwendet.
- ' . ' wird als Trennzeichen zwischen id und kind innerhalb einer Namenskomponente verwendet.
- ' \ ' wird als Escape-Zeichen verwendet, d.h. falls in einem Namen doch ein Punkt, Slash oder Backslash auftritt, muss dem Zeichen ein ' \ ' voranstehen.

Erzeugen eines neuen Namenskontexts

Wenn der ORB initialisiert wurde und der Namensdienst bekannt ist, kann im Verzeichnisbaum ein neuer Namenskontext angelegt werden. Durch den Methodenaufruf obj.bind_new_context() kann an den Kontext obj die an die Methode übergebene Namenskomponente als Kontext gebunden werden. Der neue Kontext wird als Ergebnis des Methodenaufrufs zurückgegeben.

Programm 7.3:
Anlegen eines Namenskontexts

```
Properties props = new Properties();
props.put("org.omg.CORBA.ORBInitialPort", "2000");
// erzeuge ORB
ORB orb = ORB.init((String[]) null, props);
// fordere Referenz auf NameService an
org.omg.CORBA.Object ref =
  orb.resolve_initial_references("NameService");
NamingContextExt root = NamingContextExtHelper.narrow(ref);

NameComponent[] path = root.to_name("Standarddienste.Server");
NamingContext standardServer = root.bind_new_context(path);
```

Im Programm 7.3 wird nach der Erzeugung des ORBs zunächst eine Referenz auf den Namensdienst angefordert. Diese Referenz ist zugleich die Wurzel des Verzeichnisbaums. Durch die Anweisung root.bind_new_context(); wird an die Wurzel ein Name als Namenskontext angehängt, nämlich der Kontext "Standarddienste.Server". Da Stringified Names für den Programmierer einfacher zu handhaben sind, stellt ein Objekt der Klasse NamingContextExt eine Methode to_name() zur Verfügung, die einen Stringified Name in ein Array von Namenskomponenten konvertiert. Für die umgekehrte Richtung gibt es die Methode to_string().

Ein Namenskontext kann durch die Methode destroy() gelöscht werden.

Servant beim Namensdienst registrieren

Um ein Objekt beim Namensdienst als Servant anzumelden, sind mehrere Schritte notwendig. Falls noch nicht geschehen, muss

- der ORB erzeugt und initialisiert werden (siehe Programm 7.2).

ORB Services

- ein Objekt des Servants erzeugt werden.
- ein Portable Object Adapter angefordert werden und dessen POAManager aktiviert werden. Mit der Aktivierung wird die Verarbeitung von Anfragen gestartet.
- der passende Namenskontext angefordert werden (z.B. root).

Abschließend muss die Referenz auf den Servant an einen Namenskontext gebunden werden.

Programm 7.4:
HelloWorldServer

```java
import Hello.*;

import org.omg.PortableServer.POA;
import org.omg.PortableServer.POAHelper;
import org.omg.CORBA.ORB;
import org.omg.CosNaming.NamingContextExt;
import org.omg.CosNaming.NamingContextExtHelper;
import org.omg.CosNaming.NameComponent;

import java.util.Properties;

public class HelloWorldServer
{
  public static void main(String[] args)
  {
    try
    {
      Properties props = new Properties();
      props.put("org.omg.CORBA.ORBInitialPort", "2000");
      // erzeuge ORB
      ORB orb = ORB.init((String[]) null, props);

      // erzeuge Servant
      HelloWorldImp hwImp = new HelloWorldImp();

      // hole Referenz auf POA
      POA rootpoa =
        POAHelper.narrow(orb.resolve_initial_references("RootPOA"));
      /* Aktiviere POA Manager und ermögliche damit Verarbeitung
       * von Anfragen
       */
      rootpoa.the_POAManager().activate();

      // hole Objektreferenz von Servant
      org.omg.CORBA.Object ref = rootpoa.servant_to_reference(hwImp);
      HelloWorld hw = HelloWorldHelper.narrow(ref);

      // hole Wurzel des Verzeichnisbaums vom Namensdienst
      NamingContextExt root = NamingContextExtHelper.narrow(
        orb.resolve_initial_references("NameService"));

      // Wandele Stringified Name "HelloWorld" in IOR um
      NameComponent path[] = root.to_name("HelloWorld");
      root.rebind(path, hw);
```

```
      // ORB starten
      orb.run();
    }
    catch(Exception e)
    {
      e.printStackTrace();
    }
  }
}
```

Der Servant wird über die Methode rebind() an den Namenskontext gebunden. Selbst wenn an den Namenskontext, von dem rebind() aufgerufen wird, schon ein Objekt unter dem Namen HelloWorld gebunden wurde, wird die Bindung dennoch durchgeführt. Dies ist von Bedeutung, falls der Server neu gestartet werden muss. Ansonsten muss eine AlreadyBoundException gefangen und verarbeitet werden. Eine Bindung an einen Namenskontext kann über die Methode unbind() gelöst werden.

Eintrag im Verzeichnisbaum anfordern

Auch wenn ein Objekt beim Namensdienst angefordert werden soll, müssen zuvor einige Dinge sichergestellt werden. Falls noch nicht geschehen, muss

- der ORB erzeugt und initialisiert werden (siehe Programm 7.2).
- der passende Namenskontext angefordert werden (z.B. root).

Abschließend muss die Referenz auf das entfernte Objekt angefordert werden. Wird die Objektreferenz auf das entfernte Objekt aufgerufen, übernimmt der Stub die Kommunikation mit dem entfernten Objekt.

Programm 7.5:
HelloWorldClient

```
import Hello.*;

import org.omg.CORBA.ORB;
import org.omg.CosNaming.NamingContextExt;
import org.omg.CosNaming.NamingContextExtHelper;

import java.util.Properties;

public class HelloWorldClient
{
  public static void main(String[] args)
  {
    try
    {
      Properties props = new Properties();
      props.put("org.omg.CORBA.ORBInitialPort", "2000");
      // erzeuge ORB
      ORB orb = ORB.init((String[]) null, props);
```

```
    // beziehe root-Namenskontext
    NamingContextExt root = NamingContextExtHelper.narrow(
      orb.resolve_initial_references("NameService"));

    // beziehe Referenz auf das entfernte HelloWorld-Objekt
    HelloWorld hw = HelloWorldHelper.narrow(
      root.resolve_str("HelloWorld"));

    // Aufruf des entfernten Objekts
    System.out.println(hw.getString());
  }
  catch(Exception e)
  {
    e.printStackTrace();
  }
 }
}
```

Nach Anforderung des root-Namenskontexts kann durch die Methode `resolve_str()` eines Namenskontexts eine Objektreferenz angefordert werden. Als Argument von `resolve_str()` wird ein Stringified Name verwendet. Da der Eintrag des Servants „HelloWorld" auf root-Ebene vorgenommen wurde, muss bei der Namensauflösung kein weiterer Pfad angegeben werden.

7.4 Vor- und Nachteile von CORBA

CORBA besitzt eine Reihe von Vor- und Nachteilen gegenüber anderen Middleware-Technologien.

- CORBA ist eine ausgereifte Middleware-Architektur und unterstützt sehr viele verschiedene Dienste, die für viele Aufgabenstellungen und Probleme geeignet sind.

Vorteile von CORBA

- Alle gängigen Programmiersprachen werden unterstützt, d.h. es ist möglich mit verschiedenen Programmiersprachen an einem großen Projekt zu arbeiten. Viele bestehende Systeme (Legacy Systems) sind in verschiedenen Programmiersprachen geschrieben.

- CORBA ist wesentlich komplizierter zu erlernen und einzusetzen als beispielsweise RMI. Es werden einige verschiedene Klassen für jede Schnittstelle benötigt, die in IDL beschrieben wird.

Nachteile von CORBA

- Das Erlernen der Schnittstellenbeschreibungssprache (IDL) ist notwendig.

- Selbst einfache CORBA-Anwendungen sind relativ aufwändig in der Umsetzung.

7.5 Aufgaben zu CORBA

Wiederholung

W1. Wofür steht die Abkürzung CORBA, wofür OMG?

W2. Welche Komponenten tauchen im CORBA Referenzmodell auf?

W3. Welche Dienste kennen Sie?

W4. Wofür steht die Abkürzung IDL und für was ist sie gut?

W5. Aus welchen Komponenten besteht der ORB?

W6. Wofür werden Helper-Klassen verwendet?

W7. Wofür steht die Abkürzung INS? Was versteht man unter einer Bindung? Wie ist eine Namenskomponente aufgebaut?

W8. Welche beiden Formate unterscheidet man zur Repräsentation von Namen? Wofür werden die Formate eingesetzt? Mit welchen Methoden kann man Konvertierungen von einem Format in das andere vornehmen?

Vertiefung

V1. Welche Implementierungen der CORBA Spezifikation gibt es am Markt? Verschaffen Sie sich einen Überblick!

V2. Betrachten Sie den Stringified Name „a/.b/c\../d.e\\". Wie sind die einzelnen Namenskomponenten aufgebaut (id und kind)?

V3. Was sind Vorteile und Nachteile von RMI gegenüber CORBA?

V4. Welche Dienste bietet ein von Ihnen recherchierter ORB an? Sind die Dienste spezifikationskonform?

Implementierung

I1. Was passiert, wenn bei der Initialisierung des ORBs auf der Kommandozeile den Properties widersprechende Argumente angegeben werden?

I2. Implementieren Sie einen DAYTIME-Client und -Server mithilfe von CORBA!

Kapitel 8: Nachrichtenbasierte Kommunikation mit JMS

Die in den letzten Kapiteln vorgestellte Kommunikation über Sockets und RMI hat eine wesentliche Prämisse: sowohl Sender als auch Empfänger der Daten müssen **zeitgleich** zu einem Datenaustausch bereit sein. Diese Prämisse impliziert eine **enge Kopplung** zwischen den kommunizierenden Komponenten (synchrone Kommunikation). Diese enge Kopplung kann in bestimmten Fällen nachteilig sein, beispielsweise wenn ein Client eine Anfrage an den Server sendet, dieser aber relativ lange benötigt, um eine Antwort generieren zu können. Der Client wartet derzeit blockiert auf die Antwort des Servers. Hängt die weitere Arbeit des Clients unmittelbar von der Antwort des Servers ab, ist dieser Ansatz natürlich sinnvoll. Oftmals kann ein Client aber noch weitere Dinge erledigen, bis die Antwort des Servers eintrifft. Dies ist jedoch mit den bisher vorgestellten Methoden nicht ohne weiteres möglich.[1]

Rückblick und Motivation

Ein erster Ansatz zur Lösung obigen Problems ist die Implementierung einer „Zwischeninstanz" mit Hilfe der vorgestellten Verfahren. Diese nimmt eine Anfrage von einem Client entgegen und liefert sie an den Server aus, sobald dieser bereit ist. Umgekehrt nimmt sie die Antwort vom Server entgegen und reicht sie an den Client weiter. So erreicht man eine **lose Kopplung** zwischen den kommunizierenden Komponenten. Es ist offensichtlich, dass eine effektive Implementierung dieser Zwischeninstanz eine sehr umfangreiche und komplexe Aufgabe ist.

Implementierung einer „Zwischeninstanz"

Eine eigene Implementierung ist glücklicherweise nicht notwendig, denn eine Vielzahl kommerzieller Produkte mit obigem Charakteristikum ist unter dem Begriff der **nachrichtenorientierten Middleware (message-oriented middleware, MOM)** verfügbar. Bevor wir auf die Details von nachrichtenorientierter Middleware näher eingehen, wollen wir zunächst den Begriff Middleware und nachrichtenorientierte Middleware genauer fassen.

Eine Software heißt **Middleware** genau dann, wenn sie die Entwicklung und den Betrieb eines verteilten Systems ermöglicht und Funktionen anbietet, die über einfache Netzwerkkommunikation hinausgehen.

Definition: Middleware

Eine Middleware heißt **nachrichtenorientierte Middleware** genau dann, wenn die Kommunikation zwischen den beteiligten Komponenten durch den Austausch von Nachrichten über eine Zwischeninstanz erfolgt.

Definition: nachrichtenorientierte Middleware

---

[1] Implementiert man den Client parallel, kann ein Thread mit dem Server kommunizieren, während ein anderer weitere Aufgaben erledigt.

Eine Middleware dient demnach als Basis zum Aufbau eines verteilten Systems und bietet neben den reinen Kommunikationsfunktionen weitere Funktionen (z.B. Lastverteilung, Ausfallsicherung, usw.) an. Die nachrichtenorientierte Middleware hat als Kommunikationsparadigma den Austausch von Nachrichten.

Vorteile einer MOM

Die wesentlichen Vorteile einer nachrichtenorientierten Middleware sind:

- Die Kommunikation innerhalb des verteilten Systems findet auf einem **hohen Abstraktionsniveau** statt und bietet dadurch vielfältige Funktionen.

- Durch den Austausch von Nachrichten erreicht man eine **lose Kopplung** der kommunizierenden Komponenten.

- Entwickler können sich auf die **Anwendungslogik** konzentrieren und auf die verfügbaren Kommunikationsfunktionen zurückgreifen.

Nachteile einer MOM

Die wesentlichen Nachteile des Einsatzes einer nachrichtenorientierten Middleware sind:

- Oftmals bieten Middleware-Hersteller keine auf einen spezifischen Anwendungsfall abgestimmte Lösung. Nachrichtenorientierte Middleware kann insbesondere **nicht "out-of-the-box"** verwendet werden, sondern muss an den jeweiligen Anwendungsfall angepasst werden.

- Da die Nachrichten aus einem Kopf und den Nutzdaten bestehen, erzeugt eine nachrichtenorientierte Middleware **zusätzlichen Overhead**. Enthält eine Nachricht nur sehr wenig Nutzdaten, ist der Overhead evtl. inakzeptabel groß, jedoch systembedingt nicht vermeidbar.

- Der Einsatz einer nachrichtenorientierten Middleware in **Echtzeitsystemen** ist sehr schwierig. Echtzeitsysteme sind dadurch charakterisiert, dass auf eine Anfrage innerhalb eines definierten Zeitraums eine Reaktion in Form einer Antwort erfolgen muss. Durch die Verwendung von Warteschlangen und der Entkopplung der Anwendungen, kann keine triviale Aussage bezüglich des Zeitverhaltens getroffen werden [Mathes 2004].

- Der Einsatz einer nachrichtenorientierten Middleware ist mit zusätzlichen **Lizenzkosten** verbunden, die – je nach Lizenzierungskonzept und Skalierung des verteilten Systems – beträchtliche Ausmaße annehmen können.

Zurück zum motivierenden Beispiel

Durch den Einsatz einer nachrichtenorientierten Middleware wird das Problem der engen Kopplung gelöst, gleichzeitig ergibt sich aber ein neues. Um eine Kommunikation zwischen Client und

Server zu ermöglichen, müssen diese die API des Middleware-Herstellers verwenden. Folglich arbeiten die resultierenden Anwendungen zwar effektiv mit der Middleware zusammen, sind aber nicht ohne weiteres portierbar. Es ergibt sich das in Bild 8.1 dargestellte Konzept.

Bild 8.1: MOM ohne JMS

Um Portabilität zu erreichen, ist eine standardisierte Schnittstelle zum Zugriff auf eine nachrichtenorientierte Middleware notwendig. Eine solche Schnittstellendefinition wird von Sun Microsystems unter dem Namen *Java Message Service (JMS)* für die Programmiersprache Java angeboten. Wohlgemerkt handelt es sich bei JMS um eine Schnittstellendefinition und nicht um eine nachrichtenorientierte Middleware. JMS definiert die *Syntax und Semantik* beim Zugriff auf eine nachrichtenorientierte Middleware und wurde erstmals im Jahre 1998 veröffentlicht. Die aktuelle Spezifikation stammt aus dem Jahr 2002 und trägt die Versionsnummer 1.1. Da eine Vielzahl der heute verfügbaren nachrichtenorientierten Middleware JMS unterstützt und die Programmiersprache Java sich weiter Verbreitung und Beliebtheit erfreut, hat JMS zunehmend an Bedeutung gewonnen.

Portabilität erfordert Standards

Vereinfacht kann man sagen, dass JMS die herstellerspezifische API *ergänzt* und dadurch einen *standardisierten* Zugriff auf nachrichtenorientierte Middleware ermöglicht. Dieses Konzept ist in Bild 8.2 dargestellt.

Bild 8.2: MOM mit JMS

Die nachfolgenden Beschreibungen von JMS beruhen auf der offiziellen Spezifikation von Sun Microsystems, die unter [Sun/JMSSpec 2002] bezogen werden kann. Um den Rahmen dieses Kapitels nicht zu sprengen, können wir natürlich nicht die gesamte Spezifikation vorstellen und diskutieren. Wir beschränken uns daher auf wesentliche Eigenschaften und verweisen den geneigten Leser für weitere Informationen auf die offizielle Spezifikation. Neben dieser Spezifikation bietet Sun Microsystems auch ein sehr gutes Tutorial an.

8.1 Aufbau und Struktur einer JMS-Anwendung

In den vorhergehenden Kapiteln bestand eine verteilte Anwendung immer aus einer (aktiven) Client-Komponente und einer (passiven) Server-Komponente. Dabei war der Client immer der Initiator einer Kommunikation und der Server wartete auf das Eintreffen einer Anfrage. Dieses eng gekoppelte Client/Server-Modell wird bei JMS durch ein lose gekoppeltes **Producer/Consumer-Modell** abgelöst.

Komponenten einer JMS-Anwendung

Jede JMS-Anwendung besteht aus mehreren aktiven Komponenten, die sich in zwei Gruppen unterscheiden lassen:

- **JMS-Client:** Ein JMS-Client benutzt JMS um Nachrichten zu erzeugen, diese an den JMS-Provider zu senden und Nachrichten von selbigem zu empfangen. Ein JMS-Client kann demnach gleichzeitig als Nachrichtenproduzent und -konsument fungieren.

- **JMS-Provider:** Ein JMS-Provider ist eine nachrichtenorientierte Middleware, welche die JMS-Spezifikation implementiert. Neben dieser Grundfunktionalität bieten JMS-Provider oftmals noch weitere Funktionen an, um sich von Konkurrenzprodukten zu unterscheiden. Eine Übersicht verschiedener JMS-Provider findet man in [atp 05/2004].

Entkopplungsmechansimen

Um lose Kopplung zwischen Produzenten und Konsumenten zu erzielen, müssen beide möglichst wenig voneinander wissen. Dazu verwendet JMS das Konzept der **Nachrichtenziele (destinations)**. Ein Nachrichtenziel ist entweder eine **Warteschlange (queue)** oder ein bestimmtes **Thema (topic)** innerhalb des JMS-Providers. Möchte ein Produzent P eine Nachricht N an einen Konsument K senden, so geschieht dies nicht direkt. Der Produzent P weiß, dass dem Konsument K eine spezielle Warteschlange WS im JMS-Provider zugeordnet ist. P stellt deshalb N in WS und muss keinerlei Informationen über K haben.

Der Zugriff eines JMS-Clients auf den JMS-Provider erfolgt mit Hilfe einer **Verbindungsfabrik (ConnectionFactory)**, die eine **Verbindung (Connection)** erzeugt. Um eine Referenz auf eine Verbindungsfabrik zu bekommen, gibt es prinzipiell zwei Möglichkeiten:

manuelle Factory-Instantiierung

- Der JMS-Client importiert die JMS-Implementierung des JMS-Providers und instantiiert manuell eine Verbindungsfabrik, um mit dieser eine Verbindung zum JMS-Provider aufzubauen. Ein großer Nachteil davon ist, dass der JMS-Client wissen muss, auf welchem Host der JMS-Provider ausgeführt wird und an welchem Port er auf Verbindungen wartet. Dadurch werden JMS-Client und -Provider eng aneinander gebunden, was nicht wünschenswert ist.

- Der JMS-Client benutzt JNDI (Java Naming and Directory Interface), um eine Referenz auf eine Verbindungsfabrik zu erhalten. Dadurch muss der JMS-Client keinerlei Informationen über den JMS-Provider haben. Die Instantiierung der Verbindungsfabrik erfolgt hierbei automatisch nach den Vorgaben des Systemadministrators.

automatische Factory-Instantiierung

Eine Verbindungsfabrik gehört zusammen mit den Nachrichtenzielen zu den so genannten administrierten Objekten. Administrierte Objekte werden bei der Installation der nachrichtenorientierten Middleware vom **Systemadministrator** erzeugt und parametriert. Sie können fortan von den JMS-Clients zur Kommunikation verwendet werden. Besonders bei sehr großen verteilten Systemen hat die zentrale Administration von Verbindungsfabriken und Nachrichtenzielen organisatorische Vorteile.

administrierte Objekte

8.2 P2P- und Pub/Sub-Kommunikation

JMS unterscheidet zwei grundlegend verschiedene Kommunikationsformen, die als **Point-to-Point (P2P)** und **Publish/Subscribe (Pub/Sub)** bezeichnet werden.

Bei P2P erfolgt die Kommunikation über **Warteschlangen**. Ein Produzent erstellt eine Nachricht und übergibt diese an eine bestimmte Warteschlange im JMS-Provider. Diese Warteschlange ist für gewöhnlich einem bestimmten Konsumenten zugeordnet. Sobald der Konsument die Nachricht aus der Warteschlange entnimmt und dies bestätigt, gilt sie als **verbraucht** und kann nicht mehr abgerufen werden. Bild 8.3 veranschaulicht das Konzept der P2P-Kommunikation.

P2P

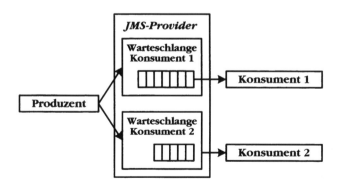

Bild 8.3: P2P-Kommunikation

Der wesentliche Vorteil der P2P-Kommunikation ist die **Persistenz** der Nachrichten. Ist ein Konsument inaktiv, während ein Produzent eine Nachricht sendet, wird diese in der Warteschlange zwischengespeichert und kann abgeholt werden, sobald der Konsument wieder aktiv ist.

Pub/Sub

Pub/Sub erlaubt die Verteilung einer Nachricht an mehrere Konsumenten. Dazu **abonniert (subscribe)** ein Konsument ein bestimmtes **Thema (topic)**. Sobald ein Produzent eine Nachricht zu diesem Thema **veröffentlicht (publish)** bekommen alle Abonnenten eine Kopie dieser Nachricht zugestellt. Ist ein bestimmter Abonnent nicht verfügbar, während die Nachricht veröffentlicht wird, erhält er auch keine Kopie dieser Nachricht. Das Konzept von Pub/Sub wird in Bild 8.4 verdeutlicht.

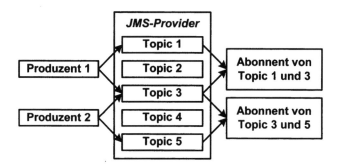

Bild 8.4: *Pub/Sub-Kommunikation*

Um bei der Pub/Sub-Kommunikation auch die Vorteile der P2P-Kommunikation nutzen zu können, besteht die Möglichkeit ein **dauerhaftes Abonnement (DurableSubscriber)** einzurichten. Bei einem dauerhaften Abonnement werden alle Nachrichten, die während der Inaktivität eines Abonnenten veröffentlicht werden, zwischengespeichert. Sobald der Abonnent wieder aktiv ist, werden ihm alle verpassten Nachrichten zugesendet.

8.3 Das Paket javax.jms

Struktur von javax.jms

Das Paket `javax.jms` definiert insgesamt 2 Klassen, 43 Interfaces und 13 verschiedene Exceptions. Dabei existiert zu vielen Interfaces ein **allgemeines Superinterface** und zwei **spezialisierte Subinterfaces** (eines für jede Kommunikationsform). Beispielsweise erben vom Superinterface `Session` die beiden Subinterfaces `TopicSession` und `QueueSession`. Nachfolgend werden die wichtigsten Interfaces kurz dargestellt und deren Funktion erläutert.

8.3.1 Verbindungsfabriken

Verbindungsfabriken produzieren Verbindungen

Bei einer Verbindungsfabrik handelt es sich um ein administriertes Objekt, das eine Verbindung zu einem JMS-Provider erzeugt. In der JMS-Anwendung wird mit Hilfe von JNDI eine Referenz auf eine Verbindungsfabrik besorgt. Die drei wichtigsten Verbindungsfabriken sind die `ConnectionFactory`, `QueueConnectionFactory` und `TopicConnectionFactory`, wobei die letzten beiden eine Spezialisierung der ersten Fabrik sind. Die Vererbungsbeziehung ist in Bild 8.5 dargestellt.

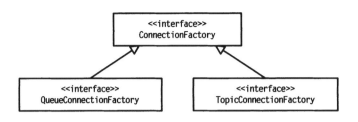

Bild 8.5: *Verbindungsfabriken*

Die `ConnectionFactory` definiert die Methoden

- `Connection createConnection()`
- `Connection createConnection(String user, String password)`

Die erste Methode erzeugt eine neue Verbindung mit der Standardbenutzerkennung, die zweite lässt eine explizite Definition der Benutzerkennung zu. Die beiden Subschnittstellen `QueueConnectionFactory` und `TopicConnectionFaytory` definieren zusätzliche Methoden zum Erzeugen einer `QueueConnection` bzw. `TopicConnection`.

8.3.2 Verbindungen

Eine Verbindung repräsentiert einen **Kommunikationskanal** (entspricht oftmals einer TCP/IP-Verbindung) zu einem JMS-Provider und wird von einer Verbindungsfabrik erzeugt. Als Superinterface dient `Connection`, wovon die Schnittstellen `QueueConnection` und `TopicConnection` abgeleitet sind. Das Interface `Connection` definiert unter anderen die Methoden

Abstraktion von TCP/IP-Verbindung

- `close()` zum Schließen der Verbindung
- `Session createSession(boolean transacted, int ackMode)` zum Erzeugen einer Sitzung
- `ConnectionMetaData getMetaData()` um Informationen über die Verbindung zu erfragen
- `start()` um eine Verbindung zu aktivieren
- `stop()` um den Nachrichtenversand zeitweilig anzuhalten

Die Vererbungshierarchie ist in Bild 8.6 dargestellt.

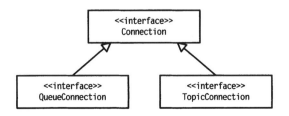

Bild 8.6: *Verbindungen*

Die Subinterfaces QueueConnection und TopicConnection definieren zusätzliche Methoden zum Erzeugen einer QueueSession bzw. einer TopicSession.

8.3.3 Sitzungen

Sitzungen strukturieren Kommunikation

Das Paket javax.jms definiert die Schnittstellen Session, QueueSession und TopicSession und ermöglicht durch sie unter anderem:

- Erzeugung von Nachrichten
    - Message createMessage()
    - TextMessage createTextMessage()
    - MapMessage createMapMessage()
    - ObjectMessage createObjectMesssage()
    - StreamMessage createStreamMessage()
- Erzeugung von Konsumenten und -produzenten
    - QueueReceiver createReceiver(Queue queue)
    - QueueSender createSender(Queue queue)
    - TopicPublisher createPublisher(Topic topic)
    - TopicSubscriber createSubscriber(Topic topic)
    - TopicSubscriber createDurableSubscriber(Topic topic, String subName)
- transaktionale Verarbeitung
    - commit()
    - recover()
    - rollback()

Dabei sind die QueueSession und die TopicSession wieder Spezialisierungen von Session (vgl. Bild 8.7).

Bild 8.7: *Sitzungen*

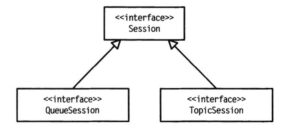

8.3.4 Produzenten und Konsumenten

Das Superinterface für alle Nachrichtenproduzenten ist MessageProducer. Davon erben der QueueSender und der TopicPublisher (vgl. Bild 8.8).

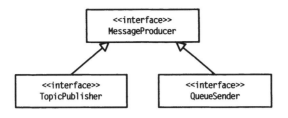

Bild 8.8: Nachrichtenproduzenten

Das Interface `MessageProducer` definiert die Methoden

- `close()` zum Beenden des Nachrichtenproduzenten
- `int getDeliveryMode()` / `void setDeliveryMode(int deliveryMode)` um den Auslieferungsmodus zu erfragen bzw. um ihn festzulegen
- `int getPriority()` / `void setPriority(int prio)` um die Nachrichtenpriorität zu erfragen bzw. um sie zu setzen
- `int getTimeToLive()` / `void setTimeToLive(int ttl)` um die Gültigkeitsdauer für Nachrichten in Millisekunden zu erfragen bzw. um selbige zu setzen

Zum Senden einer Nachricht existieren vier Varianten der Methode `send()`:

- `send(Destination d, Message m)`
- `send(Destination d, Message m, int deliveryMode, int prio, long ttl)`
- `send(Message m)`
- `send(Message m, int deliveryMode, int prio, long ttl)`

Die beiden Subinterfaces `QueueSender` und `TopicPublisher` definieren noch zusätzliche `send()`- bzw. `publish()`-Methoden.

Analog zu den Nachrichtenproduzenten werden die Nachrichtenkonsumenten über das Superinterface `MessageConsumer` und die Subinterfaces `QueueReceiver` und `TopicSubscriber` definiert (vgl. Bild 8.9).

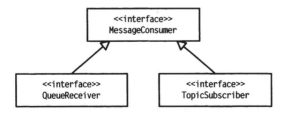

Bild 8.9: Nachrichtenkonsumenten

Der `MessageConsumer` bietet Methoden zum **synchronen** und **asynchronen** Empfang von Nachrichten. Um Nachrichten synchron zu empfangen, existieren die Methoden

Empfangsvarianten

- `Message receive()`
- `Message receive(long timeout)`
- `Message receiveNoWait()`

Mit `receive()` wird **blockierend** auf das Eintreffen einer Nachricht gewartet. `receive(long timeout)` wartet die definierte Zeit in Millisekunden auf das Eintreffen einer Nachricht und kehrt andernfalls zurück. Mit `receiveNoWait()` wird geprüft, ob eine Nachricht verfügbar ist. Ist dies nicht der Fall, kehrt die Methode **unmittelbar** zurück.

Um Nachrichten asynchron zu Empfangen kann mit der Methode `void setMessageListener(MessageListener listener)` ein Objekt registriert werden, welches das Interface `MessageListener` implementiert. Dieses Interface definiert lediglich die Methode `onMessage(Message msg)`, die bei Eintreffen einer Nachricht aufgerufen wird.

Die Subinterfaces `QueueReceiver` und `TopicSubscriber` fügen keine wesentliche Funktionalität hinzu. Die wichtigsten Methoden sind bereits in `MessageConsumer` definiert.

8.3.5 Nachrichten

JMS definiert das Superinterface `Message` und davon abgeleitet die Subinterfaces `BytesMessage`, `MapMessage`, `ObjectMessage`, `StreamMessage` und `TextMessage` zum Versenden von Daten verschiedener Art. Die Vererbungshierarchie ist in Bild 8.10 dargestellt.

Bild 8.10:
Nachrichten

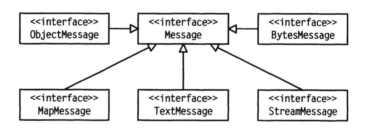

Aufbau von Nachrichten

Jede JMS-Nachricht besteht aus einem Nachrichtenkopf **(Header)**, den Nachrichteneigenschaften **(Properties)** und dem Nachrichtenrumpf **(Body)**.

Nachrichtenkopf (Header)

Der Nachrichtenkopf wird zur Identifikation und zur Übertragung der Nachricht benötigt und umfasst mehrere Felder.

Feldbezeichnung	Funktion
JMSCorrelationID	Dieses Feld erlaubt Abhängigkeiten zwischen Nachrichten zu markieren.
JMSDeliveryMode	JMS unterscheidet zwei verschiedene Übertragungsmodi für Nachrichten: PERSISTENT und NON_PERSISTENT (siehe Aufgaben).
JMSDestination	Das Nachrichtenziel wird in diesem Feld hinterlegt.
JMSExpiration	In diesem Header-Feld wird vermerkt, wann eine Nachricht veraltet ist und demnach verworfen werden muss.
JMSMessageID	Die Nachrichten-ID ist ein eindeutiger Bezeichner um Nachrichten zu identifizieren.
JMSPriority	Dieses Feld definiert die Priorität einer Nachricht durch einen Integer-Wert von 0 (niedrig) bis 10 (hoch).
JMSRedelivered	Wurde eine Nachricht mehrfach ausgeliefert, beispielsweise weil ihr Empfang nicht bestätigt wurde, wird dieses Feld gesetzt.
JMSReplyTo	Mit Hilfe von diesem Feld kann ein Nachrichtenproduzent angeben, an welches Nachrichtenziel die Antwortnachricht gesendet werden soll.
JMSTimestamp	Die Übergabezeit einer Nachricht an den JMS-Provider wird in diesem Feld in Millisekunden gespeichert.
JMSType	Der Nachrichtentyp wird in diesem Feld gespeichert.

Tabelle 8.1:
Header-Felder

Zur Abfrage und zur Manipulation der obigen Header-Felder definiert das Interface Message eine Reihe von get()- und set()-Methoden, die wie folgt strukturiert sind:

- <Typ> get<Feldbezeichnung>()
- void set<Feldbezeichnung>(<Parameter>)

Nachrichteneigenschaften (Properties)

Properties erweitern Header

Nachrichteneigenschaften erlauben – wie der Name schon andeutet – das Speichern weiterer Informationen über die Nachricht. Eine Nachrichteneigenschaft hat einen bestimmten **Namen** und **Datentyp**. Es werden Eigenschaften vom Typ boolean, byte, short, int, long, float und double unterstützt. Zusätzlich gibt es noch String-Eigenschaften. Die Nachrichteneigenschaften können mit get()- und set()-Methoden folgender Form gelesen und geschrieben werden:

- void set<Datentyp>Property(String name, <Datentyp> wert)
- <Datentyp> get<Datentyp>Property(String name)

Um beispielsweise eine Integer-Nachrichteneigenschaft zu setzen und zu lesen, existieren die Methoden void setIntProperty(String name, int wert) und int getIntProperty(String name).

Um alle Nachrichteneigenschaften einer Nachricht zu löschen, definiert das Interface Message die Methode clearProperties().

Nachrichtenrumpf (Body)

Body speichert Nutzdaten

Der Nachrichtenrumpf speichert die Nutzdaten, die zwischen Nachrichtenproduzent und Nachrichtenkonsument ausgetauscht werden sollen. Die Interfaces ermöglichen eine Übertragung verschiedener Nutzdaten.

- ***BytesMessage:*** Eine BytesMessage ermöglicht die Übertragung einer uninterpretierten Menge von Bytes. Dadurch ermöglicht sie eine flexible Übertragung beliebiger Daten.
- ***StreamMessage:*** Eine StreamMessage erlaubt das sequentielle Schreiben und Lesen von boolean-, byte-, int-, long-, float- und double-Werten. Für jeden dieser Typen existiert eine passende read()- bzw. write()-Methode der Form:
    - <Datentyp> read<Datentyp>()
    - <Datentyp> write(<Datentyp> wert)
- ***MapMessage:*** Möchte man eine Menge benannter Daten übermitteln, eignet sich dazu die MapMessage. Die MapMessage hat als Nachrichtenrumpf eine Menge von Schlüssel-Wert-Paaren. Der Schlüssel ist dabei ein String und der Wert vom Typ boolean, byte, int, usw. Zu jedem Datentyp existieren Methoden der Form:

Das Paket javax.jms

- `<Datentyp> get<Datentyp>(String name)`
- `void set<Datentyp>(String name, <Datentyp> wert)`

- **TextMessage:** Eine Textnachricht dient der Übertragung von Zeichenketten. Demnach können beliebige textuelle Daten, wie beispielsweise HTML-Seiten, XML-Dokumente, Konfigurationsdateien, usw. mit einer `TextMessage` übertragen werden. Dieser Nachrichtentyp definiert genau zwei Methoden:
  - `String getText()`
  - `void setText(String text)`

- **ObjectMessage:** Serialisierbare Objekte (Kapitel 5) lassen sich mit der `ObjectMessage` versenden. Dazu definiert sie die beiden Methoden:
  - `Serializable getObject()`
  - `void setObject(Serializable object)`

8.3.6 Nachrichtenziele

Ein Nachrichtenziel wird durch das leere Interface `Destination` definiert. Von `Destination` erben die Subinterfaces `Queue` und `Topic`, die ein Nachrichtenziel in der P2P- bzw. Pub/Sub-Kommunikation definieren. Von `Queue` erbt wiederum `TemporaryQueue` und von `Topic` `TemporaryTopic`. Die temporären Nachrichtenziele werden für die Dauer der Verbindung zum JMS-Provider erzeugt und anschließend wieder verworfen. Bild 8.11 zeigt die Vererbungshierarchie der Nachrichtenziele.

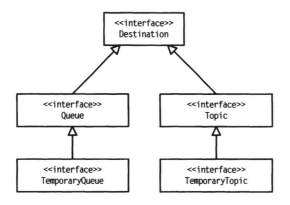

Bild 8.11:
Nachrichtenziele

8.3.7 Ausnahmen

Die JMS-Spezifikation definiert die Klasse `JMSException` als Superklasse für alle Ausnahmen, die im Kontext einer JMS-Anwendung auftreten können. Insgesamt unterscheidet die JMS-Spezifikation

JMSException

12 Ausnahmen, die von der Klasse JMSException abgeleitet werden. JMSException implementiert die Methoden

- String getErrorCode()
- Exception getLinkedException()
- void setLinkedException(Exception e)

Mit der Methode getErrorCode() kann eine provider-spezifische **Fehlernummer** abgefragt werden. Mit getLinkedException() kann eine Referenz auf eine andere Ausnahme geholt werden, die mit dieser in Verbindung steht. setLinkedException() erlaubt das Speichern einer Referenz auf eine Ausnahme, die mit der aktuellen zusammenhängt. Das Bild 8.12 zeigt einige ausgesuchte Ausnahmen, die in Tabelle 8.2 erläutert werden.

Bild 8.12: Ausnahmen

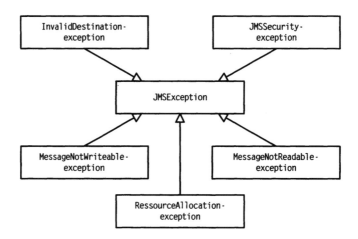

Tabelle 8.2: Ausnahmen und ihre Bedeutung

Ausnahmebezeichner	Bedeutung
JMSException	Oberklasse für alle Exceptions im Paket javax.jms.
RessourceAllocationException	JMS-Provider konnte benötigte Ressourcen nicht reservieren.
InvalidDestinationException	Es wurde ein Nachrichtenziel angegeben, das nicht existiert.
JMSSecurityException	Authentifizierungsdaten des Benutzers sind inkorrekt.
MessageNotWriteableException	Es wurde versucht eine schreibgeschützte Nachricht zu modifizieren.
MessageNotReadableException	Es wurde versucht eine lesegeschützte Nachricht zu lesen.

Neben den oben aufgeführten Ausnahmen gibt es noch folgende Ausnahmen, die hier nicht weiter dargestellt werden:

- IllegalStateException
- InvalidClientIDException
- InvalidSelectorException
- MessageEOFException
- MessageFormatException
- TransactionInProgressException
- TransactionRolledBackException

8.4 Fallbeispiele

In diesem Abschnitt werden Beispielprogramme diskutiert, um die vorgestellten Konzepte zu verdeutlichen. Zunächst werden zwei sehr einfache Programme vorgestellt, die es erlauben Metainformationen vom JMS-Provider abzufragen bzw. die Anzahl der Nachrichten in einer Warteschlange zu zählen. Anschließend implementieren wir einen ECHO- und DAYTIME-Dienst mit Hilfe einer P2P- bzw. Pub/Sub-Kommunikation.

8.4.1 Metadaten des JMS-Providers erfragen

Unser erstes Beispiel soll einen Einstieg in die JMS-Programmierung bieten. Deshalb wird ein sehr einfaches Programm vorgestellt, das Daten über den JMS-Provider abfragt und auf Konsole ausgibt. Um Informationen über den JMS-Provider zu erfragen, gibt es das Interface **ConnectionMetaData**. Es ermöglicht die Abfrage des Provider-Namens und der Provider-Versionsnummer sowie der unterstützten JMS-Version.

Arbeitsweise des Programms:

- Um mit JMS und JNDI arbeiten zu können, muss man zunächst die beiden Pakete javax.jms und javax.naming einbinden. *Schritt 1*

- Das Programm erwartet keinerlei Eingaben seitens des Benutzers. In der main()-Methode wird lediglich ein neues Objekt der Klasse ProviderLookup erzeugt und davon die lookup()-Methode aufgerufen. *Schritt 2*

- Im Konstruktor der Klasse wird zunächst versucht mittels JNDI die administrierten Objekte zu erhalten (hier: ConnectionFactory). Dazu erzeugt man eine Hashtable und parametriert sie provider-spezifisch. Die notwendigen Informationen findet man in der Dokumentation des eingesetzten JMS-Providers. Anschließend erzeugt man mit ihr einen JNDI-Kontext und sucht nach der gewünschten ConnectionFactory (hier: "DefaultConnectionFactory"). Hat der Administrator eine solche angelegt, gelingt das Nachschlagen und man bekommt eine Referenz *Schritt 3*

	auf die `ConnectionFactory` zurück. Andernfalls wird eine Ausnahme geworfen.
Schritt 4	• Nach erfolgreicher Ausführung des Konstruktors wird die Methode `lookup()` aufgerufen. Diese baut eine Verbindung zum JMS-Provider auf und fordert ein `ConnectionMetaData`-Objekt an.
Schritt 5	• Anschließend wird mit Hilfe des `ConnectionMetaData`-Objekts der Provider-Name, die Provider-Version und die JMS-Version erfragt und auf Konsole ausgegeben.
Schritt 6	• Um die reservierten Ressourcen wieder freizugeben, wird die Verbindung mit `connection.close()` wieder geschlossen und anschließend das Programm beendet.

Programm 8.1:
ProviderLookup

```java
package JMSExamples;

import java.util.*;
import javax.jms.*;
import javax.naming.*;

public class ProviderLookup
{
  // administriertes Objekt
  ConnectionFactory factory;

  /* Konstruktor */
  public ProviderLookup()
  {
    // JNDI-Eigenschaften festlegen (provider-spezifisch)
    Hashtable jndiParams = new Hashtable();
    jndiParams.put(..., ...);
    jndiParams.put(..., ...);
    ...

    InitialContext jndiContext = null;
    try
    {
      // JNDI-Kontext mit festgelegten Eigenschaften erzeugen
      jndiContext = new InitialContext(jndiParams);

      // administrierte Objekte über Kontext nachschlagen
      factory = (ConnectionFactory) jndiContext.lookup("Default" +
        "ConnectionFactory");
    }
    catch(NamingException e)
    {
      e.printStackTrace();
      System.exit(-1);
    }
  }
```

Fallbeispiele

```java
/* Provider-Daten auf Konsole ausgeben */
public void lookup()
{
  try
  {
    // Verbindung zum Broker aufbauen
    Connection connection = factory.createConnection();
    // Meta-Daten holen
    ConnectionMetaData providerData = connection.getMetaData();

    System.out.println("Provider-Name:    "
      + providerData.getJMSProviderName());
    System.out.println("Provider-Version: "
      + providerData.getProviderVersion());
    System.out.println("JMS-Version:      "
      + providerData.getJMSVersion());

    // Ressourcen freigeben
    connection.close();
  }
  catch(JMSException e)
  {
    e.printStackTrace();
    System.exit(-1);
  }
}


/*** Einstiegspunkt ***/
public static void main(String args[])
{
  (new ProviderLookup()).lookup();
}
}
```

Bemerkungen:

- Bis auf die Stelle, wo die administrierten Objekte nachgeschlagen werden, ist das Programm völlig ***unabhängig*** vom Provider. Um das Nachschlagen zu ermöglichen, muss die Hashtable entsprechend der Angaben des JMS-Providers parametriert werden.
- Beim Aufbau einer Verbindung zum JMS-Provider muss normalerweise ein Benutzername und Passwort angegeben werden. Hier wird dies nicht getan, was dazu führt, dass die Standardbenutzerkennung verwendet wird.
- Die Ausgabe des Programms hat folgende Form:

    ```
    Provider-Name:     ...
    Provider-Version:  x.y
    JMS-Version:       1.1
    ```

8.4.2 Nachrichten in einer Warteschlange zählen

Für den Administrator einer nachrichtenorientierten Middleware kann es interessant sein, den **aktuellen Inhalt** einer Warteschlange abzufragen, d.h. die Anzahl oder den Inhalt der Nachrichten. Für solche Zwecke bieten viele JMS-Provider ein **Administrationswerkzeug**. Wir wollen jetzt ein – zugegebenermaßen sehr einfaches – Administrationswerkzeug selbst implementieren, um erste Erfahrungen mit Warteschlangen zu sammeln. Das Programm arbeitet nach folgender Logik:

Schritt 1
- Die main()-Methode erwartet den **Benutzernamen**, das **Passwort** und die zu untersuchende **Warteschlange** als Kommandozeilenparameter. Bei falscher Parameterzahl bricht das Programm sofort mit einer Fehlermeldung ab. Bei richtiger Anzahl wird geprüft, ob der angegebene Benutzername admin lautet. Falls dies nicht der Fall ist, bricht das Programm ebenfalls mit einer Fehlermeldung ab. Andernfalls wird ein neues QueueCounter-Objekt erzeugt und dessen countQueue()-Methode aufgerufen.

Schritt 2
- Im Konstruktor werden die **administrierten Objekte** mit Hilfe von JNDI nachgeschlagen. Es handelt sich im Einzelnen um eine QueueConnectionFactory und eine Queue. War das Nachschlagen erfolgreich, wird mit countQueue() fortgefahren.

Schritt 3
- countQueue() muss zunächst eine **Verbindung zum JMS-Provider** aufbauen. Dazu ruft sie auf der Verbindungsfabrik createQueueConnection() auf und übergibt dieser Methode Benutzername und Passwort. Anschließend wird über die Verbindung eine **neue Sitzung** eingerichtet. In unserem Beispiel handelt es sich um eine nicht-transaktionale Sitzung mit automatischer Bestätigung von Nachrichten. Schließlich erzeugen wir mit Hilfe von createBrowser() einen QueueBrowser für die gewünschte Warteschlange.

Schritt 4
- Zum Untersuchen der Warteschlange holen wir vom QueueBrowser eine Enumeration. Die Enumeration erlaubt uns ein **sequentielles Durchlaufen** der Warteschlange. Bei jedem Durchlauf wird der Nachrichtenzähler inkrementiert. Wurden alle Nachrichten abgezählt, wird die Nachrichtenanzahl auf Konsole ausgeben.

Schritt 5
- Um reservierte **Ressourcen freizugeben** wird auf dem QueueBrowser, der Session und der QueueConnection die close()-Methode aufgerufen.

Programm 8.2:
QueueCounter

```
package JMSExamples;

import java.util.*;
import javax.jms.*;
import javax.naming.*;
```

```java
public class QueueCounter
{
  // administrierte Objekte
  QueueConnectionFactory factory;
  javax.jms.Queue queue;

  // Authentifizierungsdaten
  String user;
  String password;
  // Name der untersuchten Warteschlange
  String queueName;

  /* Konstruktor */
  public QueueCounter(String user, String password, String queueName)
  {
    this.user = user;
    this.password = password;
    this.queueName = queueName;

    // JNDI-Eigenschaften festlegen (provider-spezifisch)
    Hashtable jndiParams = new Hashtable();
    jndiParams.put(..., ...);
    jndiParams.put(..., ...);
    ...

    InitialContext jndiContext = null;
    try
    {
      // JNDI-Kontext mit festgelegten Eigenschaften erzeugen
      jndiContext = new InitialContext(jndiParams);

      // administrierte Objekte über Kontext nachschlagen
      factory =
        (QueueConnectionFactory) jndiContext.lookup("Default" +
          "QueueConnectionFactory");
      queue = (javax.jms.Queue) jndiContext.lookup(queueName);
    }
    catch(NamingException e)
    {
      e.printStackTrace();
      System.exit(-1);
    }
  }


  /* Warteschlange abzählen */
  public void countQueue()
  {
    try
    {
      // Verbindung zum Broker anlegen
      QueueConnection connection =
        factory.createQueueConnection(user, password);
      // Sitzung einrichten
      QueueSession session = connection.createQueueSession(false,
        QueueSession.AUTO_ACKNOWLEDGE);
      // Warteschlangen-Browser erzeugen
```

```java
        QueueBrowser browser = session.createBrowser(queue);

        // durchlaufen der Warteschlange und zählen der Elemente
        int msgCnt = 0;
        Enumeration queueEnum = browser.getEnumeration();
        while(queueEnum.hasMoreElements())
        {
          msgCnt++;
          queueEnum.nextElement();
        }

        System.out.println(msgCnt + " Nachrichten in " + queueName);

        // Ressourcen wieder freigeben
        browser.close();
        session.close();
        connection.close();
      }
      catch(JMSException e)
      {
        e.printStackTrace();
        System.exit(-1);
      }
    }


    /*** Einstiegspunkt ***/
    public static void main(String args[])
    {
      String user;
      String password;

      switch(args.length)
      {
        case 3:
          if(args[0].equals("admin"))
          {
            (new QueueCounter(args[0], args[1], args[2])).countQueue();
          }
          else
          {
            System.err.println("Falsche Benutzerkennung");
            System.exit(-1);
          }
          break;
        default:
          System.err.println("Syntax:");
          System.err.println(" java QueueCounter <user> " +
            "<password> <queue>");
          break;
      }
    }
}
```

Fallbeispiele

Bemerkungen:

- Es existieren die Interfaces javax.jms.Queue und java.util.Queue. Deshalb muss man beim Anlegen einer Referenz, falls beide Pakete eingebunden werden, den **vollqualifizierten Namen** angeben.
- Unser Programm stellt in main() sicher, dass nur der Administrator das Programm ausführen kann. Die Überprüfung des Passworts wird beim Aufbau der Verbindung durch den JMS-Provider durchgeführt.
- Das Programm bietet nur sehr wenig Funktionalität. Für den Administrator kann es auch interessant sein, welchen **Inhalt** die Nachrichten in einer Warteschlange haben (vgl. Aufgaben zu diesem Kapitel).

8.4.3 ECHO-Dienst mit P2P

allgemeine Programmstruktur

Nachdem wir zwei sehr einfache Programme vorgestellt haben, möchten wir nun einen Dienst implementieren, der bereits aus vorhergehenden Kapiteln bekannt ist. Es handelt sich um den ECHO-Dienst, der den Inhalt einer Anfrage unverändert zurücksendet. Um ECHO zu implementieren, benutzen wir die P2P-Kommunikation. Der Dienst wird durch einen JMSEchoServer angeboten und von einem JMSEchoClient in Anspruch genommen. Der JMSEchoClient sendet seine Nachricht an eine spezielle Warteschlange im JMS-Provider. Diese Warteschlange trägt den Namen ECHO. Der JMSEchoServer wartet auf das Eintreffen einer Nachricht und beantwortet diese über die Warteschlange, die im Header-Feld JMSReplyTo spezifiziert wurde. Bei dieser Warteschlange handelt es sich um eine **temporäre Warteschlange**, die vom JMSEchoClient für die Dauer der Kommunikation eingerichtet wurde. Die Struktur des Dienstes ist in Bild 8.13 nochmals dargestellt.

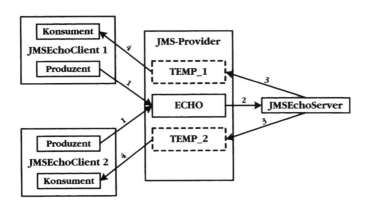

Bild 8.13: Programmstruktur des ECHO-Dienstes

JMSEchoClient

Der JMSEchoClient nimmt Eingaben vom Benutzer entgegen, verpackt diese in eine TextMessage und sendet die Nachricht an den JMS-Provider. Um eine Antwortnachricht zu erhalten, richtet der JMSEchoClient vorab eine temporäre Warteschlange ein, über die der JMSEchoServer seine Antwort schicken kann. Das Programm arbeitet nach folgender Logik:

Schritt 1
- Die main()-Methode prüft zunächst die Anzahl der Kommandozeilenparameter. Werden keine Parameter übergeben, wird die Standardbenutzerkennung (Benutzer: echo, Passwort: echo) verwendet. Werden zwei Parameter übergeben, werden diese als Benutzername und Passwort interpretiert. Bei einer anderen Parameterzahl wird eine Fehlermeldung ausgegeben und das Programm beendet. War die Prüfung der Parameter erfolgreich, wird ein neues JMSEchoClient-Objekt erzeugt und davon die sendRequest()-Methode aufgerufen.

Schritt 2
- Im Konstruktor von JMSEchoClient wird – wie bisher – eine Verbindungsfabrik und die Warteschlange ECHO mit Hilfe von JNDI nachgeschlagen.

Schritt 3
- Die Methode sendRequest() wickelt die gesamte Kommunikation mit dem JMS-Provider in folgenden Schritten ab:
  – Es wird eine Verbindung zum JMS-Provider mit Hilfe der Verbindungsfabrik aufgebaut.
  – Auf der erzeugten Verbindung wird eine neue nicht-transaktionale Sitzung mit automatischer Nachrichtenbestätigung eingerichtet.
  – Mit Hilfe der Sitzung werden eine temporäre Warteschlange für die Antwortnachrichten, ein Nachrichtenproduzent und ein Nachrichtenkonsument erzeugt.
  – Um die Nachrichtenauslieferung zu beginnen, wird die Verbindung aktiviert.
  – In einer Schleife wird eine Eingabezeile von Tastatur gelesen. Über die Sitzung wird eine neue Textnachricht erzeugt und die eingelesenen Daten in ihr gespeichert. Damit der JMSEchoServer weiß, an welche Warteschlange er die Antwort senden soll, wird das Header-Feld JMSReplyTo gesetzt. Jetzt kann die Nachricht versendet werden. Der JMSEchoClient wartet blockierend auf das Eintreffen der Antwortnachricht. Diese Schleife wird verlassen, sobald der Benutzer „quit" über Kommandozeile eingibt.
  – Reservierte Ressourcen werden mit Hilfe von close() freigegeben.

Fallbeispiele

Programm 8.3:
JMSEchoClient

```java
package JMSExamples;

import java.io.*;
import java.util.*;
import javax.jms.*;
import javax.naming.*;

public class JMSEchoClient
{
  // Vorgabeparameter für Authentifizierung
  private static final String DEFAULT_USER = "echo";
  private static final String DEFAULT_PASSWORD = "echo";

  // administrierte Objekte
  QueueConnectionFactory factory;
  javax.jms.Queue queue;

  String user;
  String password;

  /* Konstruktor */
  public JMSEchoClient(String user, String password)
  {
    this.user = user;
    this.password = password;

    // JNDI-Eigenschaften festlegen (provider-spezifisch)
    Hashtable jndiParams = new Hashtable();
    jndiParams.put(..., ....);
    jndiParams.put(..., ...);
    ...

    InitialContext jndiContext = null;
    try
    {
      // JNDI-Kontext mit festgelegten Eigenschaften erzeugen
      jndiContext = new InitialContext(jndiParams);

      // administrierte Objekte über Kontext nachschlagen
      factory =
        (QueueConnectionFactory) jndiContext.lookup("Default" +
          "QueueConnectionFactory");
      queue = (javax.jms.Queue) jndiContext.lookup("ECHO");
    }
    catch(NamingException e)
    {
      e.printStackTrace();
      System.exit(-1);
    }
  }

  /* Nachrichten an Broker senden und Antwortnachrichten empfangen */
  public void sendRequest()
  {
    // Objekte zur Broker-Kommunikation
    QueueConnection connection;
```

```java
QueueSession session;
TemporaryQueue tempQueue;
QueueSender sender;
QueueReceiver receiver;

BufferedReader stdIn = null;      // Eingaben von Tastatur
String data = null;               // verschickte Daten

try
{
  // Verbindung zum Broker erzeugen
  connection = factory.createQueueConnection(user, password);
  // Sitzung einrichten
  session = connection.createQueueSession(false,
    QueueSession.AUTO_ACKNOWLEDGE);
  // temporäre Warteschlange für Antworten erzeugen
  tempQueue = session.createTemporaryQueue();
  // Sender von Nachrichten erzeugen
  sender = session.createSender(queue);
  // Empfänger von Nachrichten erzeugen
  receiver = session.createReceiver(tempQueue);
  // Verbindung aktivieren
  connection.start();

  // zeilenweise Tastatureingaben lesen
  stdIn = new BufferedReader(new InputStreamReader(System.in));

  do
  {
    // Daten von Tastatur lesen
    System.out.print(" : ");
    data = stdIn.readLine();
    System.out.println("   --> " + data);

    // Anfragenachricht erzeugen und versenden
    TextMessage request = session.createTextMessage();
    request.setText(data);
    request.setJMSReplyTo(tempQueue);
    sender.send(request);

    // blockierend auf Antwort warten
    TextMessage response = (TextMessage) receiver.receive();
    System.out.println("   <-- " + response.getText());
  }
  while(!data.equalsIgnoreCase("quit"));

  // Ressourcen freigeben
  receiver.close();
  tempQueue.delete();
  sender.close();
  session.close();
  connection.close();
}
```

```
    catch(JMSException e)
    {
      e.printStackTrace();
      System.exit(-1);
    }
    catch(IOException e)
    {
      e.printStackTrace();
      System.exit(-1);
    }
  }


  /*** Einstiegspunkt ***/
  public static void main(String args[])
  {
    String user;
    String password;
    JMSEchoClient client;

    // Kommandozeilenparameter prüfen
    switch(args.length)
    {
      case 0:
        user = JMSEchoClient.DEFAULT_USER;
        password = JMSEchoClient.DEFAULT_PASSWORD;
        client = new JMSEchoClient(user, password);
        client.sendRequest();
        break;
      case 2:
        user = args[0];
        password = args[1];
        client = new JMSEchoClient(user, password);
        client.sendRequest();
        break;
      default:
        System.err.println("Syntax:");
        System.err.println("java JMSEchoClient [<user> " +
          "<password>]\n");
        System.exit(-1);
        break;
    }
  }
}
```

JMSEchoServer

Der `JMSEchoServer` wartet auf das Eintreffen einer Nachricht über die Warteschlange ECHO. Sobald eine Nachricht eingetroffen ist, erzeugt er eine Antwortnachricht. Diese Antwortnachricht übermittelt er an die temporäre Warteschlange, die in der ursprünglichen Nachricht spezifiziert wurde. Die Arbeitsweise ist dabei analog zur Arbeitsweise des `JMSEchoClient`.

Schritt 1   • Die main()-Methode prüft zunächst die übergeben Parameter.

Schritt 2   • Im Konstruktor wird versucht, die administrierten Objekte nachzuschlagen.

Schritt 3   • In der startService()-Methode wird eine Verbindung zum JMS-Provider aufgebaut und eine Sitzung sowie ein Nachrichtenkonsument erzeugt. In einer Endlosschleife wartet der JMSEcho-Server auf das Eintreffen einer Nachricht. Sobald eine Nachricht eintrifft, wird eine Antwortnachricht generiert, deren Inhalt mit der ursprünglichen Nachricht übereinstimmt. Zum Senden der Nachricht wird ein Konsument erzeugt, der die Nachricht an die in JMSReplyTo spezifizierte Warteschlange sendet.

Programm 8.4:
JMSEchoServer

```java
package JMSExamples;

import java.util.*;
import javax.jms.*;
import javax.naming.*;

public class JMSEchoServer
{
  // Vorgabeparameter für Authentifizierung
  private static final String DEFAULT_USER = "echo";
  private static final String DEFAULT_PASSWORD = "echo";

  // administrierte Objekte
  QueueConnectionFactory factory;
  javax.jms.Queue queue;

  String user;
  String password;

  /* Konstruktor */
  public JMSEchoServer(String user, String password)
  {
    this.user = user;
    this.password = password;

    // JNDI-Eigenschaften festlegen (provider-spezifisch)
    Hashtable jndiParams = new Hashtable();
    jndiParams.put(..., ...);
    jndiParams.put(..., ...);
    ...

    InitialContext jndiContext = null;
    try
    {
      // JNDI-Kontext mit festgelegten Eigenschaften erzeugen
      jndiContext = new InitialContext(jndiParams);
```

Fallbeispiele

```java
    // administrierte Objekte über Kontext nachschlagen
    factory =
      (QueueConnectionFactory) jndiContext.lookup("Default" +
      "QueueConnectionFactory");
    queue = (javax.jms.Queue) jndiContext.lookup("ECHO");
  }
  catch(NamingException e)
  {
    e.printStackTrace();
    System.exit(-1);
  }
}


/* Verbindung zum Broker aufbauen und auf Nachrichten warten */
public void startService()
{
  try
  {
    // Verbindung zum Broker erzeugen
    QueueConnection connection =
      factory.createQueueConnection(user, password);
    // nicht-transaktionale Sitzung einrichten
    QueueSession session = connection.createQueueSession(false,
      QueueSession.AUTO_ACKNOWLEDGE);
    // Empfänger für Nachrichten erzeugen
    QueueReceiver receiver = session.createReceiver(queue);
    // Verbindung aktivieren
    connection.start();
    System.out.println("ECHO-Dienst bereit...");

    while(true)
    {
      // auf Nachricht warten
      TextMessage request = (TextMessage) receiver.receive();
      // Zielwarteschlange für Antwortnachricht erfragen
      javax.jms.Queue tempQueue =
        (javax.jms.Queue) request.getJMSReplyTo();
      // Antwortnachricht erzeugen
      TextMessage response = session.createTextMessage();
      response.setText(request.getText());
      // Nachrichtensender erzeugen und Antwort versenden
      (session.createSender(tempQueue)).send(response);
    }
  }
  catch(JMSException e)
  {
    e.printStackTrace();
    System.exit(-1);
  }
}
```

```
/*** Einstiegspunkt ***/
public static void main(String args[])
{
  String user;
  String password;
  JMSEchoServer server;

  // Kommandozeilenparameter prüfen
  switch(args.length)
  {
    case 0:
      user = JMSEchoServer.DEFAULT_USER;
      password = JMSEchoServer.DEFAULT_PASSWORD;
      (server = new JMSEchoServer(user, password)).startService();
      break;
    case 2:
      user = args[0];
      password = args[1];
      (server = new JMSEchoServer(user, password)).startService();
      break;
    default:
      System.err.println("Syntax:");
      System.err.println("java JMSEchoServer [<user> " +
        "<password>]\n");
      System.exit(-1);
      break;
  }
}
```

8.4.4 DAYTIME-Dienst mit Pub/Sub

Als letztes Beispiel in diesem Kapitel wollen wir den DAYTIME-Dienst mit Hilfe der Pub/Sub-Kommunikation implementieren. Der Dienst wird von einem JMSDaytimePublisher angeboten und kann von einem JMSDaytimeSubscriber genutzt werden. Dazu wird im JMS-Provider ein Topic mit dem Namen DAYTIME eingerichtet. Der JMSDaytimePublisher veröffentlicht alle 5 Sekunden seine Systemzeit unter diesem Topic. Ein JMSDaytimeSubscriber abonniert dieses Topic und wartet auf das Eintreffen einer Nachricht (vgl. Bild 8.14).

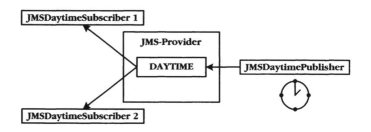

Bild 8.14: Programmstruktur des DAYTIME-Dienstes

Fallbeispiele

JMSDaytimeSubscriber

Der `JMSDaytimeSubscriber` **abonniert** das Topic DAYTIME beim JMS-Provider und wartet auf das Eintreffen der aktuellen Zeit. Dazu führt er folgende Schritte aus:

- In der `main()`-Methode wird die Anzahl der übergebenen Parameter wie bisher geprüft. Bei korrekter Parameterzahl wird ein neues `JMSDaytimeSubscriber`-Objekt erzeugt und die Methode `subscribe()` aufgerufen.

  Schritt 1

- Im Konstruktor werden mittels JNDI die benötigten administrierten Objekte nachgeschlagen. Es handelt sich um eine `TopicConnectionFactory` und das `Topic` DAYTIME.

  Schritt 2

- In der Methode `subscribe()` wird eine `TopicConnection` zum JMS-Provider aufgebaut und über diese eine `TopicSession` erzeugt. Mit Hilfe der `TopicSession` wird ein Abonnent für das `Topic` DAYTIME erzeugt. Nachdem alle notwendigen Kommunikationsobjekte erzeugt wurden, wird die Verbindung aktiviert und auf das Eintreffen einer Nachricht gewartet. Sobald eine Nachricht eintrifft, wird die in ihr gespeicherte Zeit auf Konsole ausgegeben.

  Schritt 3

- Die Methode `unsubscribe()` dient zum Beenden der Kommunikation und gibt die reservierten Ressourcen wieder frei, indem sie den Abonnenten, die Sitzung und die Verbindung schließt.

  Schritt 4

Programm 8.5: JMS-DaytimeSubscriber

```
package JMSExamples;

import java.util.*;
import javax.jms.*;      // API von JMS
import javax.naming.*;   // API von JNDI

public class JMSDaytimeSubscriber
{
  // Standardparameter für Subscriber
  private static final String DEFAULT_USER = "daytime";
  private static final String DEFAULT_PASSWORD = "daytime";

  // administrierte Objekte
  TopicConnectionFactory factory;
  Topic topic;

  // Objekte zur Broker-Kommunikation
  TopicConnection connection;
  TopicSession session;
  TopicSubscriber subscriber;

  // Benutzername und Passwort mit dem sich Subscriber anmeldet
  String user;
  String password;
```

```java
// Flag um Thread zu beenden
boolean running;

/* Konstruktor */
public JMSDaytimeSubscriber(String user, String password)
{
  this.user = user;
  this.password = password;
  running = true;

  // JNDI-Eigenschaften festlegen (Provider-spezifisch)
  Hashtable jndiParams = new Hashtable();
  jndiParams.put(..., ...);
  jndiParams.put(..., ...);
  ...

  InitialContext jndiContext = null;
  try
  {
    // JNDI-Kontext mit festgelegten Eigenschaften erzeugen
    jndiContext = new InitialContext(jndiParams);

    // administrierte Objekte über Kontext nachschlagen
    factory =
      (TopicConnectionFactory) jndiContext.lookup("Default" +
        "TopicConnectionFactory");
    topic = (Topic) jndiContext.lookup("DAYTIME");
  }
  catch(NamingException e)
  {
    e.printStackTrace();
    System.exit(-1);
  }
}


/* Verbindung zu Broker öffnen und DAYTIME-Topic abonnieren */
public void subscribe()
{
  try
  {
    // Verbindung zum Broker aufbauen
    connection =
      (TopicConnection) factory.createTopicConnection(user,
        password);
    // nicht-transaktionale Sitzung einrichten
    session = (TopicSession) connection.createTopicSession(false,
      TopicSession.AUTO_ACKNOWLEDGE);
    // Abonnent für DAYTIME erzeugen
    subscriber = session.createSubscriber(topic);
    // Verbindung aktivieren
    connection.start();

    // auf Nachricht warten und deren Inhalt ausgeben
    TextMessage message = (TextMessage) subscriber.receive();
    System.out.println(message.getText());
```

Fallbeispiele

```java
      // Ressourcen freigeben
      unsubscribe();
    }
    catch(JMSException e)
    {
      e.printStackTrace();
      System.exit(-1);
    }
  }


  /* Abonnement kündigen */
  public void unsubscribe()
  {
    try
    {
      subscriber.close();
      session.close();
      connection.close();
    }
    catch(JMSException e)
    {
      e.printStackTrace();
      System.exit(-1);
    }
  }


  /*** Einstiegspunkt ***/
  public static void main(String args[])
  {
    String user;
    String password;

    // Kommandozeilenparameter prüfen
    switch(args.length)
    {
      case 0:
        user = JMSDaytimeSubscriber.DEFAULT_USER;
        password = JMSDaytimeSubscriber.DEFAULT_PASSWORD;
        (new JMSDaytimeSubscriber(user, password)).subscribe();
        break;
      case 2:
        user = args[0];
        password = args[1];
        (new JMSDaytimeSubscriber(user, password)).subscribe();
        break;
      default:
        System.err.println("Syntax:");
        System.err.println("java [<user> <password>]\n");
        break;
    }
  }
}
```

JMSDaytimePublisher

Der JMSDaytimePublisher veröffentlicht im Abstand von SLEEP_TIME Sekunden seine Systemzeit unter dem Thema DAYTIME. Im Detail arbeitet er wie folgt:

Schritt 1
- main() überprüft wie üblich die Anzahl der Kommandozeilenparameter und bricht bei einem Fehler ab.

Schritt 2
- Der Konstruktor von JMSDaytimePublisher holt sich mittels JNDI eine Referenz auf eine TopicConnection und das Topic DAYTIME.

Schritt 3
- Die Methode startService() baut zunächst eine Verbindung zum JMS-Provider auf, erzeugt eine Sitzung und einen Nachrichtenproduzent. Nach Aktivierung der Verbindung tritt der JMSDaytimePublisher in eine Endlosschleife ein. In dieser Endlosschleife werden folgende Schritte durchgeführt:

  – Abfragen der aktuellen Systemzeit mit Hilfe der Klasse Date und Formatierung selbiger mit Hilfe der Klasse SimpleDateFormat

  – Erzeugen einer neuen TextMessage mit der Systemzeit als Nutzdaten und versenden dieser Nachricht

  – Schlafen für SLEEP_TIME Sekunden und mit der nächsten Iteration beginnen

Programm 8.6:
JMSDaytime-Publisher

```
package JMSExamples;

import java.util.*;
import java.text.*;
import javax.jms.*;
import javax.naming.*;

public class JMSDaytimePublisher
{
  // Standardparameter für Publisher
  private static final String DEFAULT_USER = "daytime";
  private static final String DEFAULT_PASSWORD = "daytime";
  private static final int SLEEP_TIME = 5000;              // 5s

  // administrierte Objekte
  TopicConnectionFactory factory;
  Topic topic;

  // Benutzername und Passwort mit dem sich Publisher anmeldet
  String user;
  String password;

  /* Konstruktor */
  public JMSDaytimePublisher(String user, String password)
  {
    this.user = user;
    this.password = password;
```

```java
  // JNDI-Eigenschaften festlegen (Provider-spezifisch)
  Hashtable jndiParams = new Hashtable();
  jndiParams.put(..., ...);
  jndiParams.put(..., ...);
  ...

  InitialContext jndiContext = null;
  try
  {
    // JNDI-Kontext mit festgelegten Eigenschaften erzeugen
    jndiContext = new InitialContext(jndiParams);

    // administrierte Objekte über Kontext nachschlagen
    factory =
      (TopicConnectionFactory) jndiContext.lookup("Default" +
        "TopicConnectionFactory");
    topic = (Topic) jndiContext.lookup("DAYTIME");
  }
  catch(NamingException e)
  {
    e.printStackTrace();
    System.exit(-1);
  }
}

/* Öffnen einer Verbindung zum Nachrichten-Broker und senden
 * der aktuellen Systemzeit.
 */
public void startService()
{
  // Objekte zur Broker-Kommunikation
  TopicConnection connection = null;
  TopicSession session = null;
  TopicPublisher publisher = null;

  try
  {
    // Verbindung zum Broker aufbauen
    connection = factory.createTopicConnection(user, password);
    // nicht-transaktionale Sitzung einrichten
    session = connection.createTopicSession(false,
      TopicSession.AUTO_ACKNOWLEDGE);
    // Publisher für DAYTIME erzeugen
    publisher = session.createPublisher(topic);
    // Verbindung aktivieren
    connection.start();

    // Format für Systemzeit definieren
    SimpleDateFormat format =
      new SimpleDateFormat("EEE, dd.MM.yyyy, HH:mm:ss:SS");

    // alle SLEEP_TIME Millisekunden aktuelle Zeit versenden
    while(true)
    {
      // aktuelle Systemzeit holen und formatieren
      String date = format.format(new Date());
```

```
        // Nachricht erzeugen und publizieren
        TextMessage message = session.createTextMessage(date);
        publisher.publish(message);
        System.out.println("...Zeit publiziert...");

        // SLEEP_TIME Millisekunden warten
        Thread.sleep(SLEEP_TIME);
      }
    }
    catch(JMSException e)
    {
      e.printStackTrace();
      System.exit(-1);
    }
    catch(InterruptedException e)
    {
      e.printStackTrace();
      System.exit(-1);
    }
  }


  /*** Einstiegspunkt ***/
  public static void main(String args[])
  {
    String user;
    String password;

    // Kommandozeilenparameter prüfen
    switch(args.length)
    {
      case 0:
        user = JMSDaytimePublisher.DEFAULT_USER;
        password = JMSDaytimePublisher.DEFAULT_PASSWORD;
        (new JMSDaytimePublisher(user, password)).startService();
        break;
      case 2:
        user = args[0];
        password = args[1];
        (new JMSDaytimePublisher(user, password)).startService();
        break;
      default:
        System.err.println("\nSyntax:");
        System.err.println("java JMSDaytimePublisher [<user> " +
          "<password>]");
        break;
    }
  }
}
```

8.5 Aufgaben zu JMS

Wiederholung   W1. Definieren Sie die Begriffe Middleware und nachrichtenorientierte Middleware. Welches Problem wird durch den Einsatz einer Middleware gelöst?

Aufgaben zu JMS

W2. Was ist JMS? Was sind Vor- und Nachteile beim Einsatz von JMS?

W3. Welche Kommunikationsformen unterstützt JMS? Was sind deren Vor- und Nachteile?

W4. Richtig oder falsch: JMS ist eine nachrichtenorientierte Middleware?

Vertiefung

V1. Um JMS-Anwendungen ausführen zu können, benötigt man einen JMS-Provider. Suchen Sie im WWW nach Angeboten verschiedener Hersteller und vergleichen Sie diese. Gibt es auch freie Implementierungen (open source) von JMS?

V2. In diesem Kapitel wurde erläutert, dass der Einsatz von Warteschlangensystemen in Echtzeitumgebungen problematisch sein kann. Welche Eigenschaften sind abträglich für Echtzeitkommunikation? Welche Maßnahmen muss man ergreifen, um dennoch Echtzeitfähigkeit zu realisieren?

V3. Welche Vorteile hat der Einsatz von administrierten Objekten? Gibt es auch Nachteile? Wenn ja, welche?

V4. Was ist der Unterschied zwischen einer persistenten und nicht-persistenten Nachrichtenübertragung? Hat die Persistenz Auswirkungen auf die erzielte Performance der verteilten Anwendung? Wann könnte man auf eine persistente Nachrichtenübertragung verzichten? Geben Sie Beispiele!

V5. Recherchieren Sie, welche Funktionen JMS zur Erhöhung der Zuverlässigkeit anbietet.

V6. Beantworten Sie mit Hilfe der JMS-Spezifikation: Welche Bestätigungsmodi für Nachrichten gibt es und wie unterscheiden sich diese?

V7. In diesem Kapitel haben wir den ECHO-Dienst über P2P-Kommunikation und den DAYTIME-Dienst über Pub/Sub-Kommunikation implementiert. Überlegen Sie sich Argumente, warum eine solche Wahl der Kommunikationsformen sinnvoll ist. Was spricht gegen einen ECHO-Dienst über Pub/Sub bzw. einen DAYTIME-Dienst über P2P?

Implementierung

I1. Überlegen Sie sich drei neue Nachrichtentypen, die die Übertragung spezieller Nutzdaten erleichtern und implementieren Sie die entsprechenden Interfaces.

I2. Implementieren Sie ein dauerhaftes Abonnement für ein bestimmtes Topic. Testen Sie ihre Implementierung indem Sie den Subscriber herunterfahren, mit einem Publisher

Nachrichten veröffentlichen und anschließend den Subscriber wieder starten. Hat ihr Subscriber alle verpassten Nachrichten empfangen?

13. Erweitern Sie den QueueCounter so, dass der Inhalt der Nachrichten in einer Warteschlange ausgeben wird. Durchlaufen Sie dazu die Warteschlange, stellen Sie fest von welchem Typ eine Nachricht ist und geben sie, falls es sich um eine TextMessage handelt, deren Inhalt aus.

14. Zeigen Sie, dass man mit Hilfe einer TextMessage beliebige textuelle Daten versenden kann. Implementieren Sie hierzu einen Nachrichtenproduzent, dem Sie per Kommandozeile eine HTML oder XML Datei angeben, die dieser einliest und anschließend versendet.

15. Durch den Einsatz einer nachrichtenorientierten Middleware wird zusätzlicher Overhead erzeugt. Geben Sie eine Schätzung ab, wie groß dieser Overhead bei dem von Ihnen eingesetzten JMS-Provider ist. (Anleitung: Implementieren Sie ein Programm, das eine bestimmte Datenmenge über Sockets versendet und messen Sie die benötigte Zeit. Implementieren Sie das gleiche Programm mit JMS.)

Anhang

In diesem Anhang befindet sich eine Beschreibung der Methode printStream() zur formatierten Ausgabe von Streams, eine Einführung in Reflection unter Java und die Entwicklung der Programmiersprache Java bis hin zur Version 5.

Anhang A: Die Methode printStream()

Die Methode printStream() ist verantwortlich für die formatierte Ausgabe eines Streams.

```
package Serialization;

import java.io.ByteArrayOutputStream;

public class Print
{
  public static void printStream(ByteArrayOutputStream o)
  {
    byte[] b = o.toByteArray();
    int i = 0, j = 0;
    int highbyte, lowbyte;
    do
    {
      while(i < b.length)
      {
        highbyte = ((b[i] & 0xf0) >> 4);
        lowbyte = (b[i] & 0x0f);
        System.out.printf("%X", highbyte);
        System.out.printf("%X ", lowbyte);
        i++;
        if(i % 23 == 0) break;
      }
      System.out.println();
      while(j < b.length)
      {
        if(b[j]>33) System.out.print(" " + (char) b[j] + " ");
        else System.out.print("   ");
        j++;
        if(j % 23 == 0)
        {
          System.out.println("\n");
          break;
        }
      }
    }
    while (i < b.length);
  }
}
```

Bild A.1: Konvertierung von Byte in Hexadezimal

Jedes Byte wird hierbei in Highbyte und Lowbyte aufgeteilt:

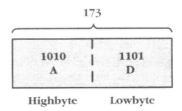

Danach erfolgt eine Ausgabe des High- und Lowbytes in Hexadezimal. Dies wird durch die Methode System.out.printf() ermöglicht.

Anhang B: Das Reflection-Konzept von Java

reflexives System

Der Begriff „Reflection" geht auf das lateinische Wort „reflectere" zurück und bedeutet eigentlich „zurück biegen" („re": zurück, „flectere": biegen). Ein reflexives System ist definiert als ein Computerprogramm, das Fragen über sich selbst beantwortet und sich selbst ändern kann (nach [Althammer 2002] Kapitel 1.2).

Das reflexive System wird in ein **Basissystem** und ein **Metasystem** unterteilt.

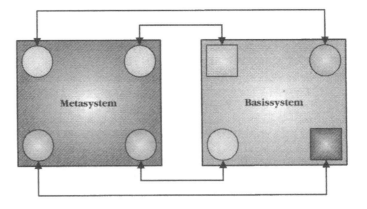

Bild B.1: reflexives System

Basissystem und Metasystem

Das Basissystem umfasst dabei den funktionellen Code, z.B. Berechnungen, während das Metasystem den nicht-funktionellen Code umfasst, z.B. Informationen über Funktionen, Objekte, Variablen usw. Das Metasystem speichert dabei auch Informationen über seine eigenen Elemente.

Das Bild B.1 zeigt, wie heterogene Elemente des Basissystems auf Elemente des Metasystems abgebildet werden. Das Metasystem wiederum kann Änderungen am Basissystem vornehmen. Das Metasystem spiegelt dabei hauptsächlich Informationen wider, d.h. das Metasystem hat in der Regel eine geringe Elementenvielfalt.

Reflection kann sehr gut eingesetzt werden für die Entwicklung von Debuggern, Administrationstools oder auch GUI-Buildern, d.h. für alle Anwendungen, in denen der Anwender Komponenten des Programmes angezeigt bekommt.

Reflection in Java

In der Method Area der JVM werden, wie Bild B.2 zeigt, die Informationen über Klassen, Methoden und Attribute gehalten.

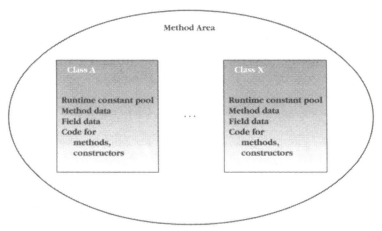

Bild B.2: *Method Area der JVM*

Weil diese Informationen im Speicher gehalten werden, ist es relativ einfach, sie abfragbar zu machen. Hier wird auch deutlich, dass der Aufbau der Objekte im Metasystem sich grundlegend von dem im Basissystem unterscheiden kann. Im Metasystem werden Methoden und Attribute als Objekte repräsentiert, die wiederum Methoden und Attribute beinhalten, die wiederum im Metasystem als Objekte repräsentiert werden können, usw. Daraus folgt aber auch, dass das Metasystem sich selbst repräsentieren kann.

Von der Logik her unterscheidet sich die „Metaprogrammierung" von der gewöhnlichen objektorientierten Programmierung. Anstatt Methoden von Objekten direkt aufzurufen, werden Methoden „auf" Objekte angewandt. Tendenziell entspricht dies eher der unter nicht objektorientierten Programmiersprachen (wie C und Pascal) üblichen Programmierweise. Dort bekommen Funktionen Datenstrukturen übergeben, auf denen sie operieren. Der Programmierstil entfernt sich ein wenig vom Objekt-Paradigma. Einen guten Einstieg in die Java Reflection API bietet [Green 2004].

verschiedene Paradigmen

Laufzeitinformationen

getClass()   Zur Laufzeit ist die Zuordnung eines Java-Objekts zu seiner Klasse über das von der Methode `getClass()` zurückgegebene `Class`-Objekt möglich. Sobald die Klasse eines Objekts bekannt ist, können die Attribute, Methoden und Konstruktoren dieser Klasse durch die Methoden des `Class`-Objekt abgefragt werden.

forName()   Eine andere Möglichkeit ein `Class`-Objekt zu erhalten, ist durch die statische Methode `forName()` der Klasse `Class` gegeben. Mit dieser Methode kann ein `String` in ein `Class`-Objekt umgewandelt werden. Tabelle B.1 zeigt die wichtigsten Methoden der Klasse `Class`.

Tabelle B.1: *Methoden von Class zur Abfrage von Laufzeitinformationen*

Methodenname	Bedeutung
`getDeclaredConstructor(...)`	Gibt den in Klammern spezifizierten Konstruktor zurück.
`getDeclaredConstructors()`	Gibt alle Konstruktoren der Klasse zurück.
`getDeclaredField(...)`	Gibt das in Klammern spezifizierte Attribut der Klasse zurück.
`getDeclaredFields()`	Gibt ein Array mit allen Attributen der Klasse zurück.
`getDeclaredMethod(...)`	Gibt die in Klammern spezifizierte Methode der Klasse zurück.
`getDeclaredMethods()`	Gibt ein Array mit allen Methoden der Klasse zurück.

Für alle obigen Methoden gibt es ein Pendant, welches jeweils nur die öffentlichen Attribute, Konstruktoren und Methoden zurückgibt. Bei diesen Methoden wird einfach `Declared` inmitten des Namens weggelassen. Diese Methoden heißen dann: `getConstructor()`, `getConstructors()`, `getField()`, `getFields()`, `getMethod()` und `getMethods()`.

Attribute werden durch die Klasse `Field` repräsentiert. Für die Abfrage von Laufzeitinformationen am interessantesten sind die Methoden `getName()`, `getModifiers()` und `getType()`. Tabelle B.2 zeigt alle wichtigen Methoden der Klasse `Field`.

Methodenname	Bedeutung
getName()	Gibt den Namen des Attributes als String zurück.
getModifiers()	Gibt die Modifizierer des Attributes zurück, z.B. private static final.
getType()	Gibt den Typ des Attributs als Klasse zurück, z.B. double.class, String.class, ...

Tabelle B.2: Methoden von Field zur Abfrage von Laufzeitinformationen

Bei Konstruktoren und Methoden können zusätzlich zu dem Namen und den Modifizierern auch noch die Parameter abgefragt werden. Tabelle B.3 zeigt alle wichtigen Methoden der Klassen Constructor und Method.

Methodenname	Bedeutung
getName()	Gibt den Namen des Konstruktors/der Methode als String zurück.
getModifiers()	Gibt die Modifizierer des Konstruktors/der Methode zurück, z.B. private static final.
getParameterTypes()	Gibt die Parameter des Konstruktors/der Methode zurück.
getReturnType()	nur Method: Gibt den Rückgabetyp der Methode zurück.

Tabelle B.3: Methoden von Constructor bzw. Method zur Abfrage von Laufzeitinformationen

Mit den bisher vorgestellten Methoden lassen sich alle wichtigen Informationen über beliebige Klassen, Interfaces oder Aufzählungstypen (enum) ausgeben, wie Programm B.1 zeigt.

```java
import java.lang.reflect.Field;
import java.lang.reflect.Constructor;
import java.lang.reflect.Method;
import java.lang.reflect.Modifier;

public class Reflection
{
  public void printClass(Class cl)
  {
    Field[] field = cl.getDeclaredFields();
    Method[] method = cl.getDeclaredMethods();
    Constructor[] cons = cl.getDeclaredConstructors();

    System.out.println("\nKlasse: ");
```

Programm B.1: Ausgabe aller Attribute und Methoden einer Klasse

```java
      System.out.println("\t" + cl.getName());
      System.out.println("\nAttribute: ");
      for (Field f : field)
      {
        System.out.print("\t");
        System.out.print(Modifier.toString(f.getModifiers()));
        System.out.print(" " + f.getType().getName());
        System.out.println(" " + f.getName());
      }
      System.out.println("\nKonstruktor: ");
      for (Constructor c : cons)
      {
        System.out.print("\t");
        System.out.print(Modifier.toString(c.getModifiers()));
        System.out.print(" " + c.getName() + "(");
        Class[] param = c.getParameterTypes();
        for (int i = 0; i < param.length; i++)
        {
          System.out.print(param[i].getName());
          if (i != param.length - 1) System.out.print(", ");
        }
        System.out.println(")");
      }
      System.out.println("\nMethoden: ");
      for (Method m : method)
      {
        System.out.print("\t");
        System.out.print(Modifier.toString(m.getModifiers()));
        System.out.print(" " + m.getReturnType());
        System.out.print(" " + m.getName() + "(");
        Class[] param = m.getParameterTypes();
        for (int i = 0; i < param.length; i++)
        {
          System.out.print(param[i].getName());
          if (i != param.length - 1) System.out.print(", ");
        }
        System.out.println(")");
      }
    }
  }
}
```

Für die Klasse `java.awt.Point` ergibt sich folgende Ausgabe:

```
Klasse:
        java.awt.Point

Attribute:
        public int x
        public int y
        private static final long serialVersionUID

Konstruktor:
        public java.awt.Point(java.awt.Point)
        public java.awt.Point(int, int)
        public java.awt.Point()
```

Anhang B: Das Reflection-Konzept von Java

```
Methoden:
        public boolean equals(java.lang.Object)
        public class java.lang.String toString()
        public class java.awt.Point getLocation()
        public double getX()
        public double getY()
        public void move(int, int)
        public void setLocation(java.awt.Point)
        public void setLocation(double, double)
        public void setLocation(int, int)
        public void translate(int, int)
```

Bei gewöhnlichen Java Programmen steht zur Übersetzungszeit fest, welche Objekte im Programmablauf wann angelegt werden. Durch die Reflection-API ist es möglich – neben der Abfrage von Laufzeitinformationen – Objekte, die angelegt werden sollen, *zur Laufzeit* auszusuchen. Weiterhin können die Werte von Attributen gelesen und verändert oder auch ausgewählte Methoden aufgerufen werden.

Objekte zur Laufzeit anlegen

Objektinstantiierung

Klassen- und Konstruktorobjekten steht zur Objektinstantiierung die Methode newInstance() zur Verfügung. Von der im *Klassenobjekt* gespeicherten Klasse kann durch diese Methode direkt ein neues Objekt angelegt werden. Das Objekt wird durch den Standardkonstruktor instantiiert. Da oftmals ein spezieller Konstruktor zur Erstellung eines Objekts benötigt wird, verfügt auch jedes Konstruktorobjekt über die Methode newInstance(). Eine mögliche Vorgehensweise ist es beispielsweise, sich von einer Klasse den gesuchten Konstruktor zurückgeben zu lassen und dann von diesem *Konstruktorobjekt* die Methode newInstance() aufzurufen.

newInstance()

Die beiden Codeabschnitte Programm B.2 und Programm B.3 sind vom Ergebnis her äquivalent.

```java
import java.awt.Point;

public class Main
{
  public static void main(String[] args)
  {
    Class cl = Point.class;
    try
    {
      Point p = (Point) cl.newInstance();
      p.x = 50;
      p.y = 100;
      System.out.println("x: " + p.getX());
      System.out.println("y: " + p.getY());
    }
```

Programm B.2: Instantiierung einer neuen Klasse durch eine Klassenvariable

```
      catch(Exception e)
      {
        e.printStackTrace();
      }
    }
```

Durch die Klassenvariable cl wird ein neues Point-Objekt erstellt. Die Koordinaten x und y müssen extra gesetzt werden. Falls beispielsweise im Konstruktor wichtige Berechnungen für die Erstellung des Objekts erfolgen, sollte man die Objekterstellung über Konstruktorobjekte lösen.

Programm B.3:
Instantiierung einer neuen Klasse durch eine Konstruktorvariable

```
import java.lang.reflect.Constructor;
import java.lang.reflect.InvocationTargetException;

import java.awt.Point;

public class Main
{
  public static void main(String[] args)
  {
    try
    {
      Constructor co = Point.class.getConstructor
             (new Class[]{int.class, int.class});
      Point p = (Point) co.newInstance(new Object[]{50, 100});
      System.out.println("x: " + p.getX());
      System.out.println("y: " + p.getY());
    }
    catch(Exception e)
    {
      e.printStackTrace();
    }
  }
}
```

In diesem Beispiel wird zunächst ein Konstruktor von der Klasse Point vom Typ (int, int) angefordert. Danach erfolgt die Zuweisung der Koordinaten direkt durch den Konstruktoraufruf co.newInstance(...). Falls die übergebenen Werte für die korrekte Erstellung des Objekts benötigt werden, dann ist diese Vorgehensweise notwendig, weil das Objekt nicht oder nicht zufrieden stellend durch eine Klassenvariable angelegt werden kann.

Zugriff auf Attribute

Allerdings können nicht nur Objekte variabel zur Laufzeit erstellt werden, es ist auch möglich auf die Attribute von Objekten direkt zuzugreifen. Die Klasse Field stellt zu diesem Zweck eine Reihe von Methoden zur Verfügung, von welchen vor allem zwei von Bedeutung sind: get() und set().

Anhang B: Das Reflection-Konzept von Java

Methodenname	Bedeutung
`get(Object obj)`	Gibt von dem Attribut des Objekts `obj` den Wert zurück. Der Wert wird in einem Objekt vom Typ `Object` gespeichert.
`set(Object obj, Object val)`	Setzt in dem Attribut des Objekts `obj` den Wert `val`.

Tabelle B.4:
Methoden von Field zum Lesen und Setzen von Werten

Im Programm B.4 wird gezeigt, wie die `get`- und `set`-Methoden der Klasse `Field` eingesetzt werden können.

```
import java.lang.reflect.Field;

public class Main
{
  public static void main(String[] args)
  {
    Thread t = new Thread();
    try
    {
      Field f = t.getClass().getDeclaredField("tid");
      // allow access if field is private
      f.setAccessible(true);
      long threadId = (Long) f.get(t);
      System.out.println("ThreadID vorher:" + threadId);
      f.set(t, 12);
      threadId = (Long) f.get(t);
      System.out.println("ThreadID nachher:" + threadId);
    }
    catch(NoSuchFieldException e)
    {
      e.printStackTrace();
    }
    catch(IllegalAccessException e)
    {
      e.printStackTrace();
    }
  }
}
```

Programm B.4:
Schreiben und Lesen von Feldern

Nach der Instantiierung eines `Thread`-Objekts wird von der `Thread`-Klasse das Feld `tid` (Thread ID) abgefragt. Durch den Aufruf der Methode `setAccessible()` erlaubt das `Field`-Objekt den Zugriff auf sich selbst. Diese Anweisung ist notwendig, falls das Attribut als `private` deklariert wurde. Andernfalls würde der Aufruf der `get()`- und `set()`-Methode eine `IllegalAccessException` auslösen.

setAccessible()

Der Aufruf `f.get(t)` bewirkt, dass der Wert von dem Attribut `f` (in diesem Fall die Variable `private long tid`) des Objekts `t` zurückgegeben wird. Der Aufruf f.set(t, 12) bewirkt, dass dem Attribut f des Objekts t der Wert 12 zugewiesen wird.

Alleine die Möglichkeit des Zugriffs auf private Variablen bietet viele Möglichkeiten für Debugger oder Administrationstools.

Aufruf von Methoden

Als letzter wichtiger Aspekt der Reflection-API werden die Methodenaufrufe betrachtet. Die Klasse Method bietet eine Schnittstelle, um Methoden, die sich in der Method Area des Heaps befinden, aufzurufen und auf ein Objekt anzuwenden.

Tabelle B.5:
Methode invoke()
von Method

Methodenname	Bedeutung
invoke(Object obj, Object[] args)	Ruft die Methode des Objekts obj mit den Argumenten args auf.

Auch hier kann die Auswahl der Methoden zur Laufzeit erfolgen, wie Programm B.5 zeigt.

Programm B.5:
Aufrufen einer
Methode

```
import java.lang.reflect.Method;
import java.lang.reflect.InvocationTargetException;

import java.awt.Point;

public class Main
{
  public static void main(String[] args)
  {
    Point p = new Point(100,50);
    try
    {
      Method m = p.getClass().getDeclaredMethod("translate",
                         new Class[]{int.class, int.class});
      m.invoke(p, new Object[]{20, 50});
      System.out.println("x:" + (int) p.getX());
      System.out.println("y:" + (int) p.getY());
    }
    catch(NoSuchMethodException e)
    {
      e.printStackTrace();
    }
    catch(IllegalAccessException e)
    {
      e.printStackTrace();
    }
```

Anhang B: Das Reflection-Konzept von Java

```
      catch(InvocationTargetException e)
      {
        e.printStackTrace();
      }
    }
  }
}
```

Über den Aufruf `getDeclaredMethod(…)` kann eine ausgewählte Methode angefordert werden. Im obigen Beispiel wird die Methode mit dem Namen `translate` und den Parametern (`int`, `int`) angefordert. Mit der Methode `invoke(…)` wird die Methode `translate` des Objekts `p` mit den Parametern (20, 50) aufgerufen.

Wenn `invoke(…)` von einer statischen Methode aufgerufen wird, darf als erstes Argument auch `null` übergeben werden. Durch den Aufruf statischer Methoden kann beispielsweise ein neues Programm gestartet werden, wie Programm B.6 zeigt.

Programm B.6: *Aufrufen einer statischen Methode*

```
import java.lang.reflect.Method;

public class Main
{
  public static void main(String args[])
  {
    try
    {
      String s[] = new String[]{""};
      Method method = Start.class.
        getMethod("main", new Class[]{s.getClass()});
      method.invoke(null, new Object[]{s});
    }
    catch(NoSuchMethodException e)
    {
      e.printStackTrace();
    }
    catch(IllegalAccessException e)
    {
      e.printStackTrace();
    }
    catch(java.lang.reflect.InvocationTargetException e)
    {
      e.printStackTrace();
    }
  }
}

public class Start
{
  public static void main(String args[])
  {
    System.out.println("Hallo Welt");
  }
}
```

In diesem Programm muss die Klasse Main zuerst gestartet werden. Durch den Aufruf von method.invoke() ist es möglich eine andere Klasse mit einer main()-Methode zu starten, in diesem Fall die Klasse Start.

Anhang C: Entwicklung von Java bis zur Version 5

Die Programmiersprache Java erfreut sich seit einigen Jahren stetig wachsender Popularität. Dabei ist Java eine relativ junge Sprache, deren erste Version im Jahre *1995* veröffentlicht wurde. Seit dieser Zeit hat Java quasi alle Softwarebereiche durchdrungen. Es werden Tools, Spiele, Desktop-Applikationen, kommerzielle DV-Systeme, Web-Anwendungen und komplette Automatisierungslösungen in Java realisiert. Zur schnellen Verbreitung hat vor allem die *freie Verfügbarkeit* notwendiger Programmierwerkzeuge (Compiler, Entwicklungsumgebung, Dokumentation, usw.) und die *Plattformunabhängigkeit* gesorgt. Die Zeittafel in Bild C.1 zeigt die Entwicklung von Java.

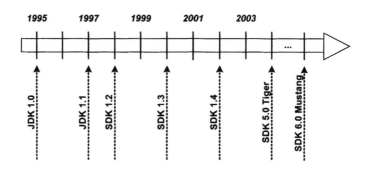

Bild C.1: *Zeittafel der Java-Evolution*

Eigenschaften von Java

Die Java-Technologie besitzt zwei wesentliche Merkmale: sie ist *objektorientiert* und *interpretiert*. Java ist also keine prozedurale oder hybride Sprache (wie z.B. C++), sondern eine rein objektorientierte. Außerdem wird der Java-Quellcode nicht für eine spezifische Rechnerplattform kompiliert, sondern in einen Zwischencode, den so genannten *Bytecode*, übersetzt. Der Bytecode wird anschließend von einem virtuellen Prozessor, der *Java Virtual Machine* interpretiert und in Maschinencode übersetzt. Dadurch wird Java auf allen Plattformen, für die eine virtuelle Maschine implementiert ist, lauffähig. Das Bild C.2 veranschaulicht diese Eigenschaft.

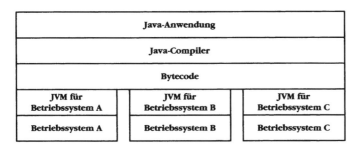

Bild C.2: *Java ist plattformunabhängig*

Ein weiteres wichtiges Merkmal von Java ist die **automatische Speicherverwaltung**. Im Gegensatz zu Sprachen wie C, wo der Programmierer Speicher selbst allokieren und deallokieren muss, erfolgt die Speicherfreigabe in Java automatisch. Der Programmierer kann Speicher für Objekte durch das Schlüsselwort new anfordern. Die Freigabe des allokierten Speichers erfolgt automatisch durch den so genannten **Garbage Collector (GC)**. Dieser durchsucht den Speicher in bestimmten Zeitabständen und entfernt nicht mehr referenzierte Objekte. Solange der Garbage Collector arbeitet – oftmals wird er als eigenständiger Thread implementiert – können keine Threads der Anwendung ausgeführt werden (zumindest nicht auf einem Einprozessorsystem). Deshalb kann der Programmierer keinerlei Aussagen über das Laufzeitverhalten der Anwendung treffen. Er kann nicht wissen, wann und wie oft der Garbage Collector Thread arbeitet und dadurch die Threads seiner Anwendung von der virtuellen Maschine verdrängt.

Java unterstützt **mobilen Code** durch den Einsatz von Applets und der Möglichkeit entfernte Klassendateien über das Netzwerk zu laden. Durch den Einsatz mobilen Codes ergeben sich neue Sicherheitsrisiken. Beispielsweise könnte ein trojanisches Pferd innerhalb des Codes versteckt sein und den Rechner, der das mobile Programm geladen hat, anfällig für Angriffe machen. Um dies zu verhindern, besitzt Java ein umfangreiches Sicherheitsmodell, welches auf dem Sicherheitsmanager, dem Klassenlader und der Überprüfung des Bytecodes basiert. Das Sicherheitsmodell beruht auf der Annahme, dass jeder mobile Code, ungeachtet seiner Herkunft, ein Sicherheitsrisiko darstellt. Deshalb wird mobiler Code immer innerhalb einer abgeschlossenen Umgebung ausgeführt. Diese Umgebung wird als **Sandbox** (Sandkasten) bezeichnet und definiert, welche Aktionen ein mobiles Programm durchführen darf und welche nicht. Ein Applet darf unter anderem nicht auf lokale Dateien zugreifen (weder lesend noch schreibend), keine Daten des aktuellen Benutzers auslesen, keine externen Programme starten und keine Systembibliotheken laden.

Java Editionen

J2EE, J2SE und J2ME

Java wird heute in drei verschiedenen Editionen angeboten. Jede dieser drei Editionen adressiert verschiedene Einsatz- bzw. Aufgabengebiete. Zur Entwicklung von Desktop-Anwendungen bietet sich die ***Java 2 Standard Edition (J2SE)*** an. Sie bildet die Grundlage für die ***Java 2 Enterprise Edition (J2EE)***, die zur Entwicklung komponentenbasierter Unternehmensanwendungen konzipiert wurde. Schließlich wird noch die ***Java 2 Micro Edition (J2ME)*** angeboten, welche speziell für den Einsatz auf mobilen Systemen, wie z.B. Mobiltelefonen oder Handhelds, entwickelt wurde. Zu diesen drei Editionen kommt eine spezielle Java-Technologie für ressourcenschwache Smartcards.

J2EE definiert eine Reihe von Programmierschnittstellen (APIs), die zur Entwicklung von Geschäftsanwendungen verwendet werden können. Durch die Kenntnis dieser Schnittstellen kann ein Entwickler seine Programme derart gestalten, dass sie mit verschiedenen anderen Systemen zusammenarbeiten. Diese Interoperabilität wird durch die breite Unterstützung der J2EE durch Drittanbieter ermöglicht. Ein Beispiel soll diesen Zusammenhang verdeutlichen.

Die wohl bekannteste Programmierschnittstelle unter Java ist ***JDBC (Java Database Connectivity)***. Sie ermöglicht Anfragen an eine Datenbank zu stellen und die entsprechenden Ergebnisse entgegenzunehmen. Mit Hilfe von JDBC kann eine Verbindung zu Datenbanken verschiedener Hersteller aufgebaut werden. Beispielsweise unterstützen die Datenbanken von Oracle, Microsoft, Sybase und vieler weiterer Hersteller JDBC. Ein Programm, welches JDBC zur Datenbankanbindung verwendet, kann deshalb mit jeder dieser Datenbanken in Kontakt treten. Die Spezifika der jeweiligen Datenbank werden hinter der einheitlichen Schnittstelle versteckt.

Natürlich beinhaltet die J2EE viele weitere Schnittstellen, darunter z.B. JavaMail (zur Programmierung von E-Mail Systemen), JNDI (zum Zugriff auf Namens- und Verzeichnisdienste) und natürlich JMS. Bild C.3 gibt eine Übersicht der verschiedenen J2EE-Technologien.

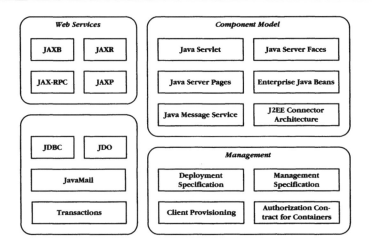

Bild C.3: J2EE-Technologien

Spracherweiterungen der J2SE 5

Die Programmiersprache Java wurde mit der Version 5 nicht nur um neue Pakete, sondern auch erstmals um **neue Sprachmittel** erweitert. Da diese Erweiterungen ein großer Einschnitt in die Programmiersprache Java sind, hat sich die Firma Sun Microsystems dazu entschieden, der neuen Java Version den Namen J2SE 5 zu geben anstatt die Nummerierung bei 1.5 fortzuführen. Die JDK Version wird allerdings von den Entwicklern mit der Version 1.5 bezeichnet.

Neue Sprachmittel und Pakete

Vorab soll erwähnt werden, dass alte Programme nach wie vor auch mit dem JDK 1.5 lauffähig sind. Die Notwendigkeit, sich in die neuen Sprachmittel einzuarbeiten besteht jedoch, damit der Programmcode anderer Programmierer verstanden werden kann. Wirft man beispielsweise einen Blick in die Standardklassenbibliothek, so trifft man auf einige neue Sprachkonstrukte, auf die im Folgenden eingegangen wird (siehe auch [Austin 2004]).

Abwärtskompatibilität

Schleifen

Die Programmiersprache Java unterstützt seit der Version 5 eine einfachere for-Schleife, die aus anderen Programmiersprachen (wie C#, Perl, PHP 4) auch als for-each-Schleife bekannt ist. Diese Schleife ermöglicht es, Arrays, Collections oder auch Enumerations zu durchlaufen. Die Syntax für diesen Schleifentyp wird in Programm C.1 gezeigt:

for-each-Schleife

```
String[] s = new String[]{"Hallo", " ", "Welt", "!"};
for(String string : s)
{
  System.out.print(string);
}
```

Programm C.1: Durchlaufen eines Arrays

Für jedes Element des Arrays s wird ein Schleifendurchlauf vorgenommen. Die Variable string nimmt nacheinander jeden Wert des Arrays genau einmal an.

Mit der herkömmlichen Syntax lässt sich obige Schleife äquivalent wie folgt formulieren:

Programm C.2:
Durchlaufen eines
Arrays (bisher)

```
String[] s = new String[]{"Hallo", " ", "Welt", "!"};
for(int i = 0; i < s.length; i++)
{
  System.out.print(s[i]);
}
```

häufig einsetzbar,
leicht verständlich

Die for-each-Schleife lässt sich im Programmieralltag sehr häufig einsetzen. Andere Programmierer erfassen schneller den Sinn einer for-each-Schleife als den einer gewöhnlichen for-Schleife. Natürlich lässt sich eine for-each-Schleife nicht immer sinnvoll einsetzen. Falls in einer Schleife die Durchlaufzahl für andere Zwecke als die Arrayindexierung benötigt wird, eignet sich eine for-each-Schleife nicht.

Generische Typen

Generische Typen ermöglichen zum einen eine Abstraktion und zum anderen eine Spezialisierung von zulässigen Datentypen.

Generics erlauben
typsicheren
Programmentwurf

Collection-Klassen speichern Referenzen auf Objekte vom Typ Object. Ab dem JDK 1.5 können für die Collection-Klassen spezifische Datentypen angegeben werden. Die Collection-Klassen speichern zwar nach wie vor Referenzen auf Objekte des Typs Object, aber die Collection-Klassen wissen selbst, welche Objekte sie beherbergen. Beispielsweise nehmen Collection-Klassen die Typumwandlungen, die der Programmierer bei der Abfrage von Elementen früher selbst explizit vornehmen musste, implizit vor. Dadurch können Programme, die beispielsweise sehr viele Collections enthalten, typsicher entworfen werden. Früher wurde ein Vector-Objekt beispielsweise wie in Programm C.3 verwendet:

Programm C.3:
Bisherige
Verwendung von
Collection-Klassen

```
Vector v = new Vector();
v.add("Hallo");
v.add(" ");
v.add("Welt");
v.add("!");
for (int i = 0; i < v.size(); i++)
{
  String s = (String) v.get(i);  // Cast erforderlich
  System.out.print(s);
}
```

Anhang C: Entwicklung von Java bis zur Version 5

Wenn ein Objekt aus einem Vektor gelesen wurde, war bisher eine Typumwandlung erforderlich, weil die Klasse Vector ein Objekt des Typs Object zurückgibt. Durch Generics kann die Deklaration einer Collection von einem bestimmten Datentyp vorgenommen werden. Dazu wird der Datentyp in spitzen Klammern hinter der Collection angegeben:

```
Vector<String> vs = new Vector<String>();
vs.add("Hallo");
vs.add(" ");
vs.add("Welt");
vs.add("!");
for (int i = 0; i < vs.size(); i++)
{
  String st = vs.get(i);  // Rückgabewert ist String
  System.out.print(st);
}
```

Programm C.4:
Verwendung von Collection-Klassen durch Generics

Vector<String> bezeichnet einen Vektor der ausschließlich mit String-Objekten arbeitet. Damit wird zur Übersetzungszeit sichergestellt, dass kein falsches Element in eine Collection geschrieben oder aus einer Collection gelesen werden kann. Der Befehl vs.get(i) liefert statt einem Objekt vom Typ Object ein Objekt vom Typ String zurück.

Wildcards

Bisher konnte eine beliebige Collection mit folgender Methode ausgegeben werden:

```
public static void printCollection(Collection c)
{
  Iterator it = c.iterator();
  for(int i = 0; i < c.size(); i++)
  {
    System.out.println(it.next());
  }
}
```

Programm C.5:
Ausgabe des Inhalts einer Collection mit alter Syntax

Da eine Collection<Object> nicht kompatibel mit beispielsweise einer Collection<String> ist, wurde ein **wildcard typ ?** definiert. Eine Collection von unbekannten Objekten wird durch Collection<?> deklariert. Zu einer Collection<?> kann kein Element hinzugefügt werden. Wenn eine get()-Methode von einem Collection<?>-Objekt ausgeführt wird, liefert diese ein Objekt des Typs Object zurück. Die Ausgabe einer beliebigen Collection durch Generics zeigt Programm C.6.

wildcard type (?)

Programm C.6:
Ausgabe des Inhalts einer Collection mit neuer Syntax

```
public static void printCollection(Collection<?> c)
{
  for(Object o : c)
  {
    System.out.println(o);
  }
}
```

Spezialiserung durch bounded wildcards

Vom allgemeinen Fall kann eine Spezialisierung dahingehend vorgenommen werden, dass von einer Methode eine Collection vom Typ einer bestimmten Klasse oder deren Unterklassen (bzw. deren Oberklassen) erwartet wird. Man spricht in diesem Zusammenhang auch von einer **bounded wildcard**.

Programm C.7:
bounded wildcards

```
static void printCollection(Collection<? extends Number> c)
{
  for(Object o : c)
  {
    System.out.println(o);
  }
}
```

Zum Beispiel kann an diese Methode ein Vector<Integer>, eine List<Integer>, ein Vector<Float>, Vector<Number>, usw. übergeben werden. Wenn versucht wird, ein Objekt vom Typ Object an die Methode zu übergeben, gibt der Compiler eine Fehlermeldung beim Übersetzungsvorgang aus, da die Methode nur Collections vom Typ Number (und dessen Unterklassen) verarbeiten kann.

Will man innerhalb der Methode beispielsweise auf die Elemente der Collection über einen Iterator zugreifen, so muss der Iterator wie in der Signatur der Methode deklariert werden:

Programm C.8:
Zugriff auf eine Collection über einen Iterator

```
static void printCollection(Collection<? extends Number> c)
{
  Iterator<? extends Number> it = c.iterator();

  for(int i = 0; i < c.size(); i++)
  {
    Number number = it.next();
    System.out.println(number);
  }
}
```

super

Falls man statt aller Unterklassen eines Datentyps alle Oberklassen zulassen will, erreicht man dies über das Schlüsselwort super.

Anhang C: Entwicklung von Java bis zur Version 5

```
static void printCollection(Collection<? super Number> c)
{
  Iterator<? super Number> it = c.iterator();

  for(int i = 0; i < c.size(); i++)
  {
    Object object = it.next();
    System.out.println(object);
  }
}
```

Programm C.9:
super-Schlüsselwort

An diese Methode können Collections vom Datentyp `Number` oder dessen Oberklassen (in diesem Fall `Object`) übergeben werden.

Mit Wildcards lassen sich Abhängigkeiten von konkreten Klassen ausdrücken. Wenn generelle Abhängigkeiten zwischen Argumenten zum Ausdruck gebracht werden sollen, werden generische Methoden benötigt.

Generische Methoden

Generische Methoden ermöglichen es **Typabhängigkeiten zwischen Argumenten** der Methode zu kennzeichnen. Eine Methode wird als generisch gekennzeichnet, indem vor dem Rückgabetyp der Methode die Information über die generischen Typen in spitzen Klammern aufgeführt wird. Ohne diese Angabe interpretiert der Compiler den Term in spitzen Klammern als konkrete Klasse.

Generische Methoden bei Abhängigkeiten zwischen Argumenten

```
static <T> void append(Collection<T> dest,
                       Collection<? extends T> src)
{
  Iterator<? extends T> it = src.iterator();
  for (int i = 0; i < src.size(); i++)
  {
    dest.add(it.next());
  }
}
```

Programm C.10:
Generische Methode zum Aneinanderfügen von Collections

Programm C.10 zeigt eine Methode, mit der der Inhalt einer `Collection` an den Inhalt einer anderen `Collection` angehängt werden kann. Der Quelldatentyp der `Collection` kann hierbei die Klasse oder eine Unterklasse des Zieldatentyps sein. Da eine klare Abhängigkeit zwischen den Argumenten der Methode besteht (Quell- und Zieldatentyp müssen kompatibel sein), ist die Verwendung von wildcards alleine nicht hinreichend.

Übergibt man der Methode `append` als erstes Argument eine `Collection<Number>` so muss das zweite Argument eine `Collection` vom Typ `Number` oder dessen Unterklasse sein. Der Iterator wird automatisch so deklariert, dass er zum Datentypen der zweiten `Collection` passt.

Typangaben existieren zur Laufzeit nicht

Die Typangaben in spitzen Klammern sind nur für den Compiler von Bedeutung. Zur Laufzeit existieren sie nicht mehr. Die Klasse eines ArrayList<String>-Objekts entspricht daher z.B. der Klasse eines ArrayList<Integer>-Objekts. Daraus folgt auch, dass mit dem instanceof-Operator nicht auf einen Typen wie List<String> geprüft werden kann. Programm C.11 verdeutlicht dies an einem Beispiel.

Programm C.11: instanceof und getClass()

```
List<String> l1 = new ArrayList<String>();
List<Integer> l2 = new ArrayList<Integer>();
List<Integer> l3 = new ArrayList<Integer>();

// Übersetzungsfehler
if (l1 instanceof List<Integer>)...
if (l1 instanceof List<String>)...

// true
System.out.println(l3.getClass() == l2.getClass());
System.out.println(l1.getClass() == l2.getClass());
```

Nachdem wir bisher betrachtet haben, wie man Collections im Zusammenhang mit generischen Typen und generischen Methoden verwendet, schauen wir uns im Folgenden an, wie generische Klassen aufgebaut sind.

Generische Klassen

Der Aufbau von generischen Klassen soll am Beispiel der Collection-Klasse java.util.Vector erklärt werden:

Programm C.12: Aufbau der Vector-Klasse

```
public class Vector<E>
    extends AbstractList<E>
    implements List<E>, RandomAccess,
             Cloneable, java.io.Serializable
{
  protected Object[] elementData;
  ...
  //constructor
  public Vector(Collection<? extends E> c)
  {
    ...
  }

  public synchronized E firstElement()
  {
    ...
    return (E)elementData[0];
  }
  ...
}
```

Mit dem Aufruf `Vector<Number> v = new Vector<Number>()` wird ein neuer Vector vom Typ `Number` angelegt. Der Compiler ersetzt daraufhin für das zu erzeugende Objekt in obiger Klasse den Typen `E` mit dem Typ `Number`. Die Objekte innerhalb des Vektors sind auch nach der Ersetzung noch Objekte des Typs `Object`, um eine Abwärtskompatibilität der Klasse `Vector` zu gewährleisten.

Wird bei der Erstellung des Vektorobjekts beispielsweise im Konstruktor von `Vector` eine Collection mitangegeben, muss diese Collection vom Typ `Number` oder einer Unterklasse von `Number` sein.

Mit der Methode `firstElement()` wird immer das erste Datenelement des `Vectors` zurückgegeben und in den Typen `E` umgewandelt. Der Typ `E` wurde vom Compiler durch `Number` ersetzt, daher wird ein Element vom Typ `Number` zurückgegeben.

Es ist zu erkennen, dass in der Klasse bei ihrer Erstellung variabel festgelegt werden kann, in welchen Typen umgewandelt werden soll oder welche Datentypen von Methoden als Argumente akzeptiert werden. Damit sind Umwandlungen außerhalb der `Vector`-Klasse nicht mehr notwendig.

Typ wird bei Erstellung festgelegt

Besser wäre es statt eines `Object`-Arrays ein Array vom Typ `E` in der Klasse `Vector` zu deklarieren. Allerdings könnte dann eine nichttypsichere Variante (wie in JDK 1.4 und älter) nicht mehr deklariert werden.

Abschließend kann man sagen, dass generische Typen vor allem in großen Programmen Fehler vermeiden und auch die Lesbarkeit des Programmcodes verbessern. Allerdings ist das Erlernen und Verwenden von Generics auch mit keinem unerheblichen Aufwand verbunden. Weitere Informationen finden sich in [Bracha 2004].

Enum

Seit dem JDK 1.5 verfügt die Programmiersprache Java über einen echten `enum`-Typen (Aufzählungstypen). Mit Aufzählungen lassen sich sehr einfach zusammengehörige Daten deklarieren. Ein Beispiel wären die verschiedenen Wochentage, wie Programm C.13 zeigt.

```
public enum Wochentag
{
  Montag,
  Dienstag,
  Mittwoch,
  Donnerstag,
  Freitag,
  Samstag,
  Sonntag;
}
```

***Programm C.13:**
Einfaches Beispiel
für enum-Typen*

Das enum stellt in seiner einfachsten Form die Methode values() zur Verfügung, mit Hilfe derer man auf dessen Inhalt zugreifen kann. Um den Inhalt des enums auszugeben, bietet sich eine for-each-Schleife an:

Programm C.14:
Ausgabe des enum-Inhalts

```
for (Wochentag w : Wochentag.values())
{
   System.out.println(w.toString());
}
```

Falls noch mehr Informationen zu den einzelnen Feldern gespeichert werden sollen, kann dies durch Erweiterung des enums durch Variablen- und Methodendeklarationen sowie Angabe eines Konstruktors geschehen.

In Programm C.15 betrachten wir die Monate des Jahres.

Programm C.15:
enum mit genauerer Beschreibung der einzelnen Elemente

```
public enum Monat
{
   Januar    (1. "Winter"),
   Februar   (2. "Winter"),
   Maerz     (3. "Frühling"),
   April     (4. "Frühling"),
   Mai       (5. "Frühling"),
   Juni      (6. "Sommer"),
   Juli      (7. "Sommer"),
   August    (8. "Sommer"),
   September(9. "Herbst"),
   Oktober  (10. "Herbst"),
   November(11. "Herbst"),
   Dezember(12. "Winter");

   private int number;
   private String season;

   private Monat(int number, String season)
   {
     this.number = number;
     this.season = season;
   }

   public int getNumber()
   {
     return number;
   }

   public String getSeason()
   {
     return season;
   }
}
```

Anhang C: Entwicklung von Java bis zur Version 5

Zu jedem Monat wird angegeben, um den wievielten Monat des Jahres es sich handelt und in welcher Jahreszeit der Monat liegt. Damit der Compiler diese Zuordnung versteht, muss diese im Konstruktor angegeben werden. Weil der Konstruktor nicht von außen aufgerufen werden darf, muss er als private deklariert werden. Variablen und Methoden können ganz normal deklariert werden. Das enum lässt sich wieder über eine for-each-Schleife ausgeben:

```
System.out.println("Nummer: " + "Name:  " + "Jahres-zeit:");
for(Monat m : Monat.values())
{
  System.out.println(m.getNumber() + " "
    + m.toString() + " " + m.getSeason());
}
```

Programm C.16:
Ausgabe eines erweiterten enums

Auf ein bestimmtes Feld eines enums kann direkt zugegriffen werden mit Monat.Februar.toString() oder Monat.Februar.getSeason().

Autoboxing

Die Programmiersprache Java unterstützt seit der Version 5 die automatische Umwandlung von primitiven Datentypen in die korrespondierenden Klassen und umgekehrt. Dieser Vorgang wird Autoboxing genannt. Falls beispielsweise Ganzzahlen zu einer Collection hinzugefügt werden sollen, mussten diese bisher jeweils in ein Integer-Objekt eingebettet werden und dann musste man dieses der Collection hinzufügen. Dieser Vorgang wurde automatisiert. Es ist nun möglich, einen int-Wert einer Collection hinzuzufügen. Umgekehrt ist es auch möglich, einen int-Wert und ein Integer-Objekt zu addieren, da zur Addition aus dem Integer-Objekt der int-Wert entnommen wird.

Aufgaben zu den Spracherweiterungen des JDK 1.5

I1. Schreiben Sie ein Programm, das verschiedene Fließkommawerte in eine dafür geeignete Collection einfügt. Durchlaufen Sie die Collection, und summieren Sie die Zahlen auf.

Implementierung

I2. Schreiben Sie eine Aufzählung (enum), die die Befehle dir, mkdir, rmdir sowie eine Kurzhilfe zu diesen Befehlen beinhaltet. Geben Sie den Inhalt des Enums mit Hilfe einer for-each-Schleife aus!

I3. Schreiben Sie ein Programm, welches 10 Zahlen, die der Benutzer eingibt, in einem typsicheren Vektor speichert. Die Zahlen sollen als Strings eingelesen werden, um evtl. Eingabefehler abzufangen. Nach der Eingabe sollen die

Zahlen im Vektor miteinander multipliziert und das Ergebnis ausgegeben werden.

14. Schreiben Sie eine Methode, die alle Collections eines Datentyps oder dessen Unterklassen ausgibt unter Verwendung einer generischen Methode.

15. Programmieren Sie eine einfach verkettete Liste, die nur Objekte des gleichen Typs miteinander verknüpft. Das Traversieren der Liste soll durch mehrmaliges Aufrufen einer next()-Methode möglich sein. Die Liste soll über eine Methode firstElement() verfügen, die das erste Element der Liste zurückgibt und das Traversieren der Liste von vorne beginnen lässt.

Literaturverzeichnis

Architektur verteilter Systeme

[Bengel 2004]	Günther Bengel: *Grundkurs Verteilte Systeme (3. Auflage)*; vieweg 2004; http://www.vts.fh-mannheim.de
[Coulouris 2002]	George Coulouris, Jean Dollimore, Tim Kindberg: *Verteilte Systeme – Konzepte und Design (3., überarbeitete Auflage)*; Pearson Studium 2002
[Dustdar 2003]	Schahram Dustdar, Harald Gall, Manfred Hauswirth: *Software-Architekturen für Verteilte Systeme*; Springer 2003
[Tanenbaum 2002]	Andrew S. Tanenbaum: *Computernetzwerke (3. überarbeitete Auflage)*; Pearson Studium 2002; http://www.cs.vu.nl/~ast
[Tanenbaum 2003]	Andrew Tanenbaum, Marten van Steen: *Verteilte Systeme – Grundlagen und Paradigmen*; Pearson Studium 2003
[Weber 1998]	Michael Weber: *Verteilte Systeme*; Spektrum Akademischer Verlag 1998

Nebenläufigkeit in Java

[Gbodimowo 2001]	Niyi Gbodimowo: *Mapping of Java User Threads to Solaris LWPs*; http://www.jguru.com/faq/view.jsp?EID=347470
[Heinzl 2004]	Steffen Heinzl: *Entwicklung einer Administrationsbibliothek für Java Threads*; Diplomarbeit Fachhochschule Fulda 2004
[Holub 1998]	Allen Holub: *Programming Java threads in the real world, Part 1*; http://www.javaworld.com/javaworld/jw-09-1998/jw-09-threads_p.html
[HT 2002]	*HyperThreading Threads Its Way into Application*; http://www.tomshardware.com/cpu/20021227/
[IEEE1003.1/2003]	IEEE and The Open Group: *IEEE Std 1003.1, 2003 Edition*; http://www.unix-systems.org/version3/online.html
[Kredel 2002]	Heinz Kredel, Akitoshi Yoshida: *Thread- und Netzwerk-Programmierung mit Java^{TM} – Praktikum für die parallele Programmierung (2. Auflage)*; dpunkt.verlag 2002
[Lindholm 1999]	Tim Lindholm, Frank Yellin: *The Java^{TM} Virtual Machine Specification (Second Edition)*; Sun Microsystems 1999; http://java.sun.com/docs/books/vmspec/
[Mauro 2001]	Jim Mauro: *The Lightweight Process Pool: Maintaining a Pool of Execution for Unbound User Threads*; http://developers.sun.com/solaris/articles/lightprocess.html

[Oaks 1997]   Scott Oaks, Henry Wong: *Java Threads (First Edition)*; O'Reilly 1997

[Silberschatz 2003] Abraham Silberschatz, Peter Baer Galvin, Greg Gagne: *Operating System Concepts (Sixth Edition)*; John Wiley & Sons, Inc. 2003

[Stainov 1994]   Rumen Stainov: *Verteilte Betriebssysteme Grundlagen – Netzwerkdienste – Beispiele*; VDI-Verlag 1994

[Sun/Javadoc]   Sun Microsystems Inc.: *JDK 5.0 Documentation*; http://java.sun.com/j2se/1.5.0/docs/index.html, http://java.sun.com/j2se/1.5.0/docs/api/index.html

[Sun/MPG 2002]   Sun Microsystems Inc.: *Multithreaded Programming Guide*; May 2002; http://docs.sun.com/db/coll/45.24?q=solaris

[Sun/Threading]   Sun Microsystems Inc.: *Solaris and Java threading model*; http://java.sun.com/docs/hotspot/threads/threads.html

[Sun/Threadtutorial] Sun Microsystems Inc.: *Java Tutorial: What is a thread?*; 1995-2003; http://java.sun.com/docs/books/tutorial/essential/threads/definition.html

[Sun/TPC 2004]   Sun Microsystems Inc.: *Thread Priorities Changes in J2SE 1.5.0*; http://java.sun.com/j2se/1.5.0/docs/guide/vm/thread-priorities.html

Synchronisationsmechanismen

[Ben-Ari 1982]   M. Ben-Ari: *Principles Of Concurrent Programming*; Prentice Hall 1982

[Freisleben1987]   Bernhard Freisleben: *Mechanismen zur Synchronisation paralleler Prozesse (Informatik-Fachberichte 133)*; Springer-Verlag Berlin Heidelberg, 1987

[Groß 2003]   Siegmar Groß, *Systemorientierte Informatik Teilbereich: Betriebssysteme*; 1992-2003; http://www.fh-fulda.de/~gross/betriebssysteme/inhalt.htm

[Hansen 2002]   Per Brinch Hansen: *The origin of concurrent programming: From semaphores to remote procedure calls*; Springer-Verlag New York, Inc. 2002

[Heinzl 2004]   Steffen Heinzl: *Entwicklung einer Administrationsbibliothek für Java Threads*; Diplomarbeit Fachhochschule Fulda 2004

[Hoare 1985]   C.A.R. Hoare: *Communicating Sequential Processes*; Prentice Hall 1985

[Hoo 2003]   Ed Hoo: *Primitives for a simple mutex implementation*; http://www.phpbuilder.com/lists/php-developer-list/2003051/0207.php

[Intel 2004]	*The IA-32 Intel(R) Architecture Software Developer's Manual*; http://developer.intel.com/design/pentium4/manuals/index_new.htm
[Kredel 2002]	Heinz Kredel, Akitoshi Yoshida: *Thread- und Netzwerk-Programmierung mit Java™ Praktikum für die parallele Programmierung (zweite Auflage)*; dpunkt.verlag 2002
[Krishnamurthy 2004]	Arvind Krishnamurthy: *Implementing mutual exclusion*; Spring 2004; http://lambda.cs.yale.edu/cs422/lectureNotes/l6-6.pdf
[Lea 1997]	Doug Lea: *Concurrent Programming in Java™ Design Principles and Patterns (Second Printing)*; Addison-Wesley 1997
[Spaniol 2002]	Spaniol, Günes, Wienzek, Macherey: *Systemprogrammierung – Skript zur Vorlesung an der RWTH Aachen*; Verlag der Augustinus Buchhandlung 2002; http://www-i4.informatik.rwth-aachen.de/content/teaching/scripts/index.html
[Sun/Deprecation]	Sun Microsystems Inc.: *Java Thread Primitive Deprecation*; 1995-1999; http://java.sun.com/j2se/1.5.0/docs/guide/misc/threadPrimitiveDeprecation.html
[Sun/Javadoc]	Sun Microsystems Inc.: *JDK 5.0 Documentation*; http://java.sun.com/j2se/1.5.0/docs/index.html, http://java.sun.com/j2se/1.5.0/docs/api/index.html
[Wang 2003]	Andy Wang: *Operating Systems: Implementing Mutual Exclusion*; Spring 2003; http://lasr.cs.ucla.edu/awang/cs111/lecture_6_mutual_exclusion.doc
[Winskel 1993]	Winskel, Glynn: *The formal semantics of programming languages: an introduction*; The MIT Press 1993

Design von Client/Server-Software

[Badach 2001]	Anatol Badach, Erwin Hoffmann: *Technik der IP-Netze – TCP/IP incl. IPv6*; Hanser 2001; http://www.fehcom.de/tipn
[Comer 2001]	Douglas E. Comer, David L. Stevens: *Internetworking with TCP/IP – Volume 3: Client-Server Programming And Applications*; Prentice Hall 2001; http://www.cs.purdue.edu/homes/comer/netbooks.html
[IETF/RFC]	Internet Engineering Taskforce: *Request For Comments* http://www.ietf.org/rfc

[Krüger 2004]	Guido Krüger: *Handbuch der Java-Programmierung (4. Auflage)*; Addison Wesley 2004; http://www.javabuch.de
[Pollakowski 2004]	Martin Pollakowski: *Grundkurs Socketprogrammierung mit C unter Linux*; vieweg 2004; http://www.fh-gelsenkirchen.de/fb01/homepages/pollakowski/socket/index.html
[Sun/Javadoc]	Sun Microsystems Inc.: *JDK 5.0 Documentation*; http://java.sun.com/j2se/1.5.0/docs/index.html, http://java.sun.com/j2se/1.5.0/docs/api/index.html
[Ullenboom 2004]	Christian Ullenboom: *Java ist auch eine Insel*; Galileo Computing 2004; http://www.galileocomputing.de/openbook/javainsel4/

Serialisierung

[Grosso 2001]	William Grosso: *Java RMI*; O'Reilly 2001; Chapter 10 online http://www.onjava.com/pub/a/onjava/excerpt/JavaRMI_10/index.html
[Heinzl/Mathes 2003]	Steffen Heinzl, Markus Mathes; *Implementierung eines Tools zur Erstellung und Versendung von Screenshots*; Hausarbeit der Lehrveranstaltung Parallelverarbeitung an der Fachhochschule Fulda
[Kazama]	Kazuhiro Kazama: *UTF-16 Support in Java*; http://www.ingrid.org/java/i18n/utf-16/
[Sun/Serialization]	Sun Microsystems Inc.: *Java^{TM} Object Serialization Specification Revision 1.5.0*; http://java.sun.com/j2se/1.5.0/docs/guide/serialization/index.html
[Sun/Javadoc]	Sun Microsystems Inc.: *JDK 5.0 Documentation*; http://java.sun.com/j2se/1.5.0/docs/index.html, http://java.sun.com/j2se/1.5.0/docs/api/index.html
[Zukowski 2001]	John Zukowski: *Advanced Serialization*; August 2001 http://java.sun.com/developer/technicalArticles/ALT/serialization/

Verteilte Objekte durch RMI

[Grosso 2001]	William Grosso: *Java RMI*; O'Reilly 2001
[Sun/RMI]	*Ressourcen von Sun Microsystems Inc. zu Java RMI*; http://java.sun.com/j2se/1.5.0/docs/guide/rmi/index.html

[Krüger 2004]	Guido Krüger: *Handbuch der Java-Programmierung (4. Auflage)*; Addison Wesley 2004; http://www.javabuch.de
[Sun/Javadoc]	Sun Microsystems Inc.: *JDK 5.0 Documentation*; http://java.sun.com/j2se/1.5.0/docs/index.html, http://java.sun.com/j2se/1.5.0/docs/api/index.html
[Ullenboom 2004]	Christian Ullenboom: *Java ist auch eine Insel*; Galileo Computing 2004; http://www.galileocomputing.de/openbook/javainsel4/
[Sun/RMISpec 2004]	Sun Microsystems Inc.: *Java Remote Method Invocation Specification*; http://java.sun.com/j2se/1.5.0/docs/guide/rmi/index.html

Einführung in CORBA

[Hammerschall 2005]	Ulrike Hammerschall: *Verteilte Systeme und Anwendungen*; Pearson Studium 2005
[OMG/CORBA]	*CORBA Spezifikation*; Februar 2005; http://www.omg.org/technology/documents/formal/corba_2.htm
[OMG/INS]	*Interoperable Naming Service v1.3*; http://www.omg.org/cgi-bin/doc?formal/04-10-03
[Sun/LanguageMapping]	Sun Microsystems Inc.: *Java IDL: IDL to Java Language Mapping*; http://java.sun.com/j2se/1.5.0/docs/guide/idl/mapping/jidlMapping.html

Nachrichtenbasierte Kommunikation mit JMS

[Sun/JMS]	*Ressourcen von Sun Microsystems Inc. zum Java Message Service (JMS)*; http://java.sun.com/products/jms
[Sun/JMSSpec 2002]	Sun Microsystems Inc.: *Java Message Service Specification*; http://java.sun.com/products/jms/docs.html
[Sun/JMSTut 2002]	Sun Microsystems Inc.: *Java Message Service API Tutorial*; http://java.sun.com/products/jms/tutorial/index.html
[Monson-Haefel 2001]	Richard Monson-Haefel, David A. Chappell: *Java Message Service – Creating Distributed Enterprise Applications*; O'Reilly 2001
[Erdogan 2002]	Levent Erdogan: *Java Message Service (JMS) for J2EE*; New Riders Publishing 2002

[Mathes 2004]   Markus Mathes: *Zeitverhalten von nachrichtenorientierter Middleware und deren Einsatz in der Industrieautomation*; Diplomarbeit Fachhochschule Fulda 2004

[atp 05/2004]   Florian Heidinger, Markus Mathes, Helmut Dohmann: *Java Messaging Service (JMS) – Einsatz in der Industrieautomation*; Automatisierungstechnische Praxis (atp) Ausgabe 05/2004

Anhang

[Althammer 2002] Egbert Althammer: *Reflection Patterns in the Context of Object and Component Technology*; 2002; http://www.ub.uni-konstanz.de/kops/volltexte/2002/803/index.html

[Austin 2004]   Calvin Austin: *J2SE 5.0 in a Nutshell*; May 2004; http://java.sun.com/developer/technicalArticles/releases/j2se15/

[Bracha 2004]   Gilad Bracha: *Generics in the Java Programming Language*; July 2004; http://java.sun.com/j2se/1.5/pdf/generics-tutorial.pdf

[Green 2004]   Dale Green: *Trail: The Reflection API*; Sun Microsystems Inc. 1995-2004; http://java.sun.com/docs/books/tutorial/reflect/

Sachwortverzeichnis

A

acquire 54, 57
administrierte Objekte.... 215
aktives Warten 48
Anforderung 73
Antwort 73
Antwortzeit 75
Anwendungsschicht 8
Application Objects........ 198
Attribute .. 115, 119, 147, 254
Aufruf von Methoden..... 256
Autoboxing 269

B

Barging............................. 54
Basissystem.................... 248
Bearbeitungszeit 75
Bedingungsvariable.... 58, 66
Bytecode 258
BytesMessage................. 222

C

Class Descriptor...... 118, 122
Client................................ 71
Client/Server-Modell 71
Common Facilities.......... 198
Condition 66
CORBA 197

D

DatagramPacket................ 84
DatagramSocket............... 84
Datenschicht 8
DAYTIME 87
Deadlock.................... 43, 45
Deadlockvermeidung....... 45
defaultReadObject .. 145, 156
defaultWriteObject . 145, 156
Deserialisierung 113
destination 214

DII 199
DurableSubscriber 216

E

ECHO 92
Echtzeitsystem 212
Einprogrammbetrieb 3
entfernte Referenz 178
enum 267
Externalizable 152

F

Fairness 52
Fat-Client........................... 9
FILE 98
for-each-Schleife 261

G

Garbage Collector........... 259
Generische Klassen 266
Generische Methoden 265
Generische Typen 262

H

Handle............................ 122
Heap................................. 33
Helper 200
Holder 202
Hyperthreading................ 15

I

IDL 198, 200
idlj.................................. 200
Inet4Address 83
Inet6Address 84
InetAddress 83
inout-Parameter 200
in-Parameter................... 200
INS 204
Interferenzen 37

Interrupts 46
IOR 205
Iterator............................. 264

J

J2EE 260
J2ME 260
J2SE 260
J2SE 5 261
Java Editionen.................. 260
Java Message Service 213
Java Threads 24
Java Thread-Zustände 18
Java Virtual Machine 258
JDK 1.5............................. 261
JMS 213
JMS-Client........................ 214
JMS-Provider 214

K

Kapselung 42
Kernel Thread................... 23
Klasse 250
Klassensperre 41
Klassenvariable 41
Kommunikation
    verbindungslose 81
    verbindungsorientierte 82
Konstruktor 251
Konsument....................... 218
Kopplung
    enge 211
    lose................................. 211
kritischer Bereich 37

L

Lastverteilung................... 69
Laufzeitinformationen 250
Lebendigkeit 37, 43
Lebendigkeitsversagen..... 43
Lightweight Processes...... 24
Lock.................................. 65

M

Managed Beans 31
Manager 59
MapMessage.................... 222
marshalling...................... 163
Master/Slave-Prinzip......... 77
Mehrprogrammbetrieb 3
Metasystem 248
Methode 251
Middleware 211
mobiler Code 259
Monitor............................. 57
Multicomputer 4
MultiplexProtocol 167
Multiprozessor 3
Mutex 20

N

Nachricht......................... 220
nachrichtenorientierte
    Middleware 211
Nachrichtensystem 136
Nachrichtenziel............... 223
Namensdienst 5, 202, 204
Namenskomponente 205
Namenskontext............... 204
narrow............................. 204
Nebenläufigkeit 13
    implizite Thread-
        Instantiierung 27
    innere Klasse 28
    Runnable.......................... 26
    Vererbung........................ 25
Nested Monitor Calls........ 59
Netzwerkbetriebssystem 5
NotSerializableException
    .... 116, 147

O

Object Services 197
ObjectInputStream.. 114, 132
ObjectMessage................ 223
ObjectOutputStream....... 113
ObjectStreamClass 118
ObjectStreamField 119
Objekte
    entfernte 161
    lokale 161
Objektinstantiierung....... 253
OMG................................ 197

ORB 197
orbd 202, 204
Ortstransparenz 198
out-Parameter 200

P

P2P 215
partielle Korrektheit 38
Performance 45
Point-to-Point 215
P-Operation 51, 54
Präsentationsschicht 8
Producer/Consumer-Modell
.... 214
Produzent 218
Programmierparadigma 7
Properties 222
Prozess 13
Prozesszustände 16
Pub/Sub 215
Publish/Subscribe 215

Q

queue 214

R

readExternal 152
readObject 114, 145
ReentrantLock 67
Reflection 248
release 54, 57
Remote-Interfaces 172
Rendezvous-Problem 71
Request-Allocation-Graph 43
RMI 161
RMI Wire-Protocol 166
rmic 168
RMI-Client 162
RMI-Registry 163
RMI-Server 163
Runnable 25

S

Sandbox 259
Semaphore 51
Serialisierung 113
Serializable 114
serialPersistentFields 115
Servant 198
Server 71
    Multiprotokoll- 78
    Multiservice- 79
    Super- 79
ServerSocket 86
sichere Objekte 38
Sicherheit 37
signal 58
SingleOpProtocol 167
Sitzung 218
Skeleton 163, 201
Socket 86, 114
Socket-API 79
Sperre 20
Standardkonstruktor 116
statuslose Methode 39
Steuerungsthread 13
StreamMessage 222
StreamProtcol 167
Stringified Name 205
Stub 162, 199, 201
SUID 122, 145, 152
suspend 60
Synchronisationsprobleme 37
synchronized 21

T

test and set 48
TextMessage 223
Thema 214
Thin-Client 9
Thread 13
    beenden 29
    Daemon Thread 18
    Gruppe 32
    Java Threads 18
    kernel-level 14
    POSIX Threads 20
    Referenz auf 32
    starten 24
    user-level 14
    Zustände 17
Threading-Modell 22
    1:1 23
    m:n 22

three-tier-architecture 9
topic 214
transient 115, 152
Transparenz 9
    Fehler- 10
    Leistungs- 11
    Migrations- 10
    Orts- 9
    Parallelitäts- 10
    Relokations- 10
    Replikations- 10
    Skalierungs- 11
    Zugriffs- 10

U

Uniprozessorsysteme 3
unmarshalling 163
Unveränderlichkeit 38
User Thread 23

V

Verbindung 217

Verbindungsfabrik 216
Versionsverwaltung 155
verteilte Anwendung 1
verteilte Objekte 198
verteiltes System 1
Verteilungsparadigma 6
Verzeichnisbaum 204, 208
vollständig synchronisiert 40
V-Operation 51, 54

W

wait 58
Wait-For-Graph 44
Warteschlange 51, 58, 214
wechselseitiger Ausschluss
    .... 46, 56
wildcards 263
    bounded wildcard 264
Wrapper-Klasse 166
writeExternal 152
writeObject 113, 145

Das Netzwerk der Profis

WIRTSCHAFTS INFORMATIK

Die führende Fachzeitschrift zum Thema Wirtschaftsinformatik.

Das hohe redaktionelle Niveau und der große praktische Nutzen für den Leser wird von über 30 Herausgebern - profilierte Persönlichkeiten aus Wissenschaft und Praxis - garantiert.

Profitieren Sie von der umfassenden Website unter

www.wirtschaftsinformatik.de

- Stöbern Sie im größten **Online-archiv** zum Thema Wirtschafts-informatik!
- Verpassen Sie mit dem **Newsletter** keine Neuigkeiten mehr!
- Diskutieren Sie im **Forum** und nutzen Sie das Wissen der gesamten Community!
- Sichern Sie sich weitere Fachinhalte durch die **Buchempfehlungen** und Veranstaltungshinweise!
- Binden Sie über **Content Syndication** die Inhalte der Wirtschaftsinformatik in Ihre Homepage ein!
- ... und das alles mit nur **einem Click** erreichbar.

vieweg

Bestseller aus dem Bereich IT

Dietmar Abts, Wilhelm Mülder
Grundkurs Wirtschaftsinformatik
Eine kompakte und praxisorientierte Einführung
5., überarb. u. erw. Aufl. 2004. XIV, 467 S. mit 130 Abb. Br. € 19,90
ISBN 3-528-45503-9

Hardware- und Software-Grundlagen (Rechnersysteme, Software, Datenübertragung und Netze, Internet, Datenbanken) - Anwendungen (ERP-Systeme, Querschnittssysteme, Managementinformationssysteme, Unternehmensübergreifende Informationssysteme) - Methoden und Organisation (Software-Entwicklung, Software-Auswahl, Informationsmanagement)

Hartmut Ernst
Grundkurs Informatik
Grundlagen und Konzepte für die erfolgreiche IT-Praxis -
Eine umfassende, praxisorientierte Einführung
3., überarb. u. verb. Aufl. 2003. XX, 888 S. mit 265 Abb. u. 107 Tab.
Br. € 29,90
ISBN 3-528-25717-2

René Steiner
Grundkurs Relationale Datenbanken
Einführung in die Praxis der Datenbankentwicklung für Ausbildung, Studium und IT-Beruf
5., verb. u. erw. Auflage 2003. XII, 219 S. mit 115 Abb. Br. € 19,90
ISBN 3-528-45427-X

Abraham-Lincoln-Straße 46
65189 Wiesbaden
Fax 0611.7878-400
www.vieweg.de

Stand 1.1.2005. Änderungen vorbehalten.
Erhältlich im Buchhandel oder im Verlag.